浙江省普通高校"十三五"新形态教材
浙江省会计优势专业规划教材
高等教育财务会计类专业教材



# 企业会计综合实训

## 手工、电算化一体化

（第四版）

李华 主编

Comprehensive Training for Enterprise Accounting

东北财经大学出版社 Dongbei University of Finance & Economics Press 大连

图书在版编目（CIP）数据

企业会计综合实训：手工、电算化一体化 / 李华主编．—4版．—大连：东北财经大学出版社，2024.7
（高等教育财务会计类专业教材）
ISBN 978-7-5654-5260-4

Ⅰ.企…　Ⅱ.李…　Ⅲ.企业会计-高等学校-教材　Ⅳ.F275.2

中国国家版本馆CIP数据核字（2024）第099039号

东北财经大学出版社出版
（大连市黑石礁尖山街217号　邮政编码　116025）
网　址：http://www.dufep.cn
读者信箱：dufep@dufe.edu.cn
大连图腾彩色印刷有限公司印刷　东北财经大学出版社发行
幅面尺寸：185mm×260mm　字数：391千字　印张：21.5　插页：1
2024年7月第4版　2024年7月第1次印刷
责任编辑：包利华　责任校对：刘贤恩
封面设计：原　皓　版式设计：原　皓
定价：56.00元

教学支持　售后服务　联系电话：（0411）84710309

如有印装质量问题，请联系营销部：（0411）84710711

# 第四版前言

百年大计，教育为本。习近平总书记在党的二十大报告中明确指出：“教育是国之大计、党之大计。培养什么人、怎样培养人、为谁培养人是教育的根本问题。育人的根本在于立德。全面贯彻党的教育方针，落实立德树人根本任务，培养德智体美劳全面发展的社会主义建设者和接班人。坚持以人民为中心发展教育，加快建设高质量教育体系，发展素质教育，促进教育公平。”这为广大的教育工作者指明了前行的方向，我们将此精神贯穿在教材编写过程中。职业教育作为一种类型教育，正处于高质量发展的重要时期，提质培优、产教融合、守正创新成为教育改革的主旋律。教材作为“三教”改革的重要抓手，是培养高素质技术技能型人才的重要载体，教材建设更是推进课程思政建设的重要举措。

本教材被评为浙江省普通高校“十三五”新形态教材。教材汲取新形态“一体化”教材的设计理念，将传统纸质教材编撰方法与现代化数字资源有效结合，内容新颖、体例创新、数字资源丰富、突出能力培养、注重业务规范、旨在实践应用，充分体现了内容新、体例新、结构新等特点，具体如下：

第一，岗位工作任务与会计行业政策同步升级。本教材内容新颖，紧跟会计行业财税改革的新成果。教材结合“营改增”的税收改革新要求、企业财务业务一体化的会计改革新方向，合理设计与编排教材的核心内容，实现“手工+信息化”的双重实训目标。按照企业会计业务处理的时间轴，划分为企业设立事项、日常会计核算、期末会计事项等三大模块。其中，企业设立事项主要包括工商登记、期初建账、银行业务等3个工作项目与9项工作任务；日常会计核算主要包括出纳岗位、财产物资岗位、往来结算岗位、资金岗位、财务成果岗位的会计核算等5个工作项目与16项工作任务；期末会计事项主要包括会计报表、财务分析等2个工作项目与9项工作任务。通过一系列相对独立、分层递进的实训，培养学习者会计专业的逻辑思维能力，提升职业判断与分析能力，为学习者会计职业成长奠定扎实的基础。

第二，实训任务单、实训操作单、实训评价单环环相扣。本教材体例新颖，强调“教学做”一体化。通过实训任务单，明确实训项目、业务清单和实训要求，有效规划实训的相关准备工作。通过实训操作单，再现企业会计工作业务全貌，全面记录学习者的实训过程，加大对其职业分析与判断能力的培养。通过实训评价单，提供学习者与教师的双重评价，合理评定学习者职业能力的综合水平。“三单”环环相扣、紧密结合，不断提升会计实训效果。

第三，纸质训练项目与数字学习资源相互融合。本教材结构新颖，注重发挥在线资源辅助学习的功能。教材以项目、任务为资源节点，以技能点为载体，利用“云空间”等现代信息技术，关联对应的数字资源内容。整个教材共涵盖业务单据填写范本、记账凭证填制标准、业务操作基本规范、专业能力分析示例、重难点解析视频、会计报表编制范例等约100项实训类数字资源。同时，教材提供了清晰的二维码学习导航，随扫随学、边学边练，不断提升学习者的学习效果。

为了进一步优化教材内容，拓展教材应用，本教材第四版在秉承第三版教材的主体框架、体例设计、表现形式、核心内容的基础上，根据《职业院校教材管理办法》《高等学校课程思政建设指导纲要》《高等职业学校专业教学标准》等文件要求，及时反映大数据背景下会计行业升级和技术发展动态，吸收专业和课程建设成果，对全书进行了升版修订。

本次修订由浙江金融职业学院李华教授完成。由于作者专业水平和实践经验有限，本教材难免存在错误和不当之处，恳请读者批评指正。

李 华

2024年7月

# 第一版前言

随着“互联网+教育”的教学改革创新不断深入推进，面向广大职业教育教师、学生和社会学习者，依托现代信息技术，能有效地支持教学与学习服务的“一体化”教材共享系统，成为当前教材研究、开发与建设的主要方向与发展趋势。新形态“一体化”教材是以纸质教材为核心，以互联网为载体，以信息技术为手段，将数字资源与纸质教材充分融合，并通过多种终端形式应用的新型教材产品。

本教材汲取新形态“一体化”教材的设计理念，将传统纸质教材编撰方法与现代化数字资源有效结合，教材内容新颖、体例创新、数字资源丰富、突出能力培养、注重业务规范、旨在实践应用，充分体现了内容新、体例新、结构新等特点，具体如下：

第一，岗位工作任务与会计行业政策同步升级。本教材内容新颖，紧跟会计行业财税改革的新成果。教材结合“营改增”的税收改革新要求、企业财务业务一体化的会计改革新方向，合理设计与编排教材的核心内容，实现“手工+信息化”的双重实训目标。按照企业会计业务处理的时间轴，划分为企业设立事项、日常会计核算、期末会计事项等三大模块。其中，企业设立事项主要包括工商登记、期初建账、银行业务等3个工作项目与9项工作任务；日常会计核算主要包括出纳岗位、财产物资岗位、往来结算岗位、资金岗位、财务成果岗位的会计核算等5个工作项目与16项工作任务；期末会计事项主要包括会计报表、财务分析等2个工作项目与9项工作任务。通过一系列相对独立、分层递进的实训，培养学习者会计专业的逻辑思维能力，提升职业判断与分析能力，为学习者会计职业成长奠定扎实的基础。

第二，实训任务单、实训操作单、实训评价单环环相扣。本教材体例新颖，强调“教学做”一体化。通过实训任务单，明确实训项目、业务清单和实训要求，有效规划实训的相关准备工作。通过实训操作单，再现企业会计工作业务全貌，全面记录学习者的实训过程，加大对其职业分析与判断能力的培养。通过实训评价单，提供学习者与教师的双重评价，合理评定学习者职业能力的综合水平。“三单”环环相扣、紧密结合，不断提升会计实训效果。

第三，纸质训练项目与数字学习资源相互融合。本教材结构新颖，注重发挥在线资源辅助学习的功能。教材以项目、任务为资源节点，以技能点为载体，利用“云空间”等现代信息技术，关联对应的数字资源内容。整个教材共涵盖业务单据填写范本、记账凭证填制标准、业务操作基本规范、专业能力分析示例、重难点解析视频、会计报表编制范例等约100项实训类数字资源。同时，教材提供了清晰的二维码学习导航，随扫随学、边学边练，不断提升学习者的学习效果。

本教材由长期从事教学与科研的骨干教师和行业企业实务专家共同编写，由浙江金融职业学院李华副教授担任主编，拟定编写大纲，完成项目一、项目二、项目三、项目四、项目八（部分任务）、项目九、项目十等单元的编撰以及全书的修改、定稿工作。陈燕燕老师、费含笑老师担任副主编，其中，陈燕燕老师完成项目五、项目六等单元的编撰工作；费含笑老师完成项目七、项目八（部分任务）等单元的编撰工作。同时，浙江经贸职业技术学院张会莉副教授、浙江经济职业技术学院宋波副教授对本教材的编写提供了很多宝贵意见，在此一并表示感谢！

由于作者专业水平和实践经验有限，本教材难免存在错误和不当之处，恳请读者批评指正。

李　华

2018年1月

# 目　录

# 模块一　企业设立事项

**背景资料：**

李振华、张宏光、黄晓敏等三位投资者共同出资1 000万元，拟投资设立浙江阳光服饰有限责任公司。该公司主要从事服装的设计、生产和销售业务，下设办公室、财务部、人力资源部、采购部、生产部、销售部、后勤部等组织机构。

公司设立初期，指定法定代表人冯勇，由办公室王晓磊具体经办公司工商登记相关业务，由财务经理徐敏具体经办相关会计系统建账工作，由出纳张晓霞具体经办相关银行业务，由会计陈瑞刚具体经办相关涉税业务。

# 项目一　工商登记

## 实训目标

- 掌握公司设立登记的基本流程
- 能正确进行企业名称预先核准的相关工作
- 能正确进行公司章程制定的相关工作
- 能正确进行申请公司设立登记的相关工作

## 任务1　企业名称预先核准

### 实训任务单

**一、实训项目**

- 企业名称预先核准实训

**二、业务清单**

业务1：2022年10月10日，办理企业名称预先核准工作。（操作指引见表1-1）

表1-1　操作指引

| 经办人 | 指定法定代表人 | 投资人 |
| --- | --- | --- |
| 1.填写授权委托书、承诺书<br>2.填写企业名称预先核准申请书<br>3.准备相关申请资料<br>6.向申请机关提交相关申请资料 | 4.审核相关申请资料 | 5.签署授权委托书、承诺书等相关文件资料 |

**三、实训要求**

采取1人独立实训的方式，由学生扮演公司设立业务的经办人员，完成相关企业名称预先核准的工作任务。

### 实训操作单

1.办理企业名称预先核准，填写“指定代表或者共同委托代理人授权委托书”（附件1-1-1）。

2.办理企业名称预先核准，填写“承诺书”（附件1-1-2）。

企业名称预先核准

业务操作基本规范

- 指定代表或共同委托代理人或经办人：王晓磊（身份证号码：330502198802168952；电话：0571-87651122，18611092276）
- 指定法定代表人/申请人：冯勇（身份证号码：330102197109110456）
- 业务受理机关：浙江省杭州市市场监督管理局江干分局
- 委托事项：办理公司名称预先核准、设立等事项（期限2022年10月10日至2022年12月31日）
- 经办人员的授权权限：核对登记材料中的复印件并签署核对意见；修改企业自备文件的错误；修改有关表格的填写错误；领取营业执照和有关文书

3.办理企业名称预先核准，填写“企业名称预先核准申请书”（附件1-1-3）。

- 指定代表或共同委托代理人或经办人：王晓磊（基本信息同前）

➢ 申请企业名称：浙江阳光服饰有限责任公司（备选企业字号：浙江星海服饰有限责任公司、浙江美华服饰有限责任公司、浙江秋韵服饰有限责任公司）

➢ 企业住所地：浙江省杭州市钱塘路118号，电话：0571-86736598

➢ 注册资本：1 000万元

➢ 企业类型：有限责任公司

➢ 经营范围：主要从事服装的设计、生产和销售

➢ 投资人基本信息：李振华（身份证号码：330802196803231126）
张宏光（身份证号码：32110119701109895X）
黄晓敏（身份证号码：380102197106215875）

➢ 指定法定代表人：冯勇（身份证号码：330102197109110456）

➢ 经办人员的授权权限：核对登记材料中的复印件并签署核对意见；修改有关表格的填写错误；领取“企业名称预先核准通知书”

4.准备企业名称预先核准申请的相关文件（**附件1-1-4**）。

➢ 有限责任公司的全体股东签署的“企业名称预先核准申请书”

➢ 有限责任公司的全体股东签署的“授权委托书”

➢ 有限责任公司的全体股东签署的“承诺书”

➢ 全体股东或者发起人指定代表或者共同委托代理人的身份证件复印件

➢ 国家市场监督管理总局规定要求提交的其他文件

## 实训评价单

企业名称预先核准工作能力评分表见表1-2。

表1-2　**企业名称预先核准工作能力评分表**

| 序号 | 评分项目 | 学生自评 |
| --- | --- | --- |
| 1 | 企业名称预先核准工作 | □优秀　□良好　□中等　□合格　□不合格 |
| 教师评语 | 教师签字： | |
| 评价成绩 | □优秀　□良好　□中等　□合格　□不合格 | |

# 任务2　制定公司章程

## 实训任务单

### 一、实训项目

➢ 制定公司章程实训

### 二、业务清单

**业务1**：2022年10月10日—15日，制定公司章程，一式三份。（操作指引见表1-3）

表1-3　**操作指引**

| 经办人 | 指定法定代表人 | 投资人 |
| --- | --- | --- |
| 1.起草公司章程 | 2.审核与修改公司章程 | 3.审议公司章程 |

### 三、实训要求

采取1人独立实训的方式，由学生扮演公司设立业务的经办人员，完成制定公司章程的工作任务。

## 实训操作单

制定公司章程

业务操作基本规范

制定公司章程，公司章程相关必要记载内容主要包括：公司名称和住所；公司经营范围；公司注册资本；股东的姓名或名称；股东的权利和义务；股东的出资方式、出资额及出资期限（具体见表1-4）；公司的机构及其产生办法、职权、议事规则；公司的法定代表人；股东会认为需要记载的其他事项等（附件1-2-1）。

表1-4 股东出资情况一览表

| 股东姓名 | 身份证号码 | 缴纳出资期限 | 认缴注册资本金额 | 出资方式 |
|---|---|---|---|---|
| 李振华 | 330802196803231126 | 3年 | 300万元 | 货币资金、厂房 |
| 张宏光 | 32110119701109895X | 5年 | 450万元 | 货币资金、设备 |
| 黄晓敏 | 380102197106215875 | 5年 | 250万元 | 货币资金、技术 |

## 实训评价单

制定公司章程工作能力评分表见表1-5。

表1-5 制定公司章程工作能力评分表

| 序号 | 评分项目 | 学生自评 |
|---|---|---|
| 1 | 制定公司章程工作 | □优秀 □良好 □中等 □合格 □不合格 |
| 教师评语 | 教师签字： | |
| 评价成绩 | □优秀 □良好 □中等 □合格 □不合格 | |

# 任务3 申请设立登记

## 实训任务单

### 一、实训项目

- 申请设立登记实训

### 二、业务清单

业务1：2022年10月25日，办理企业设立登记工作。（操作指引见表1-6）

表1-6 操作指引

| 经办人 | 指定法定代表人 | 投资人 |
|---|---|---|
| 1.填写公司设立登记申请书<br>2.准备相关申请资料<br>5.向申请机关提交相关申请资料 | 3.审核相关申请资料 | 4.签署相关文件资料 |

### 三、实训要求

采取1人独立实训的方式，由学生扮演公司设立业务的经办人员，完成申请设立登记的工作任务。

## 实训操作单

申请设立登记

业务操作基本规范

1.办理企业设立登记，填写“公司设立登记申请书”（附件1-3-1）。

- 公司名称：浙江阳光服饰有限责任公司
- 名称预先核准文号：（浙江）名预核内字〔2022〕第10228号
- 公司类型：有限责任公司，无任何分支机构、总机构

- 公司住所/生产经营地：浙江省杭州市钱塘路118号，电话：0571-86736598，邮编：310018
- 法定代表人/总经理：冯勇（身份证号码：330102197109110456）
- 经营范围：主要从事服装的设计、生产和销售
- 经营期限：30年
- 申请设立登记时间：2022年10月25日
- 申请执照副本数量：3个
- 股东基本信息：沿用本项目任务1相关信息
- 企业适用会计制度：企业会计准则，采取独立核算方式
- 财务人员信息：财务负责人徐敏（身份证号码：330801197611092347，电话：18812126652）；办税人员陈瑞刚（身份证号码：330801198206121945，电话：13833661917）

2.准备申请企业设立登记的相关资料（附件1-3-2）。

- 公司法定代表人签署的“公司设立登记申请书”
- “指定代表或者共同委托代理人授权委托书”及指定代表或共同委托代理人的身份证件复印件
- 全体股东签署的公司章程
- 股东的主体资格证明或者自然人身份证件复印件
- 董事、监事、经理的任职文件及身份证件复印件
- 法定代表人任职文件和身份证件复印件
- 住所使用证明
- “企业名称预先核准申请书”和“企业名称预先核准通知书”
- 其他相关法律、行政法规和国务院规定设立公司必须提交的文件

## 实训评价单

申请设立登记工作能力评分表见表1-7。

表1-7 申请设立登记工作能力评分表

| 序号 | 评分项目 | 学生自评 |
|---|---|---|
| 1 | 申请设立登记工作 | □优秀 □良好 □中等 □合格 □不合格 |
| 教师评语 | 教师签字： | |
| 评价成绩 | □优秀 □良好 □中等 □合格 □不合格 | |

## 实训小结

工商登记实训项目结构图如图1-1所示。

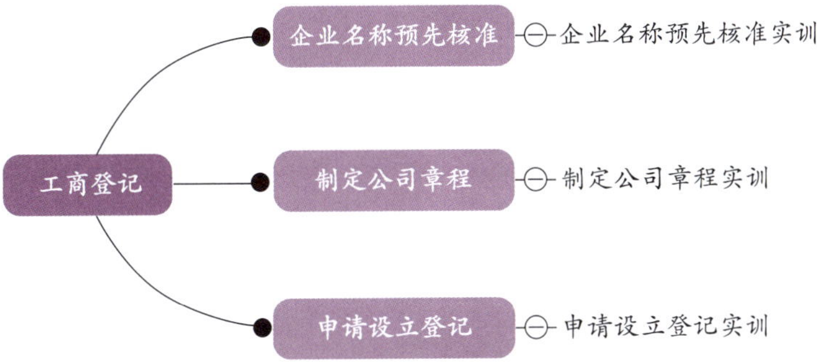


图1-1 工商登记实训项目结构图

# 项目二　期初建账①

**实训目标**

- 掌握财务软件期初建账的基本流程
- 能正确进行系统创建账套的相关工作
- 能正确进行设置基础档案的相关工作
- 能正确进行启用总账系统的相关工作

## 任务1　系统创建账套

**实训任务单**

**一、实训项目**

- 系统建立账套实训
- 系统增加用户实训
- 系统设置用户权限实训
- 系统设置自动备份计划实训

**二、业务清单**

**业务1：**2022年11月15日，建立公司账套。（操作指引见表2-1）

表2-1　**操作指引**

| 工作项目 | 操作流程 |
| --- | --- |
| 建立账套<br>重难点解析视频 | 1.进入财务软件“系统管理”操作界面，以操作员（admin）身份登录<br>2.单击“账套”—“建立”，按照系统提示，录入相关信息，完成账套的建立工作<br>3.完成“编码方案”“数据精度”的设置工作<br>4.进入“系统启用”界面，录入启用日期，启用总账系统，完成账套创建工作 |

**业务2：**2022年11月15日，增加软件用户。（操作指引见表2-2）

表2-2　**操作指引**

| 工作项目 | 操作流程 |
| --- | --- |
| 增加用户<br>重难点解析视频 | 1.进入财务软件“系统管理”操作界面，以操作员（admin）身份登录<br>2.单击“权限”—“角色”，依次增加相关角色<br>3.单击“权限”—“用户”，依次增加用户的详细信息 |

**业务3：**2022年11月16日，设置用户权限。（操作指引见表2-3）

① 学习者如果不具备本项目单元训练所需的财务信息化软件，仍可以沿用本项目的业务资料，采用会计手工建账方式完成相应的学习任务。后续项目单元如涉及此类问题，处理方法相同，不再赘述。

表2-3

**操作指引**

| 工作项目 | 操作流程 |
|---|---|
| 设置用户权限<br>重难点解析视频 | 1.进入财务软件“系统管理”操作界面，以操作员（admin）身份登录<br>2.单击“权限”—“操作员权限”，依次修改不同用户权限，完成相关设置工作 |

**业务4**：2022年11月16日，设置自动备份计划。（操作指引见表2-4）

表2-4

**操作指引**

| 工作项目 | 操作流程 |
|---|---|
| 设置自动备份计划<br>重难点解析视频 | 1.进入财务软件“系统管理”操作界面，以操作员（admin）身份登录<br>2.单击“系统”—“设置备份计划”，录入相关信息，选择备份路径及相应账套，完成相关设置工作 |

## 三、实训要求

采取1人独立实训的方式，由学生扮演公司期初建账的经办人员，完成相关公司系统创建账套的工作任务。

### 实训操作单

1.使用财务软件建立公司账套。

- 账套名称：浙江阳光服饰有限责任公司
- 单位名称：浙江阳光服饰有限责任公司
- 单位简称：阳光服饰
- 账套号：001；本币代码：RMB；本币名称：人民币
- 启动会计期：2022年12月
- 企业类型：工业；行业性质：2007年新会计制度科目
- 账套主管：徐敏
- 存货、客户、供应商均分类核算，无外币业务
- 科目编码级次：4-2-2-2-2；客户及供应商分类编码级次：2-2-3；其余分类编码及数据精确度均采用系统默认值

2.使用财务软件增加用户（见表2-5）。

表2-5

**用户信息表**

| 用户编号 | 用户名 | 所属角色 | 口令 | 所属部门 |
|---|---|---|---|---|
| 01 | 徐敏 | 账套主管 | 01 | 财务部 |
| 02 | 黄莹莹 | 会计主管 | 02 | 财务部 |
| 03 | 张晓霞 | 出纳 | 03 | 财务部 |
| 04 | 陈瑞刚 | 制单会计 | 04 | 财务部 |
| 05 | 李晓芳 | 稽核会计 | 05 | 财务部 |

3. 使用财务软件设置用户权限（见表2-6）。

表2-6 用户权限表

| 用户编号 | 用户名 | 操作权限 |
| --- | --- | --- |
| 01 | 徐敏 | 账套所有权限 |
| 02 | 黄莹莹 | 总账系统除“凭证处理”及“出纳签字”外的所有权限 |
| 03 | 张晓霞 | 总账系统下“出纳”及“凭证”—“出纳签字”权限 |
| 04 | 陈瑞刚 | 总账系统下“凭证”—“凭证处理”权限 |
| 05 | 李晓芳 | 总账系统下“凭证”—“审核凭证”权限 |

4. 使用财务软件设置自动备份计划。

- 计划编号：01
- 计划名称：001账套备份
- 备份类型：账套备份
- 发生频率：每周
- 发生天数：6天
- 开始时间：17:00
- 有效触发：2小时
- 保留天数：10天

## 实训评价单

系统创建账套工作能力评分表见表2-7。

表2-7 系统创建账套工作能力评分表

| 序号 | 评分项目 | 学生自评 |
| --- | --- | --- |
| 1 | 系统建立账套工作 | □优秀 □良好 □中等 □合格 □不合格 |
| 2 | 系统增加用户工作 | □优秀 □良好 □中等 □合格 □不合格 |
| 3 | 系统设置用户权限工作 | □优秀 □良好 □中等 □合格 □不合格 |
| 4 | 系统设置自动备份计划工作 | □优秀 □良好 □中等 □合格 □不合格 |
| 教师评语 | 教师签字： | |
| 评价成绩 | □优秀 □良好 □中等 □合格 □不合格 | |

# 任务2 设置基础档案

## 实训任务单

### 一、实训项目

- 建立部门档案实训
- 建立人员档案实训
- 建立供应商档案实训
- 建立客户档案实训
- 设置会计科目实训
- 设定凭证类型实训
- 建立项目档案实训
- 设置结算方式实训

## 二、业务清单

业务1：2022年11月17日，建立部门档案。（操作指引见表2-8）

表2-8　操作指引

| 工作项目 | 操作流程 |
|---|---|
| 建立部门档案<br>重难点解析视频 | 1.进入财务软件“企业应用平台”操作界面，以账套主管身份登录，点击进入“基础设置”界面<br>2.双击“基础档案”—“机构人员”—“部门档案”，进入录入界面，完成相关部门档案设置工作 |

业务2：2022年11月17日，建立人员档案。（操作指引见表2-9）

表2-9　操作指引

| 工作项目 | 操作流程 |
|---|---|
| 建立人员档案<br>重难点解析视频 | 1.进入财务软件“企业应用平台”操作界面，以账套主管身份登录，点击进入“基础设置”界面<br>2.双击“基础档案”—“机构人员”—“人员档案”，进入录入界面，完成相关人员档案设置工作 |

业务3：2022年11月18日，建立供应商档案。（操作指引见表2-10）

表2-10　操作指引

| 工作项目 | 操作流程 |
|---|---|
| 建立供应商档案<br>重难点解析视频 | 1.进入财务软件“企业应用平台”操作界面，以账套主管身份登录，点击进入“基础设置”界面<br>2.双击“基础档案”—“客商信息”—“供应商分类”，进入录入界面，完成相关供应商分类的添加工作<br>3.双击“基础档案”—“客商信息”—“供应商档案”，进入录入界面，完成相关供应商档案的添加工作 |

业务4：2022年11月18日，建立客户档案。（操作指引见表2-11）

表2-11　操作指引

| 工作项目 | 操作流程 |
|---|---|
| 建立客户档案<br>重难点解析视频 | 1.进入财务软件“企业应用平台”操作界面，以账套主管身份登录，点击进入“基础设置”界面<br>2.双击“基础档案”—“客商信息”—“客户分类”，进入录入界面，完成相关客户分类的添加工作<br>3.双击“基础档案”—“客商信息”—“客户档案”，进入录入界面，完成相关客户档案的添加工作 |

业务5：2022年11月19日，设置会计科目。（操作指引见表2-12）

表2-12　操作指引

| 工作项目 | 操作流程 |
|---|---|
| 设置会计科目<br>重难点解析视频 | 1.进入财务软件“企业应用平台”操作界面，以账套主管身份登录，点击进入“基础设置”界面<br>2.双击“基础档案”—“财务”—“会计科目”，进入“会计科目”界面，完成会计科目的属性修改、增加、删除等工作<br>3.进入“会计科目”界面，单击“编辑”—“指定科目”，完成指定出纳专管科目——现金总账科目（1001库存现金、1002银行存款） |

**业务6**：2022年11月19日，设定凭证类型。（操作指引见表2-13）

表2-13 **操作指引**

| 工作项目 | 操作流程 |
|---|---|
| 设定凭证类型<br>重难点解析视频 | 1.进入财务软件“企业应用平台”操作界面，以账套主管身份登录，点击进入“基础设置”界面<br>2.双击“基础档案”—“财务”—“凭证类别”，进入“凭证类别预置”界面，选择凭证类型，完成设置工作 |

**业务7**：2022年11月20日，建立项目档案。（操作指引见表2-14）

表2-14 **操作指引**

| 工作项目 | 操作流程 |
|---|---|
| 建立项目档案<br>重难点解析视频 | 1.进入财务软件“企业应用平台”操作界面，以账套主管身份登录，点击进入“基础设置”界面<br>2.双击“基础档案”—“财务”—“项目目录”，进入“项目档案”界面，完成项目大类的设置工作<br>3.在“项目档案”界面，选择对应的会计科目，完成核算科目设置工作<br>4.在“项目档案”界面，单击“项目分类定义”标签，录入项目分类编码和分类名称<br>5.在“项目档案”界面，单击“项目目录”标签，点击“维护”，进入“项目目录维护”窗口，录入相关信息，完成项目档案设置工作 |

**业务8**：2022年11月20日，设置结算方式。（操作指引见表2-15）

表2-15 **操作指引**

| 工作项目 | 操作流程 |
|---|---|
| 设置结算方式<br>重难点解析视频 | 1.进入财务软件“企业应用平台”操作界面，以账套主管身份登录，点击进入“基础设置”界面<br>2.双击“基础档案”—“收付结算”—“结算方式”，依次添加结算方式，完成相关设置工作 |

## 三、实训要求

采取1人独立实训的方式，由学生扮演公司期初建账的经办人员，完成相关公司设置基础档案的工作任务。

**实训操作单**

1.系统建立部门档案（见表2-16）。

表2-16 **部门档案信息表**

| 部门编码 | 部门名称 | 负责人 |
|---|---|---|
| 1 | 办公室 | 张一山 |
| 2 | 财务部 | 徐敏 |
| 3 | 人力资源部 | 石明明 |
| 4 | 采购部 | 李凡韵 |
| 5 | 生产部 | 黄梦达 |
| 6 | 销售部 | 任星星 |
| 7 | 后勤部 | 姜红 |

2.系统建立人员档案（见表2-17）。

表2-17 人员档案信息表

| 职员编码 | 性别 | 职员名称 | 所属部门 | 人员类别 | 是否操作员 | 是否业务员 |
|---|---|---|---|---|---|---|
| 01 | 男 | 冯勇 | 办公室 | 在职人员 | 否 | 是 |
| 02 | 男 | 张一山 | 办公室 | 在职人员 | 否 | 是 |
| 03 | 女 | 张丹 | 办公室 | 在职人员 | 否 | 是 |
| 04 | 男 | 徐敏 | 财务部 | 在职人员 | 是 | 是 |
| 05 | 女 | 黄莹莹 | 财务部 | 在职人员 | 是 | 是 |
| 06 | 女 | 张晓霞 | 财务部 | 在职人员 | 是 | 是 |
| 07 | 男 | 陈瑞刚 | 财务部 | 在职人员 | 是 | 是 |
| 08 | 女 | 李晓芳 | 财务部 | 在职人员 | 是 | 是 |
| 09 | 女 | 曹珊珊 | 财务部 | 在职人员 | 否 | 是 |
| 10 | 男 | 石明明 | 人力资源部 | 在职人员 | 否 | 是 |
| 11 | 女 | 梁悦 | 人力资源部 | 在职人员 | 否 | 是 |
| 12 | 女 | 李凡韵 | 采购部 | 在职人员 | 否 | 是 |
| 13 | 男 | 王洪亮 | 采购部 | 在职人员 | 否 | 是 |
| 14 | 男 | 黄梦达 | 生产部 | 在职人员 | 否 | 是 |
| 15 | 女 | 陈丽 | 生产部 | 在职人员 | 否 | 是 |
| 16 | 男 | 宋刚 | 生产部 | 在职人员 | 否 | 是 |
| 17 | 女 | 王亚芬 | 生产部 | 在职人员 | 否 | 是 |
| 18 | 男 | 刘一天 | 生产部 | 在职人员 | 否 | 是 |
| 19 | 男 | 任星星 | 销售部 | 在职人员 | 否 | 是 |
| 20 | 男 | 张伟 | 销售部 | 在职人员 | 否 | 是 |
| 21 | 女 | 张云 | 销售部 | 在职人员 | 否 | 是 |
| 22 | 女 | 姜红 | 后勤部 | 在职人员 | 否 | 是 |
| 23 | 男 | 左明明 | 后勤部 | 在职人员 | 否 | 是 |

3.系统建立供应商档案（见表2-18和表2-19）。

表2-18 供应商分类信息表

| 类别编码 | 类别名称 |
|---|---|
| 01 | 浙江供应商 |
| 02 | 上海供应商 |
| 03 | 江苏供应商 |

表2-19 供应商档案明细表

| 供应商编码 | 供应商名称 | 供应商简称 | 所属分类 |
|---|---|---|---|
| 001 | 浙江美华服装面料公司 | 美华服装公司 | 01 |
| 002 | 上海广利服装辅料公司 | 广利服装公司 | 02 |
| 003 | 江苏正和服装面料公司 | 正和服装公司 | 03 |

4.系统建立客户档案（见表2-20和表2-21）。

表2-20 客户分类信息表

| 类别编码 | 类别名称 |
|---|---|
| 01 | 浙江客户 |
| 02 | 上海客户 |
| 03 | 江苏客户 |

表2-21 **客户档案明细表**

| 客户编码 | 客户名称 | 客户简称 | 所属分类 |
|---|---|---|---|
| 001 | 浙江英泰服饰公司 | 英泰服饰公司 | 01 |
| 002 | 上海三元服饰集团 | 三元服饰集团 | 02 |
| 003 | 江苏方辉服饰公司 | 方辉服饰公司 | 03 |

5.系统设置会计科目（含指定科目设置）（见表2-22）。

表2-22 **会计科目表**

| 科目编码 | 科目名称 | 账页格式 | 辅助核算<br>受控系统 | 余额方向 |
|---|---|---|---|---|
| 1001 | 库存现金* | 金额式 | 日记账 | 借方 |
| 100101 | 人民币户 | 金额式 | 日记账 | 借方 |
| 1002 | 银行存款* | 金额式 | 日记账、银行账 | 借方 |
| 100201 | 人民币户 | 金额式 | 日记账、银行账 | 借方 |
| 1012 | 其他货币资金 | 金额式 | | 借方 |
| 101201 | 存出投资款 | 金额式 | | 借方 |
| 101202 | 银行汇票 | 金额式 | | 借方 |
| 101203 | 银行本票 | 金额式 | | 借方 |
| 1101 | 交易性金融资产 | 金额式 | | 借方 |
| 110101 | 成本 | 金额式 | | 借方 |
| 110102 | 公允价值变动 | 金额式 | | 借方 |
| 1121 | 应收票据 | 金额式 | 客户往来、无受控系统 | 借方 |
| 112101 | 银行承兑汇票 | 金额式 | 客户往来、无受控系统 | 借方 |
| 112102 | 商业承兑汇票 | 金额式 | 客户往来、无受控系统 | 借方 |
| 1122 | 应收账款 | 金额式 | 客户往来、无受控系统 | 借方 |
| 1221 | 其他应收款 | 金额式 | | 借方 |
| 122101 | 备用金 | 金额式 | 部门核算 | 借方 |
| 122102 | 应收个人款 | 金额式 | 个人往来 | 借方 |
| 1231 | 坏账准备 | 金额式 | | 贷方 |
| 1403 | 原材料 | 数量金额式 | 面料、拉链单位：米<br>纽扣单位：个<br>缝纫线单位：千克<br>辅料单位：捆 | 借方 |
| 1411 | 周转材料 | 金额式 | | 借方 |
| 141101 | 低值易耗品 | 数量金额式 | 单位：个 | 借方 |
| 141102 | 包装物 | 数量金额式 | 单位：个 | 借方 |
| 1404 | 材料成本差异 | 金额式 | | 借方 |
| 140401 | 原材料成本差异 | 金额式 | | 借方 |
| 1405 | 库存商品 | 金额式 | | 借方 |
| 140501 | 男式高级西服 | 数量金额式 | 单位：件 | 借方 |

续表

| 科目编码 | 科目名称 | 账页格式 | 辅助核算<br>受控系统 | 余额方向 |
|---|---|---|---|---|
| 140502 | 女式高级西服 | 数量金额式 | 单位：件 | 借方 |
| 140503 | 男式衬衣 | 数量金额式 | 单位：件 | 借方 |
| 140504 | 女式衬衣 | 数量金额式 | 单位：件 | 借方 |
| 1511 | 长期股权投资 | 金额式 | | 借方 |
| 1601 | 固定资产 | 金额式 | | 借方 |
| 1602 | 累计折旧 | 金额式 | | 贷方 |
| 1604 | 在建工程 | 金额式 | | 借方 |
| 1701 | 无形资产 | 金额式 | | 借方 |
| 2001 | 短期借款 | 金额式 | | 贷方 |
| 2201 | 应付票据 | 金额式 | 供应商往来、无受控系统 | 贷方 |
| 220101 | 商业承兑汇票 | 金额式 | 供应商往来、无受控系统 | 贷方 |
| 220102 | 银行承兑汇票 | 金额式 | 供应商往来、无受控系统 | 贷方 |
| 2202 | 应付账款 | 金额式 | 供应商往来、无受控系统 | 贷方 |
| 2203 | 预收账款 | 金额式 | 客户往来、无受控系统 | 贷方 |
| 2211 | 应付职工薪酬 | 金额式 | | 贷方 |
| 221101 | 职工工资 | 金额式 | | 贷方 |
| 221102 | 职工福利费 | 金额式 | | 贷方 |
| 221103 | 社会保险费 | 金额式 | | 贷方 |
| 221104 | 住房公积金 | 金额式 | | 贷方 |
| 221105 | 工会经费 | 金额式 | | 贷方 |
| 221106 | 职工教育经费 | 金额式 | | 贷方 |
| 2221 | 应交税费 | 金额式 | | 贷方 |
| 222101 | 应交增值税 | 金额式 | | 贷方 |
| 22210101 | 进项税额 | 金额式 | | 贷方 |
| 22210102 | 销项税额 | 金额式 | | 贷方 |
| 22210103 | 转出未交增值税 | 金额式 | | 贷方 |
| 22210104 | 转出多交增值税 | 金额式 | | 贷方 |
| 222102 | 未交增值税 | 金额式 | | 贷方 |
| 222103 | 应交所得税 | 金额式 | | 贷方 |
| 222104 | 应交城市维护建设税 | 金额式 | | 贷方 |
| 222105 | 应交教育费附加 | 金额式 | | 贷方 |
| 222106 | 应交个人所得税 | 金额式 | | 贷方 |
| 2241 | 其他应付款 | 金额式 | | 贷方 |
| 2501 | 长期借款 | 金额式 | | 贷方 |
| 4001 | 实收资本 | 金额式 | | 贷方 |
| 4002 | 资本公积 | 金额式 | | 贷方 |
| 4101 | 盈余公积 | 金额式 | | 贷方 |

续表

| 科目编码 | 科目名称 | 账页格式 | 辅助核算受控系统 | 余额方向 |
|---|---|---|---|---|
| 410101 | 法定盈余公积 | 金额式 | | 贷方 |
| 410102 | 任意盈余公积 | 金额式 | | 贷方 |
| 4104 | 利润分配 | 金额式 | | 贷方 |
| 410401 | 提取法定盈余公积 | 金额式 | | 贷方 |
| 410402 | 提取任意盈余公积 | 金额式 | | 贷方 |
| 410403 | 未分配利润 | 金额式 | | 贷方 |
| 5001 | 生产成本 | 金额式 | | 借方 |
| 500101 | 基本生产成本 | 金额式 | | 借方 |
| 50010101 | 直接材料 | 金额式 | 项目核算 | 借方 |
| 50010102 | 直接人工 | 金额式 | 项目核算 | 借方 |
| 51010103 | 制造费用 | 金额式 | 项目核算 | 借方 |
| 500102 | 辅助生产成本 | 金额式 | | 借方 |
| 5101 | 制造费用 | 金额式 | | 借方 |
| 510101 | 材料费用 | 金额式 | | 借方 |
| 510102 | 人工费用 | 金额式 | | 借方 |
| 510103 | 折旧费用 | 金额式 | | 借方 |
| 510104 | 其他费用 | 金额式 | | 借方 |
| 6001 | 主营业务收入 | 金额式 | | 贷方 |
| 600101 | 男式高级西服 | 数量金额式 | 单位：件 | 贷方 |
| 600102 | 女式高级西服 | 数量金额式 | 单位：件 | 贷方 |
| 600103 | 男式衬衫 | 数量金额式 | 单位：件 | 贷方 |
| 600104 | 女式衬衫 | 数量金额式 | 单位：件 | 贷方 |
| 6401 | 主营业务成本 | 金额式 | | 借方 |
| 640101 | 男式高级西服 | 数量金额式 | 单位：件 | 借方 |
| 640102 | 女式高级西服 | 数量金额式 | 单位：件 | 借方 |
| 640103 | 男式衬衫 | 数量金额式 | 单位：件 | 借方 |
| 640104 | 女式衬衫 | 数量金额式 | 单位：件 | 借方 |
| 6602 | 管理费用 | 金额式 | | 借方 |
| 660201 | 业务招待费 | 金额式 | 部门核算 | 借方 |
| 660202 | 差旅费 | 金额式 | 部门核算 | 借方 |
| 660203 | 折旧费用 | 金额式 | 部门核算 | 借方 |
| 660204 | 人工费用 | 金额式 | 部门核算 | 借方 |
| 660205 | 其他 | 金额式 | 部门核算 | 借方 |
| 6603 | 财务费用 | 金额式 | | 借方 |
| 660301 | 利息费用 | 金额式 | | 借方 |
| 660303 | 其他 | 金额式 | | 借方 |

*出纳专管科目。

6.系统设定凭证类型。

公司采用通用记账凭证形式，无限制条件。

7.系统设置项目档案（见表2-23）。

表2-23　项目大类及分类

| 项目大类名称 | 项目属性 | 项目分类 | | 核算科目 |
|---|---|---|---|---|
| | | 项目分类编码 | 项目分类名称 | |
| 生产成本 | 普通项目 | 1 | 产品生产成本 | 410101<br>410102<br>410103 |

8.系统设置结算方式（见表2-24）。

表2-24　收付结算方式明细表

| 结算方式编码 | 结算方式名称 | 是否票据管理 |
|---|---|---|
| 1 | 现金 | 否 |
| 2 | 支票 | 是 |
| 201 | 现金支票 | 是 |
| 202 | 转账支票 | 是 |
| 3 | 银行本票 | 否 |
| 4 | 银行汇票 | 否 |
| 5 | 商业汇票 | 否 |
| 501 | 商业承兑汇票 | 否 |
| 502 | 银行承兑汇票 | 否 |
| 6 | 汇兑 | 否 |
| 7 | 委托收款 | 否 |
| 8 | 托收承付 | 否 |

## 实训评价单

设置基础档案工作能力评分表见表2-25。

表2-25　设置基础档案工作能力评分表

| 序号 | 评分项目 | 学生自评 |
|---|---|---|
| 1 | 建立部门档案工作 | □优秀　□良好　□中等　□合格　□不合格 |
| 2 | 建立人员档案工作 | □优秀　□良好　□中等　□合格　□不合格 |
| 3 | 建立供应商档案工作 | □优秀　□良好　□中等　□合格　□不合格 |
| 4 | 建立客户档案工作 | □优秀　□良好　□中等　□合格　□不合格 |
| 5 | 设置会计科目工作 | □优秀　□良好　□中等　□合格　□不合格 |
| 6 | 设定凭证类型工作 | □优秀　□良好　□中等　□合格　□不合格 |
| 7 | 建立项目档案工作 | □优秀　□良好　□中等　□合格　□不合格 |
| 8 | 设置结算方式工作 | □优秀　□良好　□中等　□合格　□不合格 |
| 教师评语 | 教师签字： | |
| 评价成绩 | □优秀　□良好　□中等　□合格　□不合格 | |

# 任务3 启用总账系统

## 实训任务单

### 一、实训项目

- 设置总账系统参数实训
- 录入期初余额实训
- 期初试算平衡实训

### 二、业务清单

**业务1：**2022年11月21日，设置总账系统参数。（操作指引见表2-26）

表2-26 操作指引

| 工作项目 | 操作流程 |
| --- | --- |
| 设置总账系统参数<br>重难点解析视频 | 1.进入财务软件“企业应用平台”操作界面，以账套主管身份登录，点击进入“业务工作”界面<br>2.双击“财务会计”—“总账”—“设置”—“选项”，进入编辑界面，完成相关总账系统参数设置工作 |

**业务2：**2022年11月22日，录入期初余额。（操作指引见表2-27）

表2-27 操作指引

| 工作项目 | 操作流程 |
| --- | --- |
| 录入期初余额<br>重难点解析视频 | 1.进入财务软件“企业应用平台”操作界面，以账套主管身份登录，点击进入“业务工作”界面<br>2.双击“财务会计”—“总账”—“设置”—“期初余额”，根据不同科目类型，完成相关期初余额录入工作 |

**业务3：**2022年11月22日，期初试算平衡。（操作指引见表2-28）

表2-28 操作指引

| 工作项目 | 操作流程 |
| --- | --- |
| 期初试算平衡<br>重难点解析视频 | 1.进入财务软件“企业应用平台”操作界面，以账套主管身份登录，点击进入“业务工作”界面<br>2.双击“财务会计”—“总账”—“设置”—“期初余额”，进入“期初余额录入”界面，单击“对账”，完成相关对账工作<br>3.对账完毕，在“期初余额录入”界面，单击“试算”，完成相关试算平衡计算与核对工作 |

### 三、实训要求

采取1人独立实训的方式，由学生扮演公司期初建账的经办人员，完成相关公司启用总账系统的工作任务。

## 实训操作单

1.设置总账系统参数（见表2-29）。

表2-29 总账系统参数

| 选项 | 参数 |
| --- | --- |
| 凭证 | 制单序时控制、支票控制、资金及往来科目赤字控制、自动填补凭证断号，其他采用系统默认 |
| 权限 | 不允许修改或作废他人填制的凭证、出纳凭证必须经由出纳签字、凭证必须经由主管会计签字，其他采用系统默认 |

2. 录入期初账户余额（见表2-30）。

表2-30　期初账户余额表

| 科目编码 | 科目名称 | 账页格式 | 辅助核算<br>受控系统 | 余额<br>方向 | 期初余额 |
|---|---|---|---|---|---|
| 1001 | 库存现金* | 金额式 | 日记账 | 借方 | 7 000 |
| 100101 | 人民币户 | 金额式 | 日记账 | 借方 | 7 000 |
| 1002 | 银行存款* | 金额式 | 日记账、银行账 | 借方 | 5 493 000 |
| 100201 | 人民币户 | 金额式 | 日记账、银行账 | 借方 | 5 493 000 |
| 1012 | 其他货币资金 | 金额式 |  | 借方 | 0 |
| 101201 | 存出投资款 | 金额式 |  | 借方 | 0 |
| 101202 | 银行汇票 | 金额式 |  | 借方 | 0 |
| 101203 | 银行本票 | 金额式 |  | 借方 | 0 |
| 1101 | 交易性金融资产 | 金额式 |  | 借方 | 0 |
| 110101 | 成本 | 金额式 |  | 借方 | 0 |
| 110102 | 公允价值变动 | 金额式 |  | 借方 | 0 |
| 1121 | 应收票据 | 金额式 | 客户往来、无受控系统 | 借方 | 0 |
| 112101 | 银行承兑汇票 | 金额式 | 客户往来、无受控系统 | 借方 | 0 |
| 112102 | 商业承兑汇票 | 金额式 | 客户往来、无受控系统 | 借方 | 0 |
| 1122 | 应收账款 | 金额式 | 客户往来、无受控系统 | 借方 | 0 |
| 1221 | 其他应收款 | 金额式 |  | 借方 | 0 |
| 122101 | 备用金 | 金额式 | 部门核算 | 借方 | 0 |
| 122102 | 应收个人款 | 金额式 | 个人往来 | 借方 | 0 |
| 1231 | 坏账准备 | 金额式 |  | 贷方 | 0 |
| 1403 | 原材料 | 数量金额式 | 面料、拉链单位：米<br>纽扣单位：个<br>缝纫线单位：千克<br>辅料单位：捆 | 借方 | 0 |
| 1411 | 周转材料 | 金额式 |  | 借方 | 0 |
| 141101 | 低值易耗品 | 数量金额式 | 单位：个 | 借方 | 0 |
| 141102 | 包装物 | 数量金额式 | 单位：个 | 借方 | 0 |
| 1404 | 材料成本差异 | 金额式 |  | 借方 | 0 |
| 140401 | 原材料成本差异 | 金额式 |  | 借方 | 0 |
| 1405 | 库存商品 | 金额式 |  | 借方 | 0 |
| 140501 | 男式高级西服 | 数量金额式 | 单位：件 | 借方 | 0 |
| 140502 | 女式高级西服 | 数量金额式 | 单位：件 | 借方 | 0 |
| 140503 | 男式衬衣 | 数量金额式 | 单位：件 | 借方 | 0 |
| 140504 | 女式衬衣 | 数量金额式 | 单位：件 | 借方 | 0 |
| 1511 | 长期股权投资 | 金额式 |  | 借方 | 0 |
| 1601 | 固定资产 | 金额式 |  | 借方 | 3 000 000 |
| 1602 | 累计折旧 | 金额式 |  | 贷方 | 0 |

续表

| 科目编码 | 科目名称 | 账页格式 | 辅助核算<br>受控系统 | 余额<br>方向 | 期初余额 |
|---|---|---|---|---|---|
| 1604 | 在建工程 | 金额式 | | 借方 | 0 |
| 1701 | 无形资产 | 金额式 | | 借方 | 1 500 000 |
| 2001 | 短期借款 | 金额式 | | 贷方 | 0 |
| 2201 | 应付票据 | 金额式 | 供应商往来、无受控系统 | 贷方 | 0 |
| 220101 | 商业承兑汇票 | 金额式 | 供应商往来、无受控系统 | 贷方 | 0 |
| 220102 | 银行承兑汇票 | 金额式 | 供应商往来、无受控系统 | 贷方 | 0 |
| 2202 | 应付账款 | 金额式 | 供应商往来、无受控系统 | 贷方 | 0 |
| 2203 | 预收账款 | 金额式 | 客户往来、无受控系统 | 贷方 | 0 |
| 2211 | 应付职工薪酬 | 金额式 | | 贷方 | 0 |
| 221101 | 职工工资 | 金额式 | | 贷方 | 0 |
| 221102 | 职工福利费 | 金额式 | | 贷方 | 0 |
| 221103 | 社会保险费 | 金额式 | | 贷方 | 0 |
| 221104 | 住房公积金 | 金额式 | | 贷方 | 0 |
| 221105 | 工会经费 | 金额式 | | 贷方 | 0 |
| 221106 | 职工教育经费 | 金额式 | | 贷方 | 0 |
| 2221 | 应交税费 | 金额式 | | 贷方 | 0 |
| 222101 | 应交增值税 | 金额式 | | 贷方 | 0 |
| 22210101 | 进项税额 | 金额式 | | 贷方 | 0 |
| 22210102 | 销项税额 | 金额式 | | 贷方 | 0 |
| 22210103 | 转出未交增值税 | 金额式 | | 贷方 | 0 |
| 22210104 | 转出多交增值税 | 金额式 | | 贷方 | 0 |
| 222102 | 未交增值税 | 金额式 | | 贷方 | 0 |
| 222103 | 应交所得税 | 金额式 | | 贷方 | 0 |
| 222104 | 应交城市维护建设税 | 金额式 | | 贷方 | 0 |
| 222105 | 应交教育费附加 | 金额式 | | 贷方 | 0 |
| 222106 | 应交个人所得税 | 金额式 | | 贷方 | 0 |
| 2241 | 其他应付款 | 金额式 | | 贷方 | 0 |
| 2501 | 长期借款 | 金额式 | | 贷方 | 0 |
| 4001 | 实收资本 | 金额式 | | 贷方 | 10 000 000 |
| 4002 | 资本公积 | 金额式 | | 贷方 | 0 |
| 4101 | 盈余公积 | 金额式 | | 贷方 | 0 |
| 410101 | 法定盈余公积 | 金额式 | | 贷方 | 0 |
| 410102 | 任意盈余公积 | 金额式 | | 贷方 | 0 |
| 4104 | 利润分配 | 金额式 | | 贷方 | 0 |
| 410401 | 提取法定盈余公积 | 金额式 | | 贷方 | 0 |

续表

| 科目编码 | 科目名称 | 账页格式 | 辅助核算受控系统 | 余额方向 | 期初余额 |
|---|---|---|---|---|---|
| 410402 | 提取任意盈余公积 | 金额式 | | 贷方 | 0 |
| 410403 | 未分配利润 | 金额式 | | 贷方 | 0 |
| 5001 | 生产成本 | 金额式 | | 借方 | 0 |
| 500101 | 基本生产成本 | 金额式 | | 借方 | 0 |
| 50010101 | 直接材料 | 金额式 | 项目核算 | 借方 | 0 |
| 50010102 | 直接人工 | 金额式 | 项目核算 | 借方 | 0 |
| 51010103 | 制造费用 | 金额式 | 项目核算 | 借方 | 0 |
| 500102 | 辅助生产成本 | 金额式 | | 借方 | 0 |
| 5101 | 制造费用 | 金额式 | | 借方 | 0 |
| 510101 | 材料费用 | 金额式 | | 借方 | 0 |
| 510102 | 人工费用 | 金额式 | | 借方 | 0 |
| 510103 | 折旧费用 | 金额式 | | 借方 | 0 |
| 510104 | 其他费用 | 金额式 | | 借方 | 0 |
| 6001 | 主营业务收入 | 金额式 | | 贷方 | 0 |
| 600101 | 男式高级西服 | 数量金额式 | 单位：件 | 贷方 | 0 |
| 600102 | 女式高级西服 | 数量金额式 | 单位：件 | 贷方 | 0 |
| 600103 | 男式衬衫 | 数量金额式 | 单位：件 | 贷方 | 0 |
| 600104 | 女式衬衫 | 数量金额式 | 单位：件 | 贷方 | 0 |
| 6401 | 主营业务成本 | 金额式 | | 借方 | 0 |
| 640101 | 男式高级西服 | 数量金额式 | 单位：件 | 借方 | 0 |
| 640102 | 女式高级西服 | 数量金额式 | 单位：件 | 借方 | 0 |
| 640103 | 男式衬衫 | 数量金额式 | 单位：件 | 借方 | 0 |
| 640104 | 女式衬衫 | 数量金额式 | 单位：件 | 借方 | 0 |
| 6602 | 管理费用 | 金额式 | | 借方 | 0 |
| 660201 | 业务招待费 | 金额式 | 部门核算 | 借方 | 0 |
| 660202 | 差旅费 | 金额式 | 部门核算 | 借方 | 0 |
| 660203 | 折旧费用 | 金额式 | 部门核算 | 借方 | 0 |
| 660204 | 人工费用 | 金额式 | 部门核算 | 借方 | 0 |
| 660205 | 其他 | 金额式 | 部门核算 | 借方 | 0 |
| 6603 | 财务费用 | 金额式 | | 借方 | 0 |
| 660301 | 利息费用 | 金额式 | | 借方 | 0 |
| 660303 | 其他 | 金额式 | | 借方 | 0 |

3.期初试算平衡。

根据本任务业务2和表2-30的相关资料，针对录入完毕的期初余额，进行对账及试算平衡。

## 实训评价单

启用总账系统工作能力评分表见表2-31。

表2-31 启用总账系统工作能力评分表

| 序号 | 评分项目 | 学生自评 |
|---|---|---|
| 1 | 设置总账系统参数工作 | □优秀 □良好 □中等 □合格 □不合格 |
| 2 | 录入期初余额工作 | □优秀 □良好 □中等 □合格 □不合格 |
| 3 | 期初试算平衡工作 | □优秀 □良好 □中等 □合格 □不合格 |
| 教师评语 | 教师签字： | |
| 评价成绩 | □优秀 □良好 □中等 □合格 □不合格 | |

## 实训小结

期初建账实训项目结构图如图2-1所示。

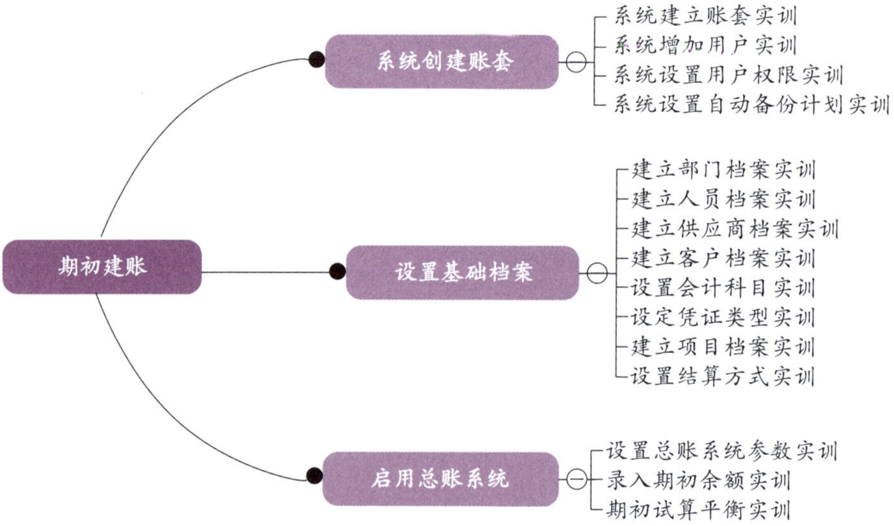


图2-1 期初建账实训项目结构图

# 项目三　银行业务

**实训目标**

- 掌握新设公司银行业务的基本流程
- 能正确进行开立银行账户的相关工作
- 能正确进行购买银行票据的相关工作
- 能正确进行办理企业网银的相关工作

## 任务1　开立银行账户

**实训任务单**

### 一、实训项目

- 申请开立单位基本存款账户实训
- 申请开立单位一般存款账户实训
- 申请企业库存现金限额实训

### 二、业务清单

**业务1：**2022年11月25日，向中国工商银行杭州钱江支行申请开立单位基本存款账户。(操作指引见表3-1)

表3-1　　操作指引

| 出纳 | 财务经理 |
| --- | --- |
| 1.填写开立单位银行结算账户申请书<br>2.准备相关审批材料<br>4.提请银行相关部门审核<br>5.领取开户许可证 | 3.审批开立单位银行结算账户申请书以及相关审批资料 |

**业务2：**2022年11月28日，向杭州银行杭州秋涛支行申请开立单位一般存款账户。(操作指引见表3-2)

表3-2　　操作指引

| 出纳 | 财务经理 |
| --- | --- |
| 1.填写开立单位银行结算账户申请书<br>2.准备相关审批材料<br>4.提请银行相关部门审核<br>5.领取开户许可证 | 3.审批开立单位银行结算账户申请书以及相关审批资料 |

**业务3：**2022年12月2日，向中国工商银行杭州钱江支行申请核定库存现金限额。(操作指引见表3-3)

表3-3　　操作指引

| 出纳 | 财务经理 |
| --- | --- |
| 1.填写库存现金限额申请批准书<br>3.向银行提交库存现金限额申请批准书 | 2.审核库存现金限额申请批准书 |

### 三、实训要求

采取1人独立实训的方式，由学生扮演公司银行业务的经办人员，完成相关开立银行账户的工作任务。

**实训操作单**

1.申请开立单位基本存款账户，填写“开立单位银行结算账户申请书”（附件3-1-1）；准备开立单位基本存款账户的相关文件（附件3-1-2）。

开立银行账户

业务操作基本规范

2.申请开立单位一般存款账户，填写“开立单位银行结算账户申请书”（附件3-1-3）；准备开立单位一般存款账户的相关文件（附件3-1-4）。

- 企业名称：浙江阳光服饰有限责任公司
- 企业住所：浙江省杭州市钱塘路118号，电话：0571-86736598，邮编：310018
- 统一社会信用代码（即企业法人营业执照代码、组织机构代码、税务登记证代码）：92110019651283321H
- 法定代表人：冯勇（身份证号码：330102197109110456）
- 注册资本：1 000万元
- 经营范围：主要从事服装的设计、生产和销售
- 企业类别：有限责任公司，无任何分支机构、总机构、关联企业

3.向开户银行申请库存现金限额，填写“库存现金限额申请批准书”（附件3-1-5）。

公司出纳人员经与开户银行中国工商银行杭州钱江支行协商，核定本企业的库存现金的保留天数为4天，公司银行账号为1202021518090325917。企业日常现金支出范围主要包括采购零星材料支出、零星劳务费支出和其他支出，其每季度的平均现金支出总额（但不包括定期的大额现金支出和不定期的大额现金支出）分别为90 000元、60 000元和30 000元。

**实训评价单**

开立银行账户工作能力评分表见表3-4。

表3-4 开立银行账户工作能力评分表

| 序号 | 评分项目 | 学生自评 |
|---|---|---|
| 1 | 申请开立单位基本存款账户工作 | □优秀 □良好 □中等 □合格 □不合格 |
| 2 | 申请开立单位一般存款账户工作 | □优秀 □良好 □中等 □合格 □不合格 |
| 3 | 申请企业库存现金限额工作 | □优秀 □良好 □中等 □合格 □不合格 |
| 教师评语 | 教师签字： | |
| 评价成绩 | □优秀 □良好 □中等 □合格 □不合格 | |

## 任务2 购买银行票据

**实训任务单**

### 一、实训项目

- 购买空白现金支票实训
- 购买空白转账支票实训

### 二、业务清单

**业务1**：2022年12月5日，公司（银行账号：1202021518090325917）向开户银行中国工商银行杭州钱江支行购买空白现金支票1本，工本费5元，手续费15元。（操作指引见表3-5）

表3-5　　　　　　　　　　　　　　　　**操作指引**

| 出纳 | 制单会计 | 稽核会计 | 会计主管 | 财务经理 |
|---|---|---|---|---|
| 1.填写空白支票请购单<br>2.向银行购买空白现金支票 | 3.审核空白支票请购单第四联、银行收费回单<br>4.编制记账凭证 | 5.审核记账凭证 | 6.系统记账 | — |

**业务2**：2022年12月8日，公司（银行账号：1202021518090325917）向开户银行中国工商银行杭州钱江支行购买空白转账支票1本，工本费5元，手续费25元。（操作指引见表3-6）

表3-6　　　　　　　　　　　　　　　　**操作指引**

| 出纳 | 制单会计 | 稽核会计 | 会计主管 | 财务经理 |
|---|---|---|---|---|
| 1.填写空白支票请购单<br>2.向银行购买空白转账支票 | 3.审核空白支票请购单第四联、银行收费回单<br>4.编制记账凭证 | 5.审核记账凭证 | 6.系统记账 | — |

## 三、实训要求

将5位学生组成一个实训小组，分别扮演出纳、制单会计、稽核会计、会计主管、财务经理等角色，分岗位完成相关工作任务（具体见表3-7）。

表3-7　　　　　　　　　　　　　　**岗位工作任务明细表**

| 序号 | 岗位 | 工作任务 |
|---|---|---|
| 1 | 出纳 | ➢ 办理收、付款等业务<br>➢ 系统出纳签字 |
| 2 | 制单会计 | ➢ 审核原始凭证<br>➢ 编制记账凭证 |
| 3 | 稽核会计 | ➢ 审核记账凭证 |
| 4 | 会计主管 | ➢ 完成相关审核工作<br>➢ 系统主管签字<br>➢ 完成系统记账 |
| 5 | 财务经理 | ➢ 完成相关财务审批 |

## 实训操作单

购买银行票据

业务单据填写范本

## 一、原始凭证

由出纳张晓霞完成相关业务单据的处理工作；由制单会计陈瑞刚完成相关业务原始凭证的审核工作（具体见表3-8）。

表3-8　　　　　　　　　　　　　　**业务单据明细表**

| 业务 | 原始凭证 | |
|---|---|---|
| | 单据名称 | 对应附件编号 |
| 1 | 空白支票请购单 | 附件3-2-1 |
| | 银行收费回单 | 附件3-2-2 |
| 2 | 空白支票请购单 | 附件3-2-3 |
| | 银行收费回单 | 附件3-2-4 |

## 二、记账凭证

由制单会计陈瑞刚完成相关业务记账凭证的系统编制工作；由稽核会计李晓芳完成相关业务记账凭证的系统审核工作；由出纳张晓霞完成相关业务的出纳签字工作；由会计主管黄莹莹完成相关业务的主管签字工作（记账凭证系统操作指引见表3-9）。

记账凭证填制标准

表3-9　记账凭证系统操作指引①

| 业务 | 操作步骤 |
|---|---|
| 编制记账凭证<br>重难点解析视频 | 1.进入财务软件"企业应用平台"操作界面，以制单会计身份登录，点击进入"业务工作"界面<br>2.双击"财务会计"进入总账系统，双击"凭证"—"填制凭证"，进入"凭证录入"界面<br>3.点击"制单"—"增加凭证"，依次输入制单日期、附单据数、摘要、科目、金额等信息，点击"保存"，完成记账凭证的编制工作 |
| 审核记账凭证<br>重难点解析视频 | 1.进入财务软件"企业应用平台"操作界面，以稽核会计身份登录，点击进入"业务工作"界面<br>2.双击"财务会计"进入总账系统，双击"凭证"—"审核凭证"，进入"凭证审核"界面<br>3.点击"确定"进入"凭证审核"列表，点击"确定"进入"凭证审核"界面，点击窗口常用工具栏上的"审核"，完成凭证的审核操作 |
| 出纳签字 | 1.进入财务软件"企业应用平台"操作界面，以出纳身份登录，点击进入"业务工作"界面<br>2.双击"财务会计"进入总账系统，双击"凭证"—"出纳签字"，进入"出纳签字"界面<br>3.点击"确定"进入"出纳签字"列表，点击"确定"进入"出纳签字"界面，点击窗口常用工具栏上的"签字"，完成凭证的出纳签字操作 |
| 主管签字 | 1.进入财务软件"企业应用平台"操作界面，以会计主管身份登录，点击进入"业务工作"界面<br>2.双击"财务会计"进入总账系统，双击"凭证"—"主管签字"，进入"主管签字"界面<br>3.点击"确定"进入"主管签字"列表，点击"确定"进入"主管签字"界面，点击窗口常用工具栏上的"签字"，完成凭证的主管签字操作 |

## 三、会计账簿

由会计主管黄莹莹完成相关业务系统记账和账簿信息查询工作（具体见表3-10）。

表3-10　会计账簿系统操作指引②

| 业务 | | 操作步骤 |
|---|---|---|
| 系统记账<br>重难点解析视频 | | 1.进入财务软件"企业应用平台"操作界面，以会计主管身份登录，点击进入"业务工作"界面<br>2.双击"财务会计"进入总账系统，双击"凭证"—"记账"，进入"记账"界面，输入记账范围，单击"记账"，根据系统提示确认"期初试算平衡表"相关信息，系统执行记账程序 |
| 查询账簿信息<br>重难点解析视频 | 查询日记账 | 1.进入财务软件"企业应用平台"操作界面，以会计主管身份登录，点击进入"业务工作"界面<br>2.双击"财务会计"进入总账系统，双击"出纳"—"现金日记账"/"银行存款日记账"，输入查询时间，点击"确认"，系统弹出现金日记账/银行存款日记账查询结果 |
| | 查询明细账 | 1.进入财务软件"企业应用平台"操作界面，以会计主管身份登录，点击进入"业务工作"界面<br>2.双击"财务会计"进入总账系统，双击"账表"—"科目账"—"余额表"，输入查询条件，级次调整为1-3级，点击"确认"，系统显示查询结果 |
| | 查询总账 | 1.进入财务软件"企业应用平台"操作界面，以会计主管身份登录，点击进入"业务工作"界面<br>2.双击"财务会计"进入总账系统，双击"账表"—"科目账"—"余额表"，输入查询条件，级次调整为1级，点击"确认"，系统显示查询结果 |

**实训评价单**

购买银行票据工作能力评分表见表3-11。

① 记账凭证系统操作相关内容，如本教材后续项目任务涉及此操作环节，不再赘述。
② 会计账簿系统操作相关内容，如本教材后续项目任务涉及此操作环节，不再赘述。

表 3-11 购买银行票据工作能力评分表

| 序号 | 评分项目 | 学生自评 |
| --- | --- | --- |
| 1 | 购买空白现金支票工作 | □优秀 □良好 □中等 □合格 □不合格 |
| 2 | 购买空白转账支票工作 | □优秀 □良好 □中等 □合格 □不合格 |
| 教师评语 | 教师签字： | |
| 评价成绩 | □优秀 □良好 □中等 □合格 □不合格 | |

## 任务 3 办理企业网银

### 实训任务单

**一、实训项目**

➢ 申请办理企业网银实训

**二、业务清单**

**业务 1：** 2022 年 12 月 12 日，向中国工商银行杭州钱江支行申请办理企业网银业务。（操作指引见表 3-12）

表 3-12 操作指引

| 出纳 | 财务经理 | 法定代表人 |
| --- | --- | --- |
| 1. 办理电子银行企业客户服务协议的相关签约工作<br>2. 填写企业客户证书及账户信息表<br>3. 填写企业客户证书领取单<br>6. 向银行提交相关申请材料 | 4. 审核相关申请资料 | 5. 签署电子银行企业客户服务协议等相关申请资料 |

**三、实训要求**

采取 1 人独立实训的方式，由学生扮演公司银行业务的经办人员，完成相关申请办理企业网银的工作任务。

### 实训操作单

办理企业网银

业务操作基本规范

**业务 1：** 申请办理企业网银业务，填写“电子银行企业客户服务协议”（附件 3-3-1）。

**业务 2：** 申请办理企业网银业务，填写“企业客户证书及账户信息表”（附件 3-3-2）。

**业务 3：** 申请办理企业网银业务，填写“企业客户证书领取单”（附件 3-3-3）。

➢ 业务经办人员：出纳张晓霞（身份证号码：330101198805270566）

➢ 客户证书基本信息：公司申请办理第二种工行金卡证书（具备授权权限），证书 ID 为 zjygfs86736598；开通自助管理本企业 ID 权限，关闭企业手机银行（WAP）授权业务；无相关授权层级，未设置多级组合授权业务

➢ 账户及证书操作权限信息：

企业地址：浙江省杭州市钱塘路 118 号（邮编 310018）

联系人：张晓霞（电话：18634331910）

账号：1202021518090325917

开户银行：中国工商银行杭州钱江支行

操作权限：可查询、可授权、可理财

➢ 企业客户证书领取人员：张晓霞、徐敏（身份证号码：330801197611092347）

## 实训评价单

办理企业网银工作能力评分表见表3-13。

表3-13 办理企业网银工作能力评分表

| 序号 | 评分项目 | 学生自评 |
|---|---|---|
| 1 | 办理企业网银工作 | □优秀 □良好 □中等 □合格 □不合格 |
| 教师评语 | 教师签字： | |
| 评价成绩 | □优秀 □良好 □中等 □合格 □不合格 | |

## 实训小结

银行业务实训项目结构图如图3-1所示。

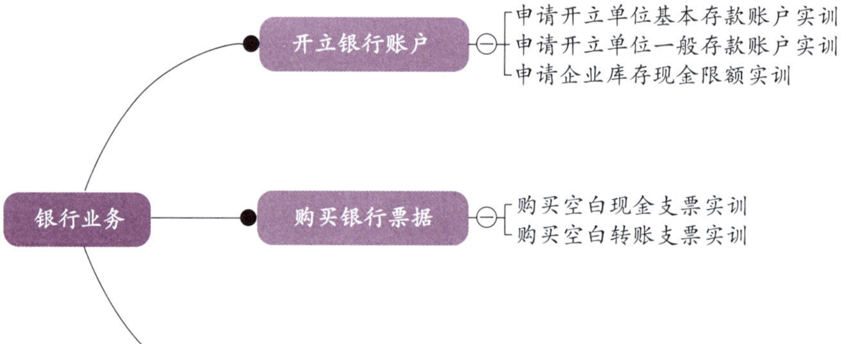


图3-1 银行业务实训项目结构图

## 素养提升

大国工匠

曹毅：逐梦太空的“帆板王子”

# 模块二　日常会计核算

**背景资料：**

**一、企业基本信息**

企业名称：浙江阳光服饰有限责任公司

单位公章（红色）：

企业地址：浙江省杭州市钱塘路118号，电话：0571-86736598

设立时间：2022年11月15日

注册资本：1 000万元

法定代表人：冯勇（身份证号码：330102197109110456）

经营范围：主要从事服装的设计、生产和销售

统一社会信用代码：92110019651283321H

增值税纳税人类型：增值税一般纳税人，适用税率为13%

发票专用章（红色）：

库存限额：开户银行核准的公司库存现金限额为8 000元

开户银行（基本存款账户）：中国工商银行杭州钱江支行（行号：2988）

银行账号1202021518090325917

开户银行（一般存款账户）：杭州银行杭州秋涛支行（行号：6335）

银行账号 1236021259475180909

银行预留印鉴（红色）：

财务专用章

法定代表人名章

## 二、财务岗位设置

浙江阳光服饰有限责任公司执行企业会计准则，会计核算工作启用财务软件的总账系统，具体账务处理如下所示：

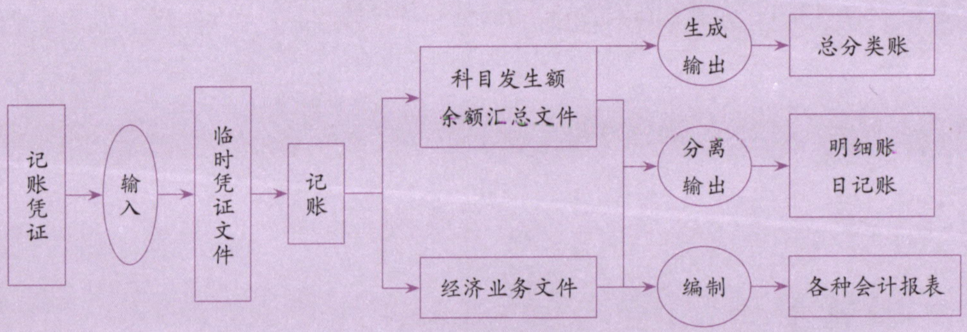


公司会计账务处理流程

财务部共有6名工作人员负责本公司的财务工作，其中：财务经理1人、会计主管1人、出纳1人、会计3人，具体分工如下所示：

财务岗位设置明细表

| 序号 | 岗位 | 人员 | 职责 |
|---|---|---|---|
| 1 | 财务经理 | 徐敏 | 负责相关财务审批工作、编制会计报告、管理公司财务工作等 |
| 2 | 会计主管 | 黄莹莹 | 系统主管签字、系统记账；管理会计核算工作；负责保管企业法定代表人名章等 |
| 3 | 出纳 | 张晓霞 | 负责处理出纳业务、系统出纳签字等 |
| 4 | 制单会计 | 陈瑞刚 | 负责编制记账凭证；负责办理涉税工作等 |
| 5 | 稽核会计 | 李晓芳 | 负责审核记账凭证；负责保管企业财务专用章；负责银行对账等 |
| 6 | 成本会计 | 曹珊珊 | 负责产品成本的相关核算工作 |

期初科目余额表

实训耗材明细表

# 项目四　出纳岗位

**实训目标**

- 掌握出纳岗位的业务处理流程
- 能正确进行库存现金业务核算
- 能正确进行银行存款业务核算
- 能正确进行其他货币资金业务核算

## 会计核算制度

### 一、现金核算制度

现金清查

重难点解析视频

库存现金是指存放于企业财会部门、由出纳人员经管的货币。根据国务院发布的《中华人民共和国现金管理暂行条例》的规定，公司现金的使用范围主要包括：职工工资、津贴；个人劳务报酬；根据国家规定颁发给个人的科学技术、文化艺术、体育比赛等各种奖金；各种劳保、福利费用以及国家规定的对个人的其他支出；向个人收购农副产品和其他物资的款项；出差人员必须随身携带的差旅费；结算起点（1 000元）以下的零星支出等。

公司设置库存现金日记账与库存现金总账，核算库存现金的收入、支出和结存情况。每日终了，出纳人员将库存现金日记账的余额与实际库存现金余额相核对，保证账款相符；月度终了，应当将库存现金日记账的余额与库存现金总账的余额核对，做到账账相符。公司采用实地盘点法，每月对库存现金进行2次不定期抽查，以保证企业现金的安全与完整。

### 二、银行存款核算制度

银行对账

重难点解析视频

银行存款是指企业存放在银行或其他金融机构的货币资金。公司设置“银行存款”日记账与总账，核算银行存款、取款以及各种收支转账业务。每日终了，出纳人员将结出账户余额。银行存款日记账每月月末定期与银行对账单核对，如公司账面结余与银行对账单余额之间存在差额，必须逐笔查明原因并按月编制“银行存款余额调节表”，确保差异调节相符。月份终了，银行存款日记账的余额必须与银行存款总账的余额核对相符。

### 三、其他货币资金核算制度

外埠存款

重难点解析视频

其他货币资金是指企业除库存现金、银行存款以外的其他各种货币资金，主要包括银行本票存款、银行汇票存款、信用卡存款、信用证保证金存款、存出投资款和外埠存款等。公司设置“其他货币资金”总账科目，按照其他货币资金的种类设置“银行本票”“银行汇票”“外埠存款”“信用卡存款”等明细科目，核算其他货币资金的收支和结存情况。

## 任务1　库存现金业务核算

**实训任务单**

### 一、实训项目

- 现金提取业务实训

- 现金收款业务实训
- 现金付款业务实训
- 现金清查业务实训

## 二、业务清单

2023年12月，公司部分库存现金业务的相关资料如下：

**业务1：** 2023年12月1日，公司开出现金支票，从中国工商银行杭州钱江支行账户提取现金10 000元备用。（操作指引见表4-1）

表4-1 操作指引

| 出纳 | 制单会计 | 稽核会计 | 会计主管 | 财务经理 |
|---|---|---|---|---|
| 1.填写提现申请书<br>3.签发现金支票<br>9.办理提现业务 | 5.审核提现申请书、现金支票存根联等<br>6.编制记账凭证 | 7.审核记账凭证 | 8.系统记账 | 2.审批提现申请书<br>4.审批现金支票 |

**业务2：** 2023年12月5日，公司财务部按核定的部门定额备用金5 000元，以现金支付给销售部张云。（操作指引见表4-2）

表4-2 操作指引

| 出纳 | 制单会计 | 稽核会计 | 会计主管 | 财务经理 |
|---|---|---|---|---|
| 6.办理付款业务 | 2.审核定额备用金申请表等<br>3.编制记账凭证 | 4.审核记账凭证 | 5.系统记账 | 1.审批定额备用金申请表 |

**业务3：** 2023年12月8日，经公司人事部门审核，从中国工商银行杭州钱江支行提取现金14 000元，准备用于发放企业职工11月份的加班工资。（操作指引见表4-3）

表4-3 操作指引

| 出纳 | 制单会计 | 稽核会计 | 会计主管 | 财务经理 |
|---|---|---|---|---|
| 1.填写提现申请书<br>3.签发现金支票<br>9.办理提现业务 | 5.审核提现申请书、现金支票存根联等<br>6.编制记账凭证 | 7.审核记账凭证 | 8.系统记账 | 2.审批提现申请书<br>4.审批现金支票 |

**业务4：** 2023年12月12日，公司收到杭州科信有限责任公司经办人江阳阳交来的现金800元，系包装物押金款。（操作指引见表4-4）

表4-4 操作指引

| 出纳 | 制单会计 | 稽核会计 | 会计主管 | 财务经理 |
|---|---|---|---|---|
| 1.填写收款收据<br>2.办理收款业务 | 3.审核收款收据等<br>4.编制记账凭证 | 5.审核记账凭证 | 6.系统记账 | — |

**业务5：** 2023年12月15日，公司财务部门进行现金账实核对的抽查工作，对现金盘点盈亏进行账务处理。（操作指引见表4-5）

表4-5 操作指引

| 出纳 | 制单会计 | 稽核会计 | 会计主管 | 财务经理 |
|---|---|---|---|---|
| 1.结出库存现金日记账余额 | 2.盘点库存现金<br>3.填写现金盘点盈亏报告表<br>6.编制记账凭证 | 7.审核记账凭证 | 4.审核现金盘点盈亏报告表等<br>8.系统记账 | 5.审批现金盘点盈亏报告表等 |

**业务6：** 2023年12月21日，公司发放职工困难补助2 000元。（操作指引见表4-6）

表4-6 操作指引

| 出纳 | 制单会计 | 稽核会计 | 会计主管 | 财务经理 |
|---|---|---|---|---|
| 6.办理付款业务 | 2.审核职工困难补助发放表等<br>3.编制记账凭证 | 4.审核记账凭证 | 5.系统记账 | 1.审批职工困难补助发放表等 |

**业务7：** 2023年12月26日，公司销售部向个人销售男式衬衫一批，收到零星的销售款

项3 390元，其中含增值税额390元。（操作指引见表4–7）

表4–7　　　　操作指引

| 出纳 | 制单会计 | 稽核会计 | 会计主管 | 财务经理 |
|---|---|---|---|---|
| 1. 办理收款业务<br>2. 开具增值税普通发票 | 3. 审核增值税普通发票等<br>4. 编制记账凭证 | 5. 审核记账凭证 | 6. 系统记账 | — |

**业务8**：2023年12月31日，公司财务部门进行现金账实核对的抽查工作，对现金盘点盈亏进行账务处理。（操作指引见表4–8）

表4–8　　　　操作指引

| 出纳 | 制单会计 | 稽核会计 | 会计主管 | 财务经理 |
|---|---|---|---|---|
| 1. 结出库存现金日记账余额 | 2. 盘点库存现金<br>3. 填写现金盘点盈亏报告表<br>6. 编制记账凭证 | 7. 审核记账凭证 | 4. 审核现金盘点盈亏报告表等<br>8. 系统记账 | 5. 审批现金盘点盈亏报告表等 |

## 三、实训要求

将5位学生组成一个实训小组，分别扮演出纳、制单会计、稽核会计、会计主管、财务经理等角色，分岗位完成相关工作任务（具体见表4–9）。

表4–9　　　　岗位工作任务明细表

| 序号 | 岗位 | 工作任务 |
|---|---|---|
| 1 | 出纳 | ➢ 办理收、付款等业务<br>➢ 系统出纳签字 |
| 2 | 制单会计 | ➢ 审核原始凭证<br>➢ 编制记账凭证 |
| 3 | 稽核会计 | ➢ 审核记账凭证 |
| 4 | 会计主管 | ➢ 完成相关审核工作<br>➢ 系统主管签字<br>➢ 完成系统记账 |
| 5 | 财务经理 | ➢ 完成相关财务审批 |

## 实训操作单

## 一、原始凭证

4–1

业务单据填写范本

由出纳张晓霞完成相关业务单据的处理工作；由制单会计陈瑞刚完成相关业务原始凭证的审核工作（具体见表4–10）。

表4–10　　　　业务单据明细表

| 业务 | 原始凭证 | |
|---|---|---|
| | 单据名称 | 对应附件编号 |
| 1 | 提现申请书 | 附件4-1-1 |
| | 现金支票 | 附件4-1-2 |
| 2 | 定额备用金申请表 | 附件4-1-3 |
| 3 | 提现申请书 | 附件4-1-4 |
| | 现金支票 | 附件4-1-5 |
| 4 | 收款收据 | 附件4-1-6 |
| 5 | 现金盘点盈亏报告表 | 附件4-1-7 |
| 6 | 职工困难补助发放表 | 附件4-1-8 |
| 7 | 增值税普通发票 | 附件4-1-9 |
| 8 | 现金盘点盈亏报告表 | 附件4-1-10 |

## 二、记账凭证

由制单会计陈瑞刚完成相关业务记账凭证的系统编制工作；由稽核会计李晓芳完成相关业务记账凭证的系统审核工作；由出纳张晓霞完成相关业务的出纳签字工作；由会计主管黄莹莹完成相关业务的主管签字工作。

4-1

记账凭证填制标准

## 三、会计账簿

由会计主管黄莹莹完成相关业务系统记账和账簿信息查询工作。

### 实训评价单

库存现金业务核算能力评分表见表4-11。

表4-11 库存现金业务核算能力评分表

| 序号 | 评分项目 | 学生自评 |
|---|---|---|
| 1 | 现金提取业务 | □优秀 □良好 □中等 □合格 □不合格 |
| 2 | 现金收款业务 | □优秀 □良好 □中等 □合格 □不合格 |
| 3 | 现金付款业务 | □优秀 □良好 □中等 □合格 □不合格 |
| 4 | 现金清查业务 | □优秀 □良好 □中等 □合格 □不合格 |
| 教师评语 | 教师签字： | |
| 评价成绩 | □优秀 □良好 □中等 □合格 □不合格 | |

# 任务2 银行存款业务核算

### 实训任务单

## 一、实训项目

- 银行存款业务实训
- 银行贷款业务实训
- 银行结算业务实训

## 二、业务清单

2023年12月，公司部分银行存款业务的相关资料如下：

**业务1：**2023年12月1日，公司收到中国工商银行杭州钱江支行11月份的对账单，逐笔与银行存款日记账进行核对，根据核对结果，编制“银行存款余额调节表”。（操作指引见表4-12）

表4-12 操作指引

| 出纳 | 制单会计 | 稽核会计 | 会计主管 | 财务经理 |
|---|---|---|---|---|
| 1.结出银行存款日记账余额 | — | 2.整理银行对账单，逐笔进行核对<br>3.编制银行存款余额调节表 | 4.审核银行存款余额调节表 | — |

**业务2：**2023年12月2日，公司出纳人员将现金销售款6 590元送存中国工商银行杭州钱江支行，其中：100元面额的60张，50元面额的10张，20元面额的4张，10元面额的1张。（操作指引见表4-13）

表4-13 操作指引

| 出纳 | 制单会计 | 稽核会计 | 会计主管 | 财务经理 |
|---|---|---|---|---|
| 1.填写现金缴款单<br>2.办理现金缴存业务 | 3.审核现金缴款单、现金存款凭条等<br>4.编制记账凭证 | 5.审核记账凭证 | 6.系统记账 | — |

**业务3**：2023年12月3日，公司收到杭州科龙有限责任公司签发的转账支票，用于偿还上月的购货款35 100元。（操作指引见表4-14）

表4-14 操作指引

| 出纳 | 制单会计 | 稽核会计 | 会计主管 | 财务经理 |
|---|---|---|---|---|
| 1.填写转账支票背面信息、银行进账单<br>2.办理收款业务 | 3.审核银行进账单（回单）等<br>4.编制记账凭证 | 5.审核记账凭证 | 6.系统记账 | — |

**业务4**：2023年12月4日，公司开出中国工商银行杭州钱江支行转账支票，支付前欠杭州红光公司（开户银行：中国建设银行杭州清泰支行；银行账号：1202128675445307877）货款70 200元。（操作指引见表4-15）

表4-15 操作指引

| 出纳 | 制单会计 | 稽核会计 | 会计主管 | 财务经理 |
|---|---|---|---|---|
| 1.填写付款申请书<br>3.签发转账支票<br>9.办理付款业务 | 5.审核付款申请书、转账支票存根联等<br>6.编制记账凭证 | 7.审核记账凭证 | 8.系统记账 | 2.审批付款申请书<br>4.审批转账支票 |

**业务5**：2023年12月9日，公司通过中国工商银行杭州钱江支行网银收到杭州橙色服装公司归还的前欠货款367 800元。（操作指引见表4-16）

表4-16 操作指引

| 出纳 | 制单会计 | 稽核会计 | 会计主管 | 财务经理 |
|---|---|---|---|---|
| 1.办理收款业务 | 2.审核网上银行电子回单等<br>3.编制记账凭证 | 4.审核记账凭证 | 5.系统记账 | — |

**业务6**：2023年12月11日，公司因流动资金周转需要，向交通银行杭州西湖支行申请流动资金贷款500 000元。计划从2023年12月21日起一次借入，2024年12月21日一次归还。以5台设备作抵押，价值1 000 000元，设备由公司自行保管。（操作指引见表4-17）

表4-17 操作指引

| 出纳 | 制单会计 | 稽核会计 | 会计主管 | 财务经理 |
|---|---|---|---|---|
| 1.整理申请银行贷款的资料<br>2.填写借款申请书<br>4.提交银行审核借款申请书 | — | — | — | 3.审批借款申请书 |

**业务7**：2023年12月16日，公司按合同约定采用普通电汇方式通过中国工商银行杭州钱江支行向湖州西蒙服装公司（开户银行：中国建设银行湖州解放路支行；银行账号：1202440023783669081）预付货款50 000元。（操作指引见表4-18）

表4-18 操作指引

| 出纳 | 制单会计 | 稽核会计 | 会计主管 | 财务经理 |
|---|---|---|---|---|
| 1.填写付款申请书<br>3.填写业务委托书<br>4.办理付款业务 | 5.审核付款申请书、业务委托书（记账联）等<br>6.编制记账凭证 | 7.审核记账凭证 | 8.系统记账 | 2.审批付款申请书 |

**业务8**：2023年12月19日，公司向杭州广丰服饰批发公司（开户银行：中国工商银行杭州江城支行；银行账号：1202232412490104116）购入服饰陈列模型一批，发票注明的价款为800 000元，增值税额为104 000元，运费由销售方负担，通过中国工商银行杭州钱江支行网银支付货款，商品已验收入库。（操作指引见表4-19）

表4-19 操作指引

| 出纳 | 制单会计 | 稽核会计 | 会计主管 | 财务经理 |
|---|---|---|---|---|
| 1.填写付款申请书<br>3.办理付款业务 | 4.审核付款申请书、增值税专用发票、产品入库单、网上银行电子回单等<br>5.编制记账凭证 | 6.审核记账凭证 | 7.系统记账 | 2.审批付款申请书 |

**业务9**：2023年12月21日，公司向交通银行杭州西湖支行申请取得流动资金贷款500 000元，期限为1年，款项已由贷款户划入公司存款户。（操作指引见表4-20）

表4-20 操作指引

| 出纳 | 制单会计 | 稽核会计 | 会计主管 | 财务经理 |
|---|---|---|---|---|
| 1.办理收款业务 | 2.审核贷款凭证、借款借据等<br>3.编制记账凭证 | 4.审核记账凭证 | 5.系统记账 | — |

**业务10**：2023年12月25日，公司收到杭州银行杭州秋涛支行的收账通知，公司向杭州星星服饰公司托收的货款及代垫运杂费430 200元已收妥入账。（操作指引见表4-21）

表4-21 操作指引

| 出纳 | 制单会计 | 稽核会计 | 会计主管 | 财务经理 |
|---|---|---|---|---|
| 1.办理收款业务 | 2.审核委托收款凭证（收账通知）等<br>3.编制记账凭证 | 4.审核记账凭证 | 5.系统记账 | — |

**业务11**：2023年12月27日，公司通过中国工商银行杭州钱江支行向杭州大丰辅料公司（开户银行：中国工商银行杭州滨江支行；银行账号：1202217675445307869）汇出85 500元，采用普通信汇方式，以备采购材料。（操作指引见表4-22）

表4-22 操作指引

| 出纳 | 制单会计 | 稽核会计 | 会计主管 | 财务经理 |
|---|---|---|---|---|
| 1.填写付款申请书<br>3.填写业务委托书<br>4.办理付款业务 | 5.审核付款申请书、业务委托书（记账联）等<br>6.编制记账凭证 | 7.审核记账凭证 | 8.系统记账 | 2.审批付款申请书 |

**业务12**：2023年12月28日，公司通过中国工商银行杭州钱江支行采用委托收款方式支付上个月的水费3 444.4元，其中：水费价款3 160元，增值税额284.4元。（操作指引见表4-23）

表4-23 操作指引

| 出纳 | 制单会计 | 稽核会计 | 会计主管 | 财务经理 |
|---|---|---|---|---|
| 1.办理付款业务 | 2.审核增值税专用发票、委托收款凭证（付款通知）等<br>3.编制记账凭证 | 4.审核记账凭证 | 5.系统记账 | — |

## 三、实训要求

将5位学生组成一个实训小组，分别扮演出纳、制单会计、稽核会计、会计主管、财务经理等角色，分岗位完成相关工作任务（具体见表4-24）。

表4-24 岗位工作任务明细表

| 序号 | 岗位 | 工作任务 |
|---|---|---|
| 1 | 出纳 | ➢ 办理收、付款等业务<br>➢ 系统出纳签字 |
| 2 | 制单会计 | ➢ 审核原始凭证<br>➢ 编制记账凭证 |
| 3 | 稽核会计 | ➢ 审核记账凭证 |
| 4 | 会计主管 | ➢ 完成相关审核工作<br>➢ 系统主管签字<br>➢ 完成系统记账 |
| 5 | 财务经理 | ➢ 完成相关财务审批 |

## 实训操作单

### 一、原始凭证

4-2

业务单据填写范本

由出纳张晓霞完成相关业务单据的处理工作；由制单会计陈瑞刚完成相关业务原始凭证的审核工作（具体见表4-25）。

表4-25　业务单据明细表

| 业务 | 原始单据 | |
|---|---|---|
| | 单据名称 | 对应附件编号 |
| 1 | 银行存款日记账 | 附件4-2-1 |
| | 银行对账单 | 附件4-2-2 |
| | 银行存款余额调节表 | 附件4-2-3 |
| 2 | 现金缴款单 | 附件4-2-4 |
| | 现金存款凭条 | 附件4-2-5 |
| 3 | 转账支票 | 附件4-2-6 |
| | 银行进账单 | 附件4-2-7 |
| 4 | 付款申请书 | 附件4-2-8 |
| | 转账支票 | 附件4-2-9 |
| 5 | 网上银行电子回单 | 附件4-2-10 |
| 6 | 借款申请书 | 附件4-2-11 |
| 7 | 付款申请书 | 附件4-2-12 |
| | 业务委托书 | 附件4-2-13 |
| 8 | 付款申请书 | 附件4-2-14 |
| | 增值税专用发票 | 附件4-2-15 |
| | 产品入库单 | 附件4-2-16 |
| | 网上银行电子回单 | 附件4-2-17 |
| 9 | 贷款凭证（收账通知） | 附件4-2-18 |
| | 借款借据 | 附件4-2-19 |
| 10 | 委托收款凭证（收账通知） | 附件4-2-20 |
| 11 | 付款申请书 | 附件4-2-21 |
| | 业务委托书 | 附件4-2-22 |
| 12 | 增值税专用发票 | 附件4-2-23 |
| | 委托收款凭证（付款通知） | 附件4-2-24 |

### 二、记账凭证

4-2

记账凭证填制标准

由制单会计陈瑞刚完成相关业务记账凭证的系统编制工作；由稽核会计李晓芳完成相关业务记账凭证的系统审核工作；由出纳张晓霞完成相关业务的出纳签字工作；由会计主管黄莹莹完成相关业务的主管签字工作。

### 三、会计账簿

由会计主管黄莹莹完成相关业务系统记账和账簿信息查询工作。

## 实训评价单

银行存款业务核算能力评分表见表4-26。

表4-26　银行存款业务核算能力评分表

| 序号 | 评分项目 | 学生自评 |
|---|---|---|
| 1 | 银行存款业务 | □优秀　□良好　□中等　□合格　□不合格 |
| 2 | 银行贷款业务 | □优秀　□良好　□中等　□合格　□不合格 |
| 3 | 银行结算业务 | □优秀　□良好　□中等　□合格　□不合格 |
| 教师评语 | 教师签字： | |
| 评价成绩 | □优秀　□良好　□中等　□合格　□不合格 | |

# 任务3 其他货币资金业务核算

## 实训任务单

### 一、实训项目

- 银行本票业务实训
- 银行汇票业务实训
- 信用卡业务实训
- 外埠存款业务实训

### 二、业务清单

2023年12月，公司部分其他货币资金业务的相关资料如下：

**业务1：** 2023年12月2日，公司向中国工商银行杭州钱江支行申请银行本票，金额为95 000元，用于支付杭州东方有限责任公司（开户银行：中国农业银行杭州庆春支行，银行账号：1202181230401520129）的工程款。（操作指引见表4-27）

表4-27 操作指引

| 出纳 | 制单会计 | 稽核会计 | 会计主管 | 财务经理 |
| --- | --- | --- | --- | --- |
| 1. 填写付款申请书<br>3. 填写业务委托书<br>4. 办理付款业务 | 5. 审核付款申请书、业务委托书（记账联）等<br>6. 编制记账凭证 | 7. 审核记账凭证 | 8. 系统记账 | 2. 审批付款申请书 |

**业务2：** 2023年12月5日，公司收到客户苏州星光有限责任公司金额为260 000元的银行汇票一张，用于支付前欠商品款。出纳当日到中国工商银行杭州钱江支行办理进账，实际结算金额为234 000元，款项已收妥入账。（操作指引见表4-28）

表4-28 操作指引

| 出纳 | 制单会计 | 稽核会计 | 会计主管 | 财务经理 |
| --- | --- | --- | --- | --- |
| 1. 填写银行汇票上实际结算金额和多余金额<br>2. 填写银行进账单<br>3. 办理收款业务 | 4. 审核银行进账单<br>5. 编制记账凭证 | 6. 审核记账凭证 | 7. 系统记账 | — |

**业务3：** 2023年12月9日，公司因北京采购业务的工作需要，委托中国工商银行杭州钱江支行将600 000元采购款，以普通电汇方式汇往招商银行北京朝阳支行（银行账号：1208362406912070834），开立临时采购账户。（操作指引见表4-29）

表4-29 操作指引

| 出纳 | 制单会计 | 稽核会计 | 会计主管 | 财务经理 |
| --- | --- | --- | --- | --- |
| 1. 填写付款申请书<br>3. 填写业务委托书<br>4. 办理转账业务 | 5. 审核付款申请书、业务委托书（记账联）等<br>6. 编制记账凭证 | 7. 审核记账凭证 | 8. 系统记账 | 2. 审批付款申请书 |

**业务4：** 2023年12月12日，公司签发转账支票从基本存款账户转入公司信用卡账户（开户银行：中国工商银行杭州下沙支行，银行账号：1202023259171514321，行号：3265）100 000元。（操作指引见表4-30）

表4-30 操作指引

| 出纳 | 制单会计 | 稽核会计 | 会计主管 | 财务经理 |
| --- | --- | --- | --- | --- |
| 1. 填写付款申请书<br>3. 签发转账支票<br>5. 填写银行进账单<br>6. 办理转账业务 | 7. 审核付款申请书、转账支票存根联、银行进账单等<br>8. 编制记账凭证 | 9. 审核记账凭证 | 10. 系统记账 | 2. 审批付款申请书<br>4. 审批转账支票 |

**业务5**：2023年12月19日，公司收到海南服饰机械集团公司退回的银行汇票余款4 686.50元，中国工商银行杭州钱江支行已收妥入账。（操作指引见表4-31）

表4-31 **操作指引**

| 出纳 | 制单会计 | 稽核会计 | 会计主管 | 财务经理 |
| --- | --- | --- | --- | --- |
| 1.办理收款业务 | 2.审核银行汇票（多余款收账通知）等<br>3.编制记账凭证 | 4.审核记账凭证 | 5.系统记账 | — |

**业务6**：2023年12月23日，公司使用信用卡支付公司的餐费1 650元。（操作指引见表4-32）

表4-32 **操作指引**

| 出纳 | 制单会计 | 稽核会计 | 会计主管 | 财务经理 |
| --- | --- | --- | --- | --- |
| 6.办理付款业务 | 2.审核费用报销单、增值税普通发票等<br>3.编制记账凭证 | 4.审核记账凭证 | 5.系统记账 | 1.审批费用报销单 |

**业务7**：2023年12月25日，公司收到客户杭州美星服饰公司（开户银行：中国建设银行杭州朝阳支行，银行账号：12023253026191711516）金额为117 000元的银行本票一张，用于支付前欠商品款。出纳当日到中国工商银行杭州钱江支行办理进账，款项已收妥入账。（操作指引见表4-33）

表4-33 **操作指引**

| 出纳 | 制单会计 | 稽核会计 | 会计主管 | 财务经理 |
| --- | --- | --- | --- | --- |
| 1.审核银行本票，填写银行进账单<br>2.办理收款业务 | 3.审核银行进账单等<br>4.编制记账凭证 | 5.审核记账凭证 | 6.系统记账 | — |

**业务8**：2023年12月30日，注销公司信用卡账户，余款3 600元转回公司基本存款账户。（操作指引见表4-34）

表4-34 **操作指引**

| 出纳 | 制单会计 | 稽核会计 | 会计主管 | 财务经理 |
| --- | --- | --- | --- | --- |
| 1.填写付款申请书<br>3.签发转账支票<br>5.填写银行进账单<br>6.办理转账业务 | 7.审核付款申请书、转账支票存根联、银行进账单等<br>8.编制记账凭证 | 9.审核记账凭证 | 10.系统记账 | 2.审批付款申请书<br>4.审批转账支票 |

## 三、实训要求

将5位学生组成一个实训小组，分别扮演出纳、制单会计、稽核会计、会计主管、财务经理等角色，分岗位完成相关工作任务（具体见表4-35）。

表4-35 **岗位工作任务明细表**

| 序号 | 岗位 | 工作任务 |
| --- | --- | --- |
| 1 | 出纳 | ➢ 办理收、付款等业务<br>➢ 系统出纳签字 |
| 2 | 制单会计 | ➢ 审核原始凭证<br>➢ 编制记账凭证 |
| 3 | 稽核会计 | ➢ 审核记账凭证 |
| 4 | 会计主管 | ➢ 完成相关审核工作<br>➢ 系统主管签字<br>➢ 完成系统记账 |
| 5 | 财务经理 | ➢ 完成相关财务审批 |

## 实训操作单

### 一、原始凭证

4-3
业务单据填写范本

由出纳张晓霞完成相关业务单据的处理工作；由制单会计陈瑞刚完成相关业务原始凭证的审核工作（具体见表4-36）。

表4-36 业务单据明细表

| 业务 | 原始单据 | |
|---|---|---|
| | 单据名称 | 对应附件编号 |
| 1 | 付款申请书 | 附件4-3-1 |
| | 业务委托书 | 附件4-3-2 |
| 2 | 银行汇票（第二联） | 附件4-3-3 |
| | 银行汇票（第三联） | 附件4-3-4 |
| | 银行进账单 | 附件4-3-5 |
| 3 | 付款申请书 | 附件4-3-6 |
| | 业务委托书 | 附件4-3-7 |
| 4 | 付款申请书 | 附件4-3-8 |
| | 转账支票 | 附件4-3-9 |
| | 银行进账单 | 附件4-3-10 |
| 5 | 银行汇票（多余款收账通知） | 附件4-3-11 |
| 6 | 费用报销单 | 附件4-3-12 |
| | 增值税普通发票 | 附件4-3-13 |
| 7 | 银行本票 | 附件4-3-14 |
| | 银行进账单 | 附件4-3-15 |
| 8 | 付款申请书 | 附件4-3-16 |
| | 转账支票 | 附件4-3-17 |
| | 银行进账单 | 附件4-3-18 |

### 二、记账凭证

4-3
记账凭证填制标准

由制单会计陈瑞刚完成相关业务记账凭证的系统编制工作；由稽核会计李晓芳完成相关业务记账凭证的系统审核工作；由出纳张晓霞完成相关业务的出纳签字工作；由会计主管黄莹莹完成相关业务的主管签字工作。

### 三、会计账簿

由会计主管黄莹莹完成相关业务系统记账和账簿信息查询工作。

## 实训评价单

其他货币资金业务核算能力评分表见表4-37。

表4-37 其他货币资金业务核算能力评分表

| 序号 | 评分项目 | 学生自评 |
|---|---|---|
| 1 | 银行本票业务 | □优秀 □良好 □中等 □合格 □不合格 |
| 2 | 银行汇票业务 | □优秀 □良好 □中等 □合格 □不合格 |
| 3 | 信用卡业务 | □优秀 □良好 □中等 □合格 □不合格 |
| 4 | 外埠存款业务 | □优秀 □良好 □中等 □合格 □不合格 |
| 教师评语 | 教师签字： | |
| 评价成绩 | □优秀 □良好 □中等 □合格 □不合格 | |

## 实训小结

出纳岗位实训项目结构图如图4-1所示。

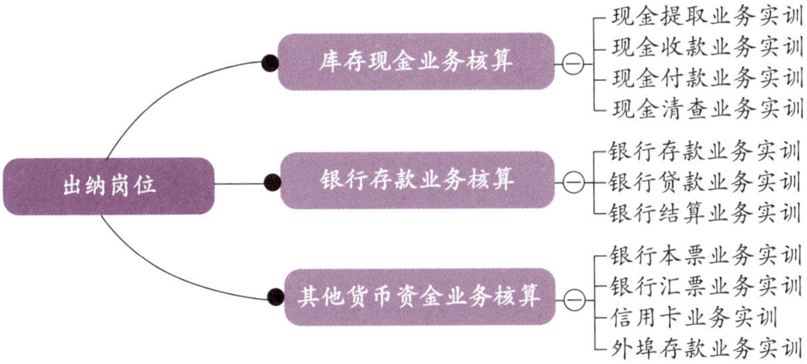


图4-1　出纳岗位实训项目结构图

## 素养提升

大国工匠

马小光：精益求精的数控铣工

# 项目五　财产物资岗位

## 实训目标

- 掌握财产物资岗位的业务处理流程
- 能正确进行材料物资业务核算
- 能正确进行固定资产业务核算
- 能正确进行无形资产业务核算
- 能正确进行投资性房地产业务核算

## 会计核算制度

### 一、存货核算制度

购入原材料核算（计划成本法）

重难点解析视频

存货是指企业在日常活动中持有以备出售的产成品或商品、处在生产过程中的在产品、在生产过程或提供劳务过程中耗用的材料或物料等，包括各类材料、在产品、半成品、产成品、商品以及包装物、低值易耗品、委托代销商品等。公司根据存货的业务类型，设置“原材料”“材料采购”“材料成本差异”“周转材料”“库存商品”“存货跌价准备”等会计科目，核算各类存货的收发、结存等相关业务。其中，原材料、低值易耗品采用计划成本法核算，其他材料物资采用实际成本法核算。月末，公司对存货按照成本与可变现净值孰低计量，及时反映存货跌价准备的计提、转回和转销情况。每年年末对存货进行全面清查，及时查明各种存货的盘盈、盘亏和毁损的情况。

### 二、固定资产核算制度

固定资产折旧方法

重难点解析视频

固定资产是指企业为生产商品、提供劳务、出租或经营管理而持有，使用寿命超过一个会计年度的有形资产。公司根据固定资产的业务类型，设置“固定资产”“在建工程”“累计折旧”“固定资产清理”“固定资产减值准备”等科目进行固定资产的会计核算。公司固定资产主要包括厂房、仓库、办公楼、机器设备等项目。公司在固定资产的使用寿命内，按照直线法对应计提折旧额进行系统分摊。固定资产的使用寿命、预计净残值一经确定，不得随意变更。

公司每年年末对固定资产进行清查盘点，以保证固定资产核算的真实性，充分挖掘公司现有固定资产的潜力。在固定资产清查过程中，如果发现盘盈、盘亏的固定资产，应填制“固定资产盘盈盘亏报告表”。清查固定资产的损溢，应及时查明原因，并按照规定程序报批处理。同时，公司每年年末根据固定资产是否存在减值迹象，确认相关减值损失，计提相应的资产减值准备。固定资产减值损失一经确认，在以后会计期间不得转回。

### 三、无形资产核算制度

自行研发无形资产核算

重难点解析视频

无形资产是指企业拥有或者控制的、没有实物形态的可辨认非货币性资产。公司根据无形资产的业务类型，设置“无形资产”“累计摊销”“无形资产减值准备”等会计科目，核算无形资产的取得、摊销、处置等业务。公司无形资产主要包括商标权、专利权、非专利技术、土地使用权等，采用直线法对无形资产进行摊销核算。公司每年年末根据无形资产是否存在减值迹象，确认相关减值损失，计提相应的资产减值准备。无形资产减值损失一经确认，在以后会计期间不得转回。

## 四、投资性房地产核算制度

投资性房地产的转换

重难点解析视频

投资性房地产是指企业为赚取租金或资本增值，或者两者兼有而持有的房地产，主要包括已出租的土地使用权、持有并准备增值后转让的土地使用权和已出租的建筑物。本公司根据投资性房地产的业务类型，设置“投资性房地产”“投资性房地产累计折旧”“投资性房地产减值准备”等会计科目，核算投资性房地产的初始取得、后续计量、处置等情况。本公司投资性房地产主要包括出租的办公楼、厂房、仓库等项目，采用成本模式进行投资性房地产后续计量。

# 任务1 材料物资业务核算

### 实训任务单

## 一、实训项目

- 原材料业务实训
- 周转材料业务实训
- 委托加工物资业务实训
- 材料物资清查业务实训

## 二、业务清单

2023年12月，公司部分材料物资业务的相关资料如下：

**业务1：** 2023年12月2日，公司从浙江美华服装面料公司（开户银行：中国工商银行杭州紫金支行；银行账号：1202021518090326849）购买男式西服面料1 475米，增值税专用发票注明的材料价款为47 937.5元，增值税额为6 231.88元，发票账单已收到，计划成本为44 250元，公司签发中国工商银行杭州钱江支行转账支票支付上述款项，材料尚未验收入库。（操作指引见表5-1）

表5-1 操作指引

| 出纳 | 制单会计 | 稽核会计 | 会计主管 | 财务经理 |
|---|---|---|---|---|
| 1.填写付款申请书<br>3.填写转账支票<br>9.办理付款业务 | 5.审核付款申请书、转账支票（存根联）、增值税专用发票等<br>6.编制记账凭证 | 7.审核记账凭证 | 8.系统记账 | 2.审批付款申请书<br>4.审批转账支票 |

**业务2：** 2023年12月4日，公司向江苏正和服装面料公司（开户银行：中国工商银行苏州唐西支行；银行账号：1202021549809032б1）购买女式西服面料1 350米，增值税专用发票注明的材料价款为37 125元，增值税额为4 826.25元，发票账单已收到，计划成本为33 750元，款项上月已预付，材料尚未验收入库。（操作指引见表5-2）

表5-2 操作指引

| 出纳 | 制单会计 | 稽核会计 | 会计主管 | 财务经理 |
|---|---|---|---|---|
| — | 1.审核增值税专用发票等<br>2.编制记账凭证 | 3.审核记账凭证 | 4.系统记账 | — |

**业务3：** 2023年12月7日，公司向上海广利服装辅料公司（开户银行：中国工商银行上海黄浦支行；银行账号：213455151809064951）购买包装盒500个，单价3元/个，增值税专用发票注明的价款为1 500元，增值税额为195元，发票账单已收到，委托中国工商银行杭州钱江支行采用电汇方式支付上述货款，材料验收入库。（操作指引见表5-3）

表5-3 操作指引

| 出纳 | 制单会计 | 稽核会计 | 会计主管 | 财务经理 |
|---|---|---|---|---|
| 1.填写付款申请书<br>3.填写业务委托书<br>4.办理付款业务 | 5.审核付款申请书、业务委托书（记账联）、增值税专用发票、产品入库单等<br>6.编制记账凭证 | 7.审核记账凭证 | 8.系统记账 | 2.审批付款申请书 |

**业务4**：2023年12月12日，公司向上海广利服装辅料公司（开户银行：中国工商银行上海黄浦支行；银行账号：213455151809064951）购买拉链6 000米，纽扣6 000个，里料缝纫线112.5千克，面料缝纫线112.5千克，增值税专用发票注明的材料总价款为76 312.5元，增值税额为9 920.63元，计划总成本为72 750元，款项尚未支付，材料尚未验收入库。（操作指引见表5-4）

表5-4 操作指引

| 出纳 | 制单会计 | 稽核会计 | 会计主管 | 财务经理 |
|---|---|---|---|---|
| — | 1.审核增值税专用发票等<br>2.编制记账凭证 | 3.审核记账凭证 | 4.系统记账 | — |

**业务5**：2023年12月18日，公司向浙江蓝天服饰有限公司（开户银行：中国工商银行杭州西溪支行；银行账号：2134651518090235467）支付男式西服面料定型加工费，增值税专用发票上注明的价款为1 000元，增值税额为130元，产品已验收入库，公司通过中国工商银行杭州钱江支行网银转账支付。（操作指引见表5-5）

表5-5 操作指引

| 出纳 | 制单会计 | 稽核会计 | 会计主管 | 财务经理 |
|---|---|---|---|---|
| 1.填写付款申请书<br>3.办理付款业务 | 4.审核付款申请书、网上银行电子回单、增值税专用发票、产品入库单等<br>5.编制记账凭证 | 6.审核记账凭证 | 7.系统记账 | 2.审批付款申请书 |

**业务6**：2023年12月21日，公司办公室领用包装盒一批，数量100个，单位成本3元/个，包装物总成本300元。（操作指引见表5-6）

表5-6 操作指引

| 出纳 | 制单会计 | 稽核会计 | 会计主管 | 财务经理 |
|---|---|---|---|---|
| — | 1.审核领料单等<br>2.编制记账凭证 | 3.审核记账凭证 | 4.系统记账 | — |

**业务7**：2023年12月31日，公司本月购入上述材料验收入库，结转入库材料计划成本。（操作指引见表5-7）

表5-7 操作指引

| 出纳 | 制单会计 | 稽核会计 | 会计主管 | 财务经理 |
|---|---|---|---|---|
| — | 1.审核收料凭证汇总表等<br>2.编制记账凭证 | 3.审核记账凭证 | 4.系统记账 | — |

**业务8**：2023年12月31日，公司结转本月入库材料的成本差异。（操作指引见表5-8）

表5-8 操作指引

| 出纳 | 制单会计 | 稽核会计 | 会计主管 | 财务经理 |
|---|---|---|---|---|
| — | 1.审核入库材料成本差异计算表等<br>2.编制记账凭证 | 3.审核记账凭证 | 4.系统记账 | — |

**业务9**：2023年12月31日，公司盘点库存原材料，发现纽扣盘亏140个，总成本700元。（操作指引见表5-9）

表5-9 操作指引

| 出纳 | 制单会计 | 稽核会计 | 会计主管 | 财务经理 |
|---|---|---|---|---|
| — | 1.审核存货盘点报告等<br>2.编制记账凭证 | 3.审核记账凭证 | 4.系统记账 | — |

**业务10**：2023年12月31日，经查明，公司原材料盘亏系仓库人员管理不善所致，经批准同意作为管理费用处理。（操作指引见表5-10）

表5-10　　　　操作指引

| 出纳 | 制单会计 | 稽核会计 | 会计主管 | 财务经理 |
|---|---|---|---|---|
| — | 2.审核存货盘盈/亏处理报告表等<br>3.编制记账凭证 | 4.审核记账凭证 | 5.系统记账 | 1.审批存货盘盈/亏处理报告表 |

## 三、实训要求

将5位学生组成一个实训小组，分别扮演出纳、制单会计、会计主管、财务经理等角色，分岗位完成相关工作任务（具体见表5-11）。

表5-11　　　　岗位工作任务明细表

| 序号 | 岗位 | 工作任务 |
|---|---|---|
| 1 | 出纳 | ➢ 办理收、付款等业务<br>➢ 系统出纳签字 |
| 2 | 制单会计 | ➢ 审核原始凭证<br>➢ 编制记账凭证 |
| 3 | 稽核会计 | ➢ 审核记账凭证 |
| 4 | 会计主管 | ➢ 完成相关审核工作<br>➢ 系统主管签字<br>➢ 完成系统记账 |
| 5 | 财务经理 | ➢ 完成相关财务审批 |

# 实训操作单

## 一、原始凭证

5-1

业务单据填写范本

由出纳张晓霞完成相关专业单据的处理工作；由制单会计陈瑞刚完成相关业务原始凭证的审核工作（具体见表5-12）。

表5-12　　　　业务单据明细表

| 业务 | 原始凭证 | |
|---|---|---|
| | 单据名称 | 对应附件编号 |
| 1 | 付款申请书 | 附件5-1-1 |
| | 转账支票 | 附件5-1-2 |
| | 增值税专用发票 | 附件5-1-3 |
| 2 | 增值税专用发票 | 附件5-1-4 |
| 3 | 付款申请书 | 附件5-1-5 |
| | 业务委托书 | 附件5-1-6 |
| | 增值税专用发票 | 附件5-1-7 |
| | 产品入库单 | 附件5-1-8 |
| 4 | 增值税专用发票 | 附件5-1-9 |
| 5 | 付款申请书 | 附件5-1-10 |
| | 网上银行电子回单 | 附件5-1-11 |
| | 增值税专用发票 | 附件5-1-12 |
| | 产品入库单 | 附件5-1-13 |
| 6 | 领料单 | 附件5-1-14 |
| 7 | 收料凭证汇总表 | 附件5-1-15 |
| 8 | 入库材料成本差异计算表 | 附件5-1-16 |
| 9 | 存货盘点报告 | 附件5-1-17 |
| 10 | 存货盘盈/亏处理报告表 | 附件5-1-18 |

## 二、记账凭证

由制单会计陈瑞刚完成相关业务记账凭证的系统编制工作；由稽核会计李晓芳完成相关业务记账凭证的系统审核工作；由出纳张晓霞完成相关业务的出纳签字工作；由会计主管黄莹莹完成相关业务的主管签字工作。

5-1

记账凭证填制标准

## 实训评价单

材料物资业务核算能力评分表见表5-13。

表5-13 材料物资业务核算能力评分表

| 序号 | 评分项目 | 学生自评 |
|---|---|---|
| 1 | 原材料业务 | □优秀 □良好 □中等 □合格 □不合格 |
| 2 | 周转材料业务 | □优秀 □良好 □中等 □合格 □不合格 |
| 3 | 委托加工物资业务 | □优秀 □良好 □中等 □合格 □不合格 |
| 4 | 材料物资清查业务 | □优秀 □良好 □中等 □合格 □不合格 |
| 教师评语 | 教师签字： | |
| 评价成绩 | □优秀 □良好 □中等 □合格 □不合格 | |

# 任务2 固定资产业务核算

## 实训任务单

## 一、实训项目

- 固定资产初始取得业务实训
- 固定资产后续支出业务实训
- 固定资产处置业务实训
- 固定资产清查业务实训

## 二、业务清单

2023年12月，公司部分固定资产业务的相关资料如下：

**业务1：** 2023年12月1日，公司向浙江红光机械有限责任公司（开户银行：中国工商银行杭州绍兴支行；银行账号：1220235213465151462）购买不需要安装的缝纫机两台，取得的增值税专用发票上注明的设备价款为150 000元，增值税额为19 500元，通过签发中国工商银行杭州钱江支行转账支票支付上述货款。（操作指引见表5-14）

表5-14 操作指引

| 出纳 | 制单会计 | 稽核会计 | 会计主管 | 财务经理 |
|---|---|---|---|---|
| 1.填写付款申请书<br>3.填写转账支票<br>9.办理付款业务 | 5.审核付款申请书、转账支票（存根联）、增值税专用发票等<br>6.编制记账凭证 | 7.审核记账凭证 | 8.系统记账 | 2.审批付款申请书<br>4.审批转账支票 |

**业务2：** 2023年12月5日，公司向杭州德利建筑公司（开户银行：中国建设银行杭州文辉支行；银行账号：1202128675445305432）支付建造厂房（1#）工程款，增值税专用发票上注明的价款为400 000元，增值税额为36 000元，款项已通过中国工商银行杭州钱江支行网银转账支付。（操作指引见表5-15）

表5-15 操作指引

| 出纳 | 制单会计 | 稽核会计 | 会计主管 | 财务经理 |
|---|---|---|---|---|
| 1.填写付款申请书<br>3.办理付款业务 | 4.审核付款申请书、网上银行电子回单、增值税专用发票等<br>5.编制记账凭证 | 6.审核记账凭证 | 7.系统记账 | 2.审批付款申请书 |

**业务3**：2023年12月8日，公司委托浙江长城器械有限责任公司负责扩建的一条服装加工生产线项目完工验收，入账价值为1 230 000元。（操作指引见表5-16）

表5-16　**操作指引**

| 出纳 | 制单会计 | 稽核会计 | 会计主管 | 财务经理 |
|---|---|---|---|---|
| — | 1.审核固定资产验收单等<br>2.编制记账凭证 | 3.审核记账凭证 | 4.系统记账 | — |

**业务4**：2023年12月15日，公司办公室委托浙江亚光服饰机械修理公司修理专用设备一台，发生相关修理费用500元，增值税额为65元，款项尚未支付。（操作指引见表5-17）

表5-17　**操作指引**

| 出纳 | 制单会计 | 稽核会计 | 会计主管 | 财务经理 |
|---|---|---|---|---|
| — | 1.审核增值税专用发票等<br>2.编制记账凭证 | 3.审核记账凭证 | 4.系统记账 | — |

**业务5**：2023年12月20日，公司拟出售蒸烫机设备（型号X-11）一台，经批准转入清理。蒸烫机原值155 000元，累计折旧119 040元。（操作指引见表5-18）

表5-18　**操作指引**

| 出纳 | 制单会计 | 稽核会计 | 会计主管 | 财务经理 |
|---|---|---|---|---|
| — | 1.审核固定资产报废单等<br>2.编制记账凭证 | 3.审核记账凭证 | 4.系统记账 | — |

**业务6**：2023年12月25日，公司向浙江环球机械有限责任公司（开户银行：中国建设银行杭州天水支行；银行账号：102128675445307962）支付拟出售蒸烫机设备（型号X-11）的相关清理费，增值税专用发票上注明的价款为2 000元，增值税额为120元，款项已经通过中国工商银行杭州钱江支行网银转账支付。（操作指引见表5-19）

表5-19　**操作指引**

| 出纳 | 制单会计 | 稽核会计 | 会计主管 | 财务经理 |
|---|---|---|---|---|
| 1.填写付款申请书<br>3.办理付款业务 | 4.审核付款申请书、网上银行电子回单、增值税专用发票等<br>5.编制记账凭证 | 6.审核记账凭证 | 7.系统记账 | 2.审批付款申请书 |

**业务7**：2023年12月28日，公司收到杭州胜利服饰机械公司（开户银行：中国银行杭州下沙支行；银行账号：1202021518060324321；统一社会信用代码：913501965128453212；地址/电话：浙江省杭州市高沙路81号，0571-86754376）支付的蒸烫机设备（型号X-11）购货款41 810元，增值税专用发票上注明的价款为37 000元，增值税额为4 810元。上述款项已由中国工商银行杭州钱江支行收妥入账。（操作指引见表5-20）

表5-20　**操作指引**

| 出纳 | 制单会计 | 稽核会计 | 会计主管 | 财务经理 |
|---|---|---|---|---|
| 1.办理收款业务<br>2.开具增值税专用发票 | 3.审核银行进账单（收账通知）、增值税专用发票等<br>4.编制记账凭证 | 5.审核记账凭证 | 6.系统记账 | — |

**业务8**：2023年12月28日，蒸烫机设备（型号X-11）出售业务完毕，将固定资产的清理净损失960元转入“资产处置损益”科目。（操作指引见表5-21）

表5-21　**操作指引**

| 出纳 | 制单会计 | 稽核会计 | 会计主管 | 财务经理 |
|---|---|---|---|---|
| — | 1.审核固定资产清理损益计算表等<br>2.编制记账凭证 | 3.审核记账凭证 | 4.系统记账 | — |

**业务9**：2023年12月31日，公司进行年度财产清查工作，发现短缺断布机一台，原价为12 000元，已计提折旧5 760元，未计提相关减值准备，报经批准确认盘亏损失。（操作指引见表5-22）

表5-22

**操作指引**

| 出纳 | 制单会计 | 稽核会计 | 会计主管 | 财务经理 |
| --- | --- | --- | --- | --- |
| — | 2.审核固定资产盘盈盘亏报告表等<br>3.编制记账凭证 | 4.审核记账凭证 | 5.系统记账 | 1.审批固定资产盘盈盘亏报告表 |

**业务10**：2023年12月31日，因衬衫生产技术转型升级，公司同类型号的衬衫生产线存在减值迹象，预计该生产线的可收回金额为1 123 000元，账面价值为1 126 000元，以前年度计提的减值准备为1 000元，本月应计提相关减值准备2 000元。（操作指引见表5-23）

表5-23

**操作指引**

| 出纳 | 制单会计 | 稽核会计 | 会计主管 | 财务经理 |
| --- | --- | --- | --- | --- |
| — | 2.审核固定资产减值准备计提表等<br>3.编制记账凭证 | 4.审核记账凭证 | 5.系统记账 | 1.审批固定资产减值准备计提表 |

## 三、实训要求

将5位学生组成一个实训小组，分别扮演出纳、制单会计、会计主管、财务经理等角色，分岗位完成相关工作任务（具体见表5-24）。

表5-24

**岗位工作任务明细表**

| 序号 | 岗位 | 工作任务 |
| --- | --- | --- |
| 1 | 出纳 | ➢ 办理收、付款等业务<br>➢ 系统出纳签字 |
| 2 | 制单会计 | ➢ 审核原始凭证<br>➢ 编制记账凭证 |
| 3 | 稽核会计 | ➢ 审核记账凭证 |
| 4 | 会计主管 | ➢ 完成相关审核工作<br>➢ 系统主管签字<br>➢ 完成系统记账 |
| 5 | 财务经理 | ➢ 完成相关财务审批 |

## 实训操作单

## 一、原始凭证

5-2

业务单据填写范本

由出纳张晓霞完成相关业务单据的处理工作；由制单会计陈瑞刚完成相关业务原始凭证的审核工作（具体见表5-25）。

表5-25

**业务单据明细表**

| 业务 | 原始凭证 | |
| --- | --- | --- |
| | 单据名称 | 对应附件编号 |
| 1 | 付款申请书 | 附件5-2-1 |
| | 转账支票 | 附件5-2-2 |
| | 增值税专用发票 | 附件5-2-3 |
| 2 | 付款申请书 | 附件5-2-4 |
| | 网上银行电子回单 | 附件5-2-5 |
| | 增值税专用发票 | 附件5-2-6 |
| 3 | 固定资产验收单 | 附件5-2-7 |
| 4 | 增值税专用发票 | 附件5-2-8 |
| 5 | 固定资产报废单 | 附件5-2-9 |
| 6 | 增值税专用发票 | 附件5-2-10 |
| | 付款申请书 | 附件5-2-11 |
| | 网上银行电子回单 | 附件5-2-12 |
| 7 | 增值税专用发票 | 附件5-2-13 |
| | 银行进账单（收账通知） | 附件5-2-14 |
| 8 | 固定资产清理损益计算表 | 附件5-2-15 |
| 9 | 固定资产盘盈盘亏报告表 | 附件5-2-16 |
| 10 | 固定资产减值准备计提表 | 附件5-2-17 |

## 二、记账凭证

由制单会计陈瑞刚完成相关业务记账凭证的系统编制工作；由稽核会计李晓芳完成相关业务记账凭证的系统审核工作；由出纳张晓霞完成相关业务的出纳签字工作；由会计主管黄莹莹完成相关业务的主管签字工作。

5-2

记账凭证填制标准

## 三、会计账簿

由会计主管黄莹莹完成相关业务系统记账和账簿信息查询工作。

## 实训评价单

固定资产业务核算能力评分表见表5-26。

表5-26　**固定资产业务核算能力评分表**

| 序号 | 评分项目 | 学生自评 |
|---|---|---|
| 1 | 固定资产初始取得业务 | □优秀　□良好　□中等　□合格　□不合格 |
| 2 | 固定资产后续支出业务 | □优秀　□良好　□中等　□合格　□不合格 |
| 3 | 固定资产处置业务 | □优秀　□良好　□中等　□合格　□不合格 |
| 4 | 固定资产清查业务 | □优秀　□良好　□中等　□合格　□不合格 |
| 教师评语 | 教师签字： | |
| 评价成绩 | □优秀　□良好　□中等　□合格　□不合格 | |

# 任务3　无形资产业务核算

## 实训任务单

## 一、实训项目

- 无形资产初始取得业务实训
- 无形资产摊销业务实训
- 无形资产减值业务实训
- 无形资产处置业务实训

## 二、业务清单

2023年12月，公司部分无形资产业务的相关资料如下：

**业务1：**2023年12月3日，公司向国家知识产权局杭州市商标局（开户银行：中国银行杭州钱江支行；银行账号：341556020225191712）申请男式高级西服商标权一项，签发中国工商银行杭州钱江支行转账支票支付申请费24 000元。（操作指引见表5-27）

表5-27　**操作指引**

| 出纳 | 制单会计 | 稽核会计 | 会计主管 | 财务经理 |
|---|---|---|---|---|
| 1.填写付款申请书<br>3.填写转账支票<br>5.办理付款业务 | 6.审核付款申请书、转账支票（存根联）、收费收据等<br>7.编制记账凭证 | 8.审核记账凭证 | 9.系统记账 | 2.审批付款申请书<br>4.审批转账支票 |

**业务2：**2023年12月5日，公司向杭州金点子科技有限公司（开户银行：中国银行杭州朝晖支行；账号：120251886740215823１）支付西服生产线升级技术研发费用，上述费用符合资本化确认条件，增值税专用发票上注明的价款为58 000元，增值税额为3 480元，款项通过中国工商银行杭州钱江支行网银转账支付。（操作指引见表5-28）

表5-28 操作指引

| 出纳 | 制单会计 | 稽核会计 | 会计主管 | 财务经理 |
|---|---|---|---|---|
| 1.填写付款申请书<br>3.办理付款业务 | 4.审核付款申请书、网上银行电子回单、增值税专用发票等<br>5.编制记账凭证 | 6.审核记账凭证 | 7.系统记账 | 2.审批付款申请书 |

业务3：2023年12月11日，西服生产线升级技术研制成功，公司向国家知识产权局杭州市专利局（开户银行：交通银行杭州钱江支行；银行账号：12020341556020225）支付相关申请专利费25 000元，委托中国工商银行杭州钱江支行以普通信汇方式予以支付。（操作指引见表5-29）

表5-29 操作指引

| 出纳 | 制单会计 | 稽核会计 | 会计主管 | 财务经理 |
|---|---|---|---|---|
| 1.填写付款申请书<br>3.填写业务委托书<br>4.办理付款业务 | 5.审核付款申请书、业务委托书（记账联）、收费收据等<br>6.编制记账凭证 | 7.审核记账凭证 | 8.系统记账 | 2.审批付款申请书 |

业务4：2023年12月15日，公司将西服生产线升级技术专利确认为无形资产，入账价值154 860元。（操作指引见表5-30）

表5-30 操作指引

| 出纳 | 制单会计 | 稽核会计 | 会计主管 | 财务经理 |
|---|---|---|---|---|
| — | 1.审核无形资产价值明细表等<br>2.编制记账凭证 | 3.审核记账凭证 | 4.系统记账 | — |

业务5：2023年12月21日，公司向绍兴红梅服饰公司（开户银行：中国银行绍兴平水支行；银行账号：150253762125925 1887）转让一项女式衬衫商标权。该商标权的成本为500 000元，已摊销220 000元，未计提相关的减值准备。实际取得的转让价款为424 000元，增值税专用发票上注明的价款为400 000元，增值税额为24 000元，款项已由中国工商银行杭州钱江支行收妥入账。（操作指引见表5-31）

表5-31 操作指引

| 出纳 | 制单会计 | 稽核会计 | 会计主管 | 财务经理 |
|---|---|---|---|---|
| 1.办理收款业务<br>2.开具增值税专用发票 | 3.审核银行进账单（收账通知）、增值税专用发票、无形资产处置单等<br>4.编制记账凭证 | 5.审核记账凭证 | 6.系统记账 | — |

业务6：2023年12月26日，公司向湖州达昌服饰公司（开户银行：交通银行湖州鸿丰支行；银行账号：120362151253632 5921）转让一项棉布染色专利。该专利权的成本为300 000元，已摊销160 000元，计提相关的减值准备10 000元。实际取得的转让价款为106 000元，其中：增值税专用发票注明的价款为100 000元，增值税额为6 000元，款项尚未收取。（操作指引见表5-32）

表5-32 操作指引

| 出纳 | 制单会计 | 稽核会计 | 会计主管 | 财务经理 |
|---|---|---|---|---|
| 1.开具增值税专用发票 | 2.审核增值税专用发票、无形资产处置单等<br>3.编制记账凭证 | 4.审核记账凭证 | 5.系统记账 | — |

业务7：2023年12月31日，公司对西服生产线升级技术专利采用直线法进行摊销，每月摊销金额为1 290.50元。（操作指引见表5-33）

表5-33 操作指引

| 出纳 | 制单会计 | 稽核会计 | 会计主管 | 财务经理 |
|---|---|---|---|---|
| — | 1.审核无形资产摊销表等<br>2.编制记账凭证 | 3.审核记账凭证 | 4.系统记账 | — |

业务8：2023年12月31日，因面料生产工艺的发展，公司拥有的面料防水处理专利技术存在减值迹象，计提相关的减值准备30 000元。（操作指引见表5-34）

表5-34　　操作指引

| 出纳 | 制单会计 | 稽核会计 | 会计主管 | 财务经理 |
|---|---|---|---|---|
| — | 2.审核无形资产减值准备计提表等<br>3.编制记账凭证 | 4.审核记账凭证 | 5.系统记账 | 1.审批无形资产减值准备计提表等 |

## 三、实训要求

将5位学生组成一个实训小组，分别扮演出纳、制单会计、会计主管、财务经理等角色，分岗位完成相关工作任务（具体见表5-35）。

表5-35　　岗位工作任务明细表

| 序号 | 岗位 | 工作任务 |
|---|---|---|
| 1 | 出纳 | ➢ 办理收、付款等业务<br>➢ 系统出纳签字 |
| 2 | 制单会计 | ➢ 审核原始凭证<br>➢ 编制记账凭证 |
| 3 | 稽核会计 | ➢ 审核记账凭证 |
| 4 | 会计主管 | ➢ 完成相关审核工作<br>➢ 系统主管签字<br>➢ 完成系统记账 |
| 5 | 财务经理 | ➢ 完成相关财务审批 |

# 实训操作单

## 一、原始凭证

由出纳张晓霞完成相关业务单据的处理工作；由制单会计陈瑞刚完成相关业务原始凭证的审核工作（具体见表5-36）。

5-3

业务单据填写范本

表5-36　　业务单据明细表

| 业务 | 原始凭证 | |
|---|---|---|
| | 单据名称 | 对应附件编号 |
| 1 | 付款申请书 | 附件5-3-1 |
| | 转账支票 | 附件5-3-2 |
| | 收费收据 | 附件5-3-3 |
| 2 | 付款申请书 | 附件5-3-4 |
| | 网上银行电子回单 | 附件5-3-5 |
| | 增值税专用发票 | 附件5-3-6 |
| 3 | 付款申请书 | 附件5-3-7 |
| | 业务委托书 | 附件5-3-8 |
| | 收费收据 | 附件5-3-9 |
| 4 | 无形资产价值明细表 | 附件5-3-10 |
| 5 | 银行进账单（收账通知） | 附件5-3-11 |
| | 无形资产处置单 | 附件5-3-12 |
| | 增值税专用发票 | 附件5-3-13 |
| 6 | 无形资产处置单 | 附件5-3-14 |
| | 增值税专用发票 | 附件5-3-15 |
| 7 | 无形资产摊销表 | 附件5-3-16 |
| 8 | 无形资产减值准备计提表 | 附件5-3-17 |

## 二、记账凭证

由制单会计陈瑞刚完成相关业务记账凭证的系统编制工作；由稽核会计李晓芳完成相关业务记账凭证的系统审核工作；由出纳张晓霞完成相关业务的出纳签字工作；由会计主管黄莹莹完成相关业务的主管签字工作。

5-3

记账凭证填制标准

## 三、会计账簿

由会计主管黄莹莹完成相关业务系统记账和账簿信息查询工作。

## 实训评价单

无形资产业务核算能力评分表见表5-37。

表5-37 无形资产业务核算能力评分表

| 序号 | 评分项目 | 学生自评 |
| --- | --- | --- |
| 1 | 无形资产初始取得业务 | □优秀 □良好 □中等 □合格 □不合格 |
| 2 | 无形资产摊销业务 | □优秀 □良好 □中等 □合格 □不合格 |
| 3 | 无形资产减值业务 | □优秀 □良好 □中等 □合格 □不合格 |
| 4 | 无形资产处置业务 | □优秀 □良好 □中等 □合格 □不合格 |
| 教师评语 | 教师签字： | |
| 评价成绩 | □优秀 □良好 □中等 □合格 □不合格 | |

# 任务4 投资性房地产业务核算

## 实训任务单

## 一、实训项目

- 投资性房地产初始取得业务实训
- 投资性房地产后续计量业务实训
- 投资性房地产处置业务实训

## 二、业务清单

2023年12月，公司部分投资性房地产业务的相关资料如下：

**业务1：** 2023年12月10日，公司将自用的一幢办公楼（2#）出租给杭州光明会计咨询服务公司，原值1 195 000元，已计提折旧109 940元。（操作指引见表5-38）

表5-38 操作指引

| 出纳 | 制单会计 | 稽核会计 | 会计主管 | 财务经理 |
| --- | --- | --- | --- | --- |
| — | 1.审核董事会决议（复印件）、办公楼出租合同（复印件）等<br>2.编制记账凭证 | 3.审核记账凭证 | 4.系统记账 | — |

**业务2：** 2023年12月15日，公司将已出租的仓库出售给杭州光大租赁有限公司，增值税专用发票上注明的价款为1 500 000元，增值税额为135 000元，款项已经通过中国工商银行钱江支行收妥入账。该仓库系公司2020年自行建造，原值1 400 000元，已计提折旧201 600元，采用一般计税方法缴纳相关增值税。（操作指引见表5-39）

表5-39 操作指引

| 出纳 | 制单会计 | 稽核会计 | 会计主管 | 财务经理 |
| --- | --- | --- | --- | --- |
| 1.办理收款业务<br>2.开具增值税专用发票 | 3.审核银行进账单（收账通知）、增值税专用发票、投资性房地产处置损益计算表等<br>4.编制记账凭证 | 5.审核记账凭证 | 6.系统记账 | — |

**业务3**：2023年12月25日，公司收到杭州光明会计咨询服务公司（统一社会信用代码：208112752512847893，地址/电话：浙江省杭州市秋涛路215号0571-85639538；开户行/账号：中国农业银行杭州西溪支行，120643796598172024 5）支付的办公楼（2#）租金，增值税专用发票上注明的价款为8 000元，增值税额为720元。（操作指引见表5-40）

表5-40　　**操作指引**

| 出纳 | 制单会计 | 稽核会计 | 会计主管 | 财务经理 |
|---|---|---|---|---|
| 1.办理收款业务<br>2.开具增值税专用发票 | 3.审核银行进账单（收账通知）、增值税专用发票等<br>4.编制记账凭证 | 5.审核记账凭证 | 6.系统记账 | — |

**业务4**：2023年12月31日，公司计提出租办公楼（2#）折旧，月折旧额4 780元。（操作指引见表5-41）

表5-41　　**操作指引**

| 出纳 | 制单会计 | 稽核会计 | 会计主管 | 财务经理 |
|---|---|---|---|---|
| — | 1.审核投资性房地产折旧计算表等<br>2.编制记账凭证 | 3.审核记账凭证 | 4.系统记账 | — |

**业务5**：2023年12月31日，公司已出租的厂房（3#）存在减值迹象，发生资产贬值，计提减值准备25 000元。（操作指引见表5-42）

表5-42　　**操作指引**

| 出纳 | 制单会计 | 稽核会计 | 会计主管 | 财务经理 |
|---|---|---|---|---|
| — | 2.审核投资性房地产减值准备计提表等<br>3.编制记账凭证 | 4.审核记账凭证 | 5.系统记账 | 1.审批投资性房地产减值准备计提表等 |

## 三、实训要求

将5位学生组成一个实训小组，分别扮演出纳、制单会计、稽核会计、会计主管、财务经理等角色，分岗位完成相关工作任务（具体见表5-43）。

表5-43　　**岗位工作任务明细表**

| 序号 | 岗位 | 工作任务 |
|---|---|---|
| 1 | 出纳 | ➢ 办理收、付款等业务<br>➢ 系统出纳签字<br>➢ 开具增值税发票 |
| 2 | 制单会计 | ➢ 审核原始凭证<br>➢ 编制记账凭证 |
| 3 | 稽核会计 | ➢ 审核记账凭证 |
| 4 | 会计主管 | ➢ 完成相关审核工作<br>➢ 系统主管签字<br>➢ 完成系统记账 |
| 5 | 财务经理 | ➢ 完成相关财务审批 |

## 实训操作单

5-4

业务单据填写范本

## 一、原始凭证

由出纳张晓霞完成相关业务单据的处理工作；由制单会计陈瑞刚完成相关业务原始凭证的审核工作（具体见表5-44）。

表 5-44 业务单据明细表

| 业务 | 原始凭证 | |
|---|---|---|
| | 单据名称 | 对应附件编号 |
| 1 | 董事会决议（复印件） | 附件5-4-1 |
| | 办公楼出租合同（复印件） | 附件5-4-2 |
| 2 | 银行进账单（收账通知） | 附件5-4-3 |
| | 增值税专用发票 | 附件5-4-4 |
| | 投资性房地产处置损益计算表 | 附件5-4-5 |
| 3 | 增值税专用发票 | 附件5-4-6 |
| | 银行进账单（收账通知） | 附件5-4-7 |
| 4 | 投资性房地产折旧计算表 | 附件5-4-8 |
| 5 | 投资性房地产减值准备计提表 | 附件5-4-9 |

## 二、记账凭证

由制单会计陈瑞刚完成相关业务记账凭证的系统编制工作；由稽核会计李晓芳完成相关业务记账凭证的系统审核工作；由出纳张晓霞完成相关业务的出纳签字工作；由会计主管黄莹莹完成相关业务的主管签字工作。

5-4

记账凭证填制标准

## 三、会计账簿

由会计主管黄莹莹完成相关业务系统记账和账簿信息查询工作。

## 实训评价单

投资性房地产业务核算能力评分表见表5-45。

表 5-45 投资性房地产业务核算能力评分表

| 序号 | 评分项目 | 学生自评 |
|---|---|---|
| 1 | 投资性房地产初始取得业务 | □优秀 □良好 □中等 □合格 □不合格 |
| 2 | 投资性房地产后续计量业务 | □优秀 □良好 □中等 □合格 □不合格 |
| 3 | 投资性房地产处置业务 | □优秀 □良好 □中等 □合格 □不合格 |
| 教师评语 | 教师签字： | |
| 评价成绩 | □优秀 □良好 □中等 □合格 □不合格 | |

## 实训小结

财产物资岗位实训项目结构图如图5-1所示。

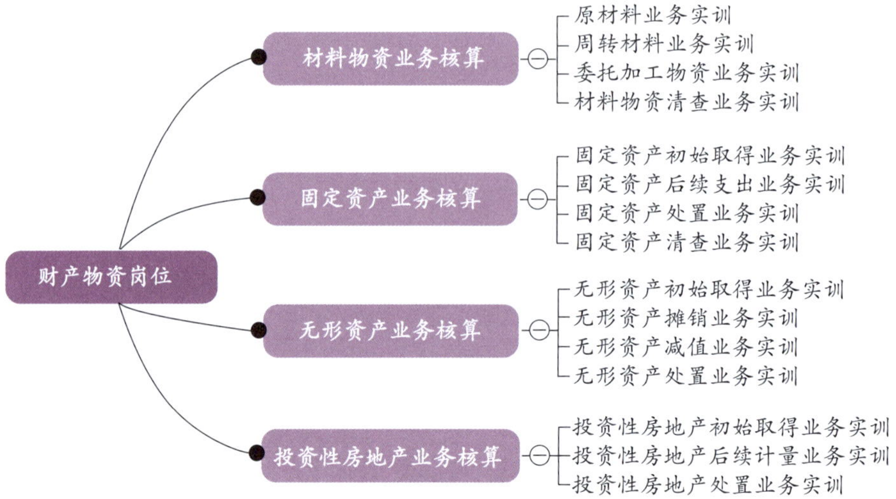


图5-1 财产物资岗位实训项目结构图

# 项目六　往来结算岗位

## 实训目标

- 掌握往来结算岗位的业务处理流程
- 能正确进行应收款项业务核算
- 能正确进行应付款项业务核算
- 能正确进行应付职工薪酬业务核算

## 会计核算制度

### 一、应收款项核算制度

应收款项是指企业在日常生产经营过程中发生的各项债权，主要包括应收票据、应收账款、预付账款、其他应收款等。公司根据应收款项的种类，设置“应收票据”“应收账款”“预付账款”“其他应收款”等会计科目，核算应收款项的取得、转让、到期收回等经济业务。公司设置“应收票据备查簿”，逐笔登记商业汇票的种类、号数、出票日期、票面金额、交易合同号，付款人、承兑人、背书人的姓名或单位名称、到期日、背书转让日、贴现日、贴现率和贴现净额以及收款日和收回金额、退票情况等资料。公司采用应收款项余额百分比法计提坏账准备，计提比率为4%。

应收款项减值
重难点解析视频

### 二、应付款项核算制度

应付款项是指企业在日常生产经营过程中发生的各项债务，主要包括应付票据、应付账款、预收账款、其他应付款等。公司根据应付款项的种类，设置“应付票据”“应付账款”“预收账款”“其他应付款”等会计科目，核算应付款项的发生、偿还、转销等经济业务。公司设置“应付票据备查簿”，详细登记商业汇票的种类、号数和出票日期、到期日、票面余额、交易合同号和收款人姓名或单位名称以及付款日期和金额等资料。

应付票据的会计核算
重难点解析视频

### 三、应付职工薪酬核算制度

职工薪酬是指企业为获得职工提供的服务或解除劳动关系而给予的各种形式的报酬或补偿。职工薪酬包括短期薪酬、离职后福利、辞退福利和其他长期职工福利。公司设置“应付职工薪酬”总账科目，并下设“工资、奖金、津贴和补贴”“职工福利费”“非货币性福利”“社会保险费”“住房公积金”“工会经费和职工教育经费”“带薪缺勤”“利润分享计划”“设定提存计划”“设定受益计划义务”“辞退福利”等明细科目，核算应付职工薪酬的计提、结算、使用等经济业务。职工薪酬项目的具体计提比率详见表6-1。

非货币性福利
职工薪酬核算
重难点解析视频

表6-1　　公司职工薪酬项目的计提比率明细表（2023年度）

| 序号 | 项目 | | 企业缴纳比例 | 个人缴纳比例 | 合计 |
|---|---|---|---|---|---|
| 1 | 职工福利 | | 4%～7.6% | — | — |
| 2 | 社会保险费 | 医疗保险费 | 6.3% | 2% | 8.3% |
| | | 养老保险费 | 8% | 8% | 16% |
| | | 失业保险费 | 1% | 0.5% | 1.5% |
| 3 | 住房公积金 | | 5% | 5% | 10% |
| 4 | 工会经费 | | 2% | — | 2% |
| 5 | 职工教育经费 | | 2.5% | — | 2.5% |

# 任务1 应收款项业务核算

## 实训任务单

### 一、实训项目

- 应收票据业务实训
- 应收账款业务实训
- 预付账款业务实训
- 其他应收款业务实训
- 应收款项减值业务实训

### 二、业务清单

2023年12月，公司部分应收款项业务的相关资料如下：

**业务1**：2023年12月1日，公司收到浙江英泰服饰有限公司寄来的不带息银行承兑汇票一张，面值234 000元，期限2个月，用于抵付其前欠的产品购货款及增值税款。（操作指引见表6-2）

表6-2 操作指引

| 出纳 | 制单会计 | 稽核会计 | 会计主管 | 财务经理 |
|---|---|---|---|---|
| 1. 办理收款业务 | 2. 审核银行承兑汇票（复印件）等<br>3. 编制记账凭证 | 4. 审核记账凭证 | 5. 系统记账 | — |

**业务2**：2023年12月5日，公司持有上海三元服饰集团的不带息商业承兑汇票到期，面值为175 500元，期限3个月，委托中国工商银行杭州钱江支行采用电划方式办理收款。（操作指引见表6-3）

表6-3 操作指引

| 出纳 | 制单会计 | 稽核会计 | 会计主管 | 财务经理 |
|---|---|---|---|---|
| 1. 填写托收凭证<br>2. 办理托收业务 | — | — | — | — |

**业务3**：2023年12月10日，公司收到中国工商银行杭州钱江支行转来的贴现凭证收账通知，实际贴现金额198 333.33元，贴现息1 666.67元。该票据系上海利达服饰集团签发的、面值200 000元、期限3个月的银行承兑汇票。（操作指引见表6-4）

表6-4 操作指引

| 出纳 | 制单会计 | 稽核会计 | 会计主管 | 财务经理 |
|---|---|---|---|---|
| 1. 办理收款业务 | 2. 审核贴现凭证（收账通知）等<br>3. 编制记账凭证 | 4. 审核记账凭证 | 5. 系统记账 | — |

**业务4**：2023年12月12日，公司收到中国工商银行杭州钱江支行的收账通知，该款项系浙江英泰服饰公司支付的前欠货款51 000元。（操作指引见表6-5）

表6-5 操作指引

| 出纳 | 制单会计 | 稽核会计 | 会计主管 | 财务经理 |
|---|---|---|---|---|
| 1. 办理收款业务 | 2. 审核银行进账单（收账通知）等<br>3. 编制记账凭证 | 4. 审核记账凭证 | 5. 系统记账 | — |

**业务5**：2023年12月13日，公司预付给浙江美华服装面料公司（开户银行：中国工商银行杭州紫金支行；银行账号：1202021518090326849）10 000元货款，用以定制高级服装面料，款项已通过签发中国工商银行杭州钱江支行转账支票予以支付。（操作指引见表6-6）

表6-6　　操作指引

| 出纳 | 制单会计 | 稽核会计 | 会计主管 | 财务经理 |
|---|---|---|---|---|
| 1.填写付款申请书<br>3.填写转账支票<br>9.办理付款业务 | 5.审核付款申请书、转账支票（存根联）等<br>6.编制记账凭证 | 7.审核记账凭证 | 8.系统记账 | 2审批付款申请书<br>4.审批转账支票 |

**业务6：**2023年12月15日，销售部员工张云预借差旅费现金4 000元。（操作指引见表6-7）

表6-7　　操作指引

| 出纳 | 制单会计 | 稽核会计 | 会计主管 | 财务经理 |
|---|---|---|---|---|
| 6.办理付款业务 | 2.审核借款单等<br>3.编制记账凭证 | 4.审核记账凭证 | 5.系统记账 | 1.审批借款单 |

**业务7：**2023年12月21日，员工张云报销相关差旅费3 700元，增值税额152.4元，交回预借差旅费余款147.6元。（操作指引见表6-8）

表6-8　　操作指引

| 出纳 | 制单会计 | 稽核会计 | 会计主管 | 财务经理 |
|---|---|---|---|---|
| 2.填写收款收据<br>3.办理收款业务 | 4.审核差旅费报销单、增值税专用发票、交通费发票、收款收据等<br>5.编制记账凭证 | 6.审核记账凭证 | 7.系统记账 | 1.审批差旅费报销单 |

**业务8：**2023年12月26日，公司应收浙江长虹有限责任公司货款35 000元，因其破产导致无法全额收回上述款项，经批准按坏账进行会计处理。（操作指引见表6-9）

表6-9　　操作指引

| 出纳 | 制单会计 | 稽核会计 | 会计主管 | 财务经理 |
|---|---|---|---|---|
| — | 2.审核坏账损失报告单等<br>3.编制记账凭证 | 4.审核记账凭证 | 5.系统记账 | 1.审批坏账损失报告单等 |

**业务9：**2023年12月28日，公司收到中国工商银行杭州钱江支行的收账通知，系收到上海三元服饰集团到期的商业承兑汇票票款175 500元。（操作指引见表6-10）

表6-10　　操作指引

| 出纳 | 制单会计 | 稽核会计 | 会计主管 | 财务经理 |
|---|---|---|---|---|
| 1.办理收款业务 | 2.审核托收凭证（收款通知）等<br>3.编制记账凭证 | 4.审核记账凭证 | 5.系统记账 | — |

**业务10：**2023年12月31日，公司计提本月坏账准备5 840元。（操作指引见表6-11）

表6-11　　操作指引

| 出纳 | 制单会计 | 稽核会计 | 会计主管 | 财务经理 |
|---|---|---|---|---|
| — | 2.审核坏账准备计提表<br>3.编制记账凭证 | 4.审核记账凭证 | 5.系统记账 | 1.审批坏账准备计提表 |

## 三、实训要求

将5位学生组成一个实训小组，分别扮演出纳、制单会计、稽核会计、会计主管、财务经理等角色，分岗位完成相关工作任务（具体见表6-12）。

表6-12 岗位工作任务明细表

| 序号 | 岗位 | 工作任务 |
| --- | --- | --- |
| 1 | 出纳 | ➢ 办理收、付款等业务<br>➢ 系统出纳签字 |
| 2 | 制单会计 | ➢ 审核原始凭证<br>➢ 编制记账凭证 |
| 3 | 稽核会计 | ➢ 审核记账凭证 |
| 4 | 会计主管 | ➢ 完成相关审核工作<br>➢ 系统主管签字<br>➢ 完成系统记账 |
| 5 | 财务经理 | ➢ 完成相关财务审批 |

## 实训操作单

### 一、原始凭证

6-1

业务单据填写范本

由出纳张晓霞完成相关业务单据的处理工作；由制单会计陈瑞刚完成相关业务原始凭证的审核工作（具体见表6-13）。

表6-13 业务单据明细表

| 业务 | 原始凭证 | |
| --- | --- | --- |
| | 单据名称 | 对应附件编号 |
| 1 | 银行承兑汇票（复印件） | 附件6-1-1 |
| 2 | 托收凭证 | 附件6-1-2 |
| | 商业承兑汇票 | 附件6-1-3 |
| 3 | 贴现凭证（收账通知） | 附件6-1-4 |
| 4 | 银行进账单（收账通知） | 附件6-1-5 |
| 5 | 付款申请书 | 附件6-1-6 |
| | 转账支票 | 附件6-1-7 |
| 6 | 借款单 | 附件6-1-8 |
| 7 | 差旅费报销单 | 附件6-1-9 |
| | 增值税专用发票 | 附件6-1-10 |
| | 交通费发票 | 附件6-1-11至附件6-1-12 |
| | 收款收据 | 附件6-1-13 |
| 8 | 坏账损失报告单 | 附件6-1-14 |
| 9 | 托收凭证（收款通知） | 附件6-1-15 |
| 10 | 坏账准备计提表 | 附件6-1-16 |

### 二、记账凭证

6-1

记账凭证填制标准

由制单会计陈瑞刚完成相关业务记账凭证的系统编制工作；由稽核会计李晓芳完成相关业务记账凭证的系统审核工作；由出纳张晓霞完成相关业务的出纳签字工作；由会计主管黄莹莹完成相关业务的主管签字工作。

### 三、会计账簿

由会计主管黄莹莹完成相关业务系统记账和账簿信息查询工作。

## 实训评价单

应收款项业务核算能力评分表见表6-14。

表6-14 应收款项业务核算能力评分表

| 序号 | 评分项目 | 学生自评 |
|---|---|---|
| 1 | 应收票据业务 | □优秀 □良好 □中等 □合格 □不合格 |
| 2 | 应收账款业务 | □优秀 □良好 □中等 □合格 □不合格 |
| 3 | 预付账款业务 | □优秀 □良好 □中等 □合格 □不合格 |
| 4 | 其他应收款业务 | □优秀 □良好 □中等 □合格 □不合格 |
| 5 | 应收款项减值业务 | □优秀 □良好 □中等 □合格 □不合格 |
| 教师评语 | 教师签字： | |
| 评价成绩 | □优秀 □良好 □中等 □合格 □不合格 | |

# 任务2 应付款项业务核算

## 实训任务单

### 一、实训项目

- 应付票据业务实训
- 应付账款业务实训
- 预收账款业务实训
- 其他应付款业务实训

### 二、业务清单

2023年12月，公司部分应付款项业务的相关资料如下：

**业务1：**2023年12月5日，公司收到中国工商银行杭州钱江支行的付款通知，用于支付浙江美华服装面料公司到期的不带息商业承兑汇票票款，面值为95 800元。（操作指引见表6-15）

表6-15 操作指引

| 出纳 | 制单会计 | 稽核会计 | 会计主管 | 财务经理 |
|---|---|---|---|---|
| 5. 办理付款业务 | 1. 审核托收凭证（付款通知）、商业承兑汇票（复印件）等<br>2. 编制记账凭证 | 3. 审核记账凭证 | 4. 系统记账 | — |

**业务2：**2023年12月7日，公司向中国工商银行杭州钱江支行申请签发不带息银行承兑汇票，面值78 520元，期限5个月，用于支付江苏正和服装面料公司（开户银行：中国工商银行苏州唐西支行；银行账号：120202154980903261）的前欠货款。（操作指引见表6-16）

表6-16 操作指引

| 出纳 | 制单会计 | 稽核会计 | 会计主管 | 财务经理 |
|---|---|---|---|---|
| 1. 填写付款申请书<br>8. 办理付款业务 | 4. 审核付款申请书、银行承兑汇票协议（复印件）等<br>5. 编制记账凭证 | 6. 审核记账凭证 | 7. 系统记账 | 2. 审批付款申请书<br>3. 签订银行承兑汇票协议 |

**业务3：**2023年12月7日，公司向中国工商银行杭州钱江支行支付申请银行承兑汇票手续费39.26元。（操作指引见表6-17）

表6-17

操作指引

| 出纳 | 制单会计 | 稽核会计 | 会计主管 | 财务经理 |
|---|---|---|---|---|
| 5.办理付款业务 | 1.审核银行付款通知书等<br>2.编制记账凭证 | 3.审核记账凭证 | 4.系统记账 | — |

**业务4：**2023年12月11日，公司收到银行转来供电部门收费单据，支付上月电费11 300元。(操作指引见表6-18)

表6-18

操作指引

| 出纳 | 制单会计 | 稽核会计 | 会计主管 | 财务经理 |
|---|---|---|---|---|
| 5.办理付款业务 | 1.审核增值税专用发票、托收凭证（付款通知）等<br>2.编制记账凭证 | 3.审核记账凭证 | 4.系统记账 | — |

**业务5：**2023年12月15日，公司签发中国工商银行杭州钱江支行转账支票，用于支付前欠浙江美华服装面料公司（开户银行：中国工商银行杭州紫金支行；银行账号：1202021518090326849）货款34 000元。(操作指引见表6-19)

表6-19

操作指引

| 出纳 | 制单会计 | 稽核会计 | 会计主管 | 财务经理 |
|---|---|---|---|---|
| 1.填写付款申请书<br>3.填写转账支票<br>9.办理付款业务 | 5.审核付款申请书、转账支票（存根联）等<br>6.编制记账凭证 | 7.审核记账凭证 | 8.系统记账 | 2.审批付款申请书<br>4.审批转账支票 |

**业务6：**2023年12月18日，公司收到中国工商银行杭州钱江支行的收款通知，系江苏方辉服饰公司交来的预付货款15 000元。(操作指引见表6-20)

表6-20

操作指引

| 出纳 | 制单会计 | 稽核会计 | 会计主管 | 财务经理 |
|---|---|---|---|---|
| 1.办理收款业务 | 2.审核银行进账单（收账通知）等<br>3.编制记账凭证 | 4.审核记账凭证 | 5.系统记账 | — |

**业务7：**2023年12月27日，公司向江苏方辉服饰公司（开户银行：中国工商银行南京解放支行；银行账号：1032209591720215180）销售产品一批，通过中国工商银行杭州钱江支行网银退还多余的预付款项3 000元。(操作指引见表6-21)

表6-21

操作指引

| 出纳 | 制单会计 | 稽核会计 | 会计主管 | 财务经理 |
|---|---|---|---|---|
| 1.填写付款申请书<br>3.办理付款业务 | 4.审核付款申请书、网上银行电子回单等<br>5.编制记账凭证 | 6.审核记账凭证 | 7.系统记账 | 2.审批付款申请书 |

**业务8：**2023年12月29日，公司支付上月以经营租赁方式租入的浙江梅恒服饰器械租赁公司（开户银行：中国工商银行杭州采荷支行；银行账号：1202023268415180907）办公设备的租金，增值税专用发票上注明的价款为1 000元，增值税额为130元，款项以签发中国工商银行杭州钱江支行转账支票方式予以支付。(操作指引见表6-22)

表6-22

操作指引

| 出纳 | 制单会计 | 稽核会计 | 会计主管 | 财务经理 |
|---|---|---|---|---|
| 1.填写付款申请书<br>3.填写转账支票<br>9.办理付款业务 | 5.审核付款申请书、转账支票（存根联）、增值税专用发票等<br>6.编制记账凭证 | 7.审核记账凭证 | 8.系统记账 | 2.审批付款申请书<br>4.审批转账支票 |

## 三、实训要求

将5位学生组成一个实训小组，分别扮演出纳、制单会计、稽核会计、会计主管、财务经理等角色，分岗位完成相关工作任务（具体见表6-23）。

表6-23　**岗位工作任务明细表**

| 序号 | 岗位 | 工作任务 |
|---|---|---|
| 1 | 出纳 | ➢ 办理收、付款等业务<br>➢ 系统出纳签字 |
| 2 | 制单会计 | ➢ 审核原始凭证<br>➢ 编制记账凭证 |
| 3 | 稽核会计 | ➢ 审核记账凭证 |
| 4 | 会计主管 | ➢ 完成相关审核工作<br>➢ 系统主管签字<br>➢ 完成系统记账 |
| 5 | 财务经理 | ➢ 完成相关财务审批 |

## 实训操作单

## 一、原始凭证

由出纳张晓霞完成相关业务单据的处理工作；由制单会计陈瑞刚完成相关业务原始凭证的审核工作（具体见表6-24）。

6-2

业务单据填写范本

表6-24　**业务单据明细表**

| 业务 | 原始凭证 | |
|---|---|---|
| | 单据名称 | 对应附件编号 |
| 1 | 托收凭证（付款通知） | 附件6-2-1 |
| | 商业承兑汇票（复印件） | 附件6-2-2 |
| 2 | 付款申请书 | 附件6-2-3 |
| | 银行承兑汇票协议（复印件） | 附件6-2-4 |
| 3 | 银行付款通知书 | 附件6-2-5 |
| 4 | 增值税专用发票 | 附件6-2-6 |
| | 托收凭证（付款通知） | 附件6-2-7 |
| 5 | 付款申请书 | 附件6-2-8 |
| | 转账支票 | 附件6-2-9 |
| 6 | 银行进账单（收账通知） | 附件6-2-10 |
| 7 | 付款申请书 | 附件6-2-11 |
| | 网上银行电子回单 | 附件6-2-12 |
| 8 | 付款申请书 | 附件6-2-13 |
| | 转账支票 | 附件6-2-14 |
| | 增值税专用发票 | 附件6-2-15 |

## 二、记账凭证

由制单会计陈瑞刚完成相关业务记账凭证的系统编制工作；由稽核会计李晓芳完成相关业务记账凭证的系统审核工作；由出纳张晓霞完成相关业务的出纳签字工作；由会计主管黄莹莹完成相关业务的主管签字工作。

6-2

记账凭证填制标准

## 三、会计账簿

由会计主管黄莹莹完成相关业务系统记账和账簿信息查询工作。

## 实训评价单

应付款项业务核算能力评分表见表6-25。

表6-25 应付款项业务核算能力评分表

| 序号 | 评分项目 | 学生自评 |
|---|---|---|
| 1 | 应付票据业务 | □优秀 □良好 □中等 □合格 □不合格 |
| 2 | 应付账款业务 | □优秀 □良好 □中等 □合格 □不合格 |
| 3 | 预收账款业务 | □优秀 □良好 □中等 □合格 □不合格 |
| 4 | 其他应付款业务 | □优秀 □良好 □中等 □合格 □不合格 |
| 教师评语 | 教师签字： | |
| 评价成绩 | □优秀 □良好 □中等 □合格 □不合格 | |

# 任务3 应付职工薪酬业务核算

## 实训任务单

### 一、实训项目

- 短期薪酬业务实训
- 非货币性职工薪酬业务实训
- 设定提存计划业务实训

### 二、业务清单

2023年12月，公司部分应付职工薪酬业务的相关资料如下：

**业务1：**2023年12月3日，公司签发中国工商银行杭州钱江支行转账支票，用于发放上月职工工资88 983.04元。（操作指引见表6-26）

表6-26 操作指引

| 出纳 | 制单会计 | 稽核会计 | 会计主管 | 财务经理 |
|---|---|---|---|---|
| 1.填写付款申请书<br>3.签发转账支票<br>5.办理付款业务 | 6.审核银行批量代付清单、付款申请书、转账支票（存根联）等<br>7.编制记账凭证 | 8.审核记账凭证 | 9.系统记账 | 2.审批付款申请书<br>4.审批转账支票 |

**业务2：**2023年12月5日，公司向杭州华丰房屋租赁公司（开户银行：中国工商银行杭州双林支行；银行账号：1241518090020232681）支付为高级管理人员免费提供的房屋租金，增值税专用发票上注明的价款为3 000元，增值税税额为270元。上述款项通过签发中国工商银行杭州钱江支行转账支票予以支付。（操作指引见表6-27）

表6-27 操作指引

| 出纳 | 制单会计 | 稽核会计 | 会计主管 | 财务经理 |
|---|---|---|---|---|
| 1.填写付款申请书<br>3.签发转账支票<br>5.办理付款业务 | 6.审核付款申请书、转账支票（存根联）、增值税专用发票等<br>7.编制记账凭证 | 8.审核记账凭证 | 9.系统记账 | 2.审批付款申请书<br>4.审批转账支票 |

**业务3：**2023年12月9日，公司通过中国工商银行杭州钱江支行转账付款方式，缴纳上月住房公积金11 330元，其中，由个人缴纳的住房公积金为5 665元。公司的公积金账号：120202180903259I769；开户银行：中国工商银行杭州钱江支行。（操作指引见表6-28）

表6-28 操作指引

| 出纳 | 制单会计 | 稽核会计 | 会计主管 | 财务经理 |
|---|---|---|---|---|
| 1.填写付款申请书<br>3.办理付款业务 | 4.审核付款申请书、住房公积金汇缴书、电子银行转账凭证（付款）等<br>5.编制记账凭证 | 6.审核记账凭证 | 7.系统记账 | 2.审批付款申请书 |

**业务4：**2023年12月11日，公司通过中国工商银行杭州钱江支行转账付款方式，缴纳上月养老保险费18 128元，其中，由个人缴纳的养老保险费为9 064元。公司养老保险费征管机关信息如下：收款单位：杭州人力资源和社会保障局；账号：1202026119172151809；开户行：中国工商银行杭州秋涛支行。(操作指引见表6-29)

表6-29 操作指引

| 出纳 | 制单会计 | 稽核会计 | 会计主管 | 财务经理 |
|---|---|---|---|---|
| 1.填写付款申请书<br>3.办理付款业务 | 4.审核付款申请书、社会保险费缴费申报表、电子银行转账凭证（付款）等<br>5.编制记账凭证 | 6.审核记账凭证 | 7.系统记账 | 2.审批付款申请书 |

**业务5：**2023年12月11日，公司通过中国工商银行杭州钱江支行转账付款方式，缴纳上月医疗保险费9 403.90元，其中，由个人缴纳的医疗保险费为2 266元。公司医疗保险费征管机关信息如下：收款单位：杭州人力资源和社会保障局；账号：1202026119172151809；开户行：中国工商银行杭州秋涛支行。(操作指引见表6-30)

表6-30 操作指引

| 出纳 | 制单会计 | 稽核会计 | 会计主管 | 财务经理 |
|---|---|---|---|---|
| 1.填写付款申请书<br>3.办理付款业务 | 4.审核付款申请书、社会保险费缴费申报表、电子银行转账凭证（付款）等<br>5.编制记账凭证 | 6.审核记账凭证 | 7.系统记账 | 2.审批付款申请书 |

**业务6：**2023年12月11日，公司通过中国工商银行杭州钱江支行转账付款方式，缴纳上月失业保险费1 699.50元，其中，由个人缴纳的失业保险费为566.50元。公司失业保险费征管机关信息如下：收款单位：杭州人力资源和社会保障局；账号：1202026119172151809；开户行：中国工商银行杭州秋涛支行。(操作指引见表6-31)

表6-31 操作指引

| 出纳 | 制单会计 | 稽核会计 | 会计主管 | 财务经理 |
|---|---|---|---|---|
| 1.填写付款申请书<br>3.办理付款业务 | 4.审核付款申请书、社会保险费缴费申报表、电子银行转账凭证（付款）等<br>5.编制记账凭证 | 6.审核记账凭证 | 7.系统记账 | 2.审批付款申请书 |

**业务7：**2023年12月13日，公司通过中国工商银行杭州钱江支行转账付款方式，缴纳上月工会经费2 266元。留存公司基层工会的银行账号：1202022377525917362；开户银行：中国工商银行杭州钱江支行。上解上级工会的相关信息如下：收款单位：杭州市工会委员会；账号：1202331518090326866；开户行：中国工商银行杭州武林支行。(操作指引见表6-32)

表6-32 操作指引

| 出纳 | 制单会计 | 稽核会计 | 会计主管 | 财务经理 |
|---|---|---|---|---|
| 1.填写付款申请书<br>3.办理付款业务 | 4.审核付款申请书、行政拨交工会经费缴款书等<br>5.编制记账凭证 | 6.审核记账凭证 | 7.系统记账 | 2.审批付款申请书 |

**业务8**：2023年12月15日，公司通过中国工商银行杭州钱江支行转账付款方式，缴纳上月代扣代缴的个人所得税24 316.96元。税款征收机关信息如下：收款单位：杭州市税务局江干分局；账号：1215120201780926116；开户行：中国工商银行杭州秋涛支行。（操作指引见表6-33）

表6-33 **操作指引**

| 出纳 | 制单会计 | 稽核会计 | 会计主管 | 财务经理 |
|---|---|---|---|---|
| 1.填写付款申请书<br>3.办理付款业务 | 4.审核付款申请书、电子缴税付款凭证等<br>5.编制记账凭证 | 6.审核记账凭证 | 7.系统记账 | 2.审批付款申请书 |

**业务9**：2023年12月25日，公司支付财务人员曹珊珊培训费，增值税专用发票注明的培训价款为800元，增值税额为48元。（操作指引见表6-34）

表6-34 **操作指引**

| 出纳 | 制单会计 | 稽核会计 | 会计主管 | 财务经理 |
|---|---|---|---|---|
| 6.办理付款业务 | 2.审核业务报销单、增值税专用发票等<br>3.编制记账凭证 | 4.审核记账凭证 | 5.系统记账 | 1.审批业务报销单 |

**业务10**：2023年12月28日，公司以现金方式，发放本年度优秀工作者奖金3 000元。（操作指引见表6-35）

表6-35 **操作指引**

| 出纳 | 制单会计 | 稽核会计 | 会计主管 | 财务经理 |
|---|---|---|---|---|
| 6.办理付款业务 | 2.审核优秀工作者奖金发放表等<br>3.编制记账凭证 | 4.审核记账凭证 | 5.系统记账 | 1.审批优秀工作者奖金发放表等 |

## 三、实训要求

将5位学生组成一个实训小组，分别扮演出纳、制单会计、稽核会计、会计主管、财务经理等角色，分岗位完成相关工作任务（具体见表6-36）。

表6-36 **岗位工作任务明细表**

| 序号 | 岗位 | 工作任务 |
|---|---|---|
| 1 | 出纳 | ➢ 办理收、付款等业务<br>➢ 系统出纳签字 |
| 2 | 制单会计 | ➢ 审核原始凭证<br>➢ 编制记账凭证 |
| 3 | 稽核会计 | ➢ 审核记账凭证 |
| 4 | 会计主管 | ➢ 完成相关审核工作<br>➢ 系统主管签字<br>➢ 完成系统记账 |
| 5 | 财务经理 | ➢ 完成相关财务审批 |

## 实训操作单

6-3

业务单据填写范本

## 一、原始凭证

由出纳张晓霞完成相关业务单据的处理工作；由制单会计陈瑞刚完成相关业务原始凭证的审核工作（具体见表6-37）。

表 6-37　　业务单据明细表

| 业务 | 原始凭证 | |
|---|---|---|
| | 单据名称 | 对应附件编号 |
| 1 | 银行批量代付清单 | 附件6-3-1 |
| | 付款申请书 | 附件6-3-2 |
| | 转账支票 | 附件6-3-3 |
| 2 | 付款申请书 | 附件6-3-4 |
| | 转账支票 | 附件6-3-5 |
| | 增值税专用发票 | 附件6-3-6 |
| 3 | 付款申请书 | 附件6-3-7 |
| | 住房公积金汇缴书 | 附件6-3-8 |
| | 电子银行转账凭证（付款） | 附件6-3-9 |
| 4 | 付款申请书 | 附件6-3-10 |
| | 社会保险费缴费申报表 | 附件6-3-11 |
| | 电子银行转账凭证（付款） | 附件6-3-12 |
| 5 | 付款申请书 | 附件6-3-13 |
| | 社会保险费缴费申报表 | 附件6-3-14 |
| | 电子银行转账凭证（付款） | 附件6-3-15 |
| 6 | 付款申请书 | 附件6-3-16 |
| | 社会保险费缴费申报表 | 附件6-3-17 |
| | 电子银行转账凭证（付款） | 附件6-3-18 |
| 7 | 付款申请书 | 附件6-3-19 |
| | 行政拨交工会经费缴款书 | 附件6-3-20 |
| 8 | 付款申请书 | 附件6-3-21 |
| | 电子缴税付款凭证 | 附件6-3-22 |
| 9 | 业务报销单 | 附件6-3-23 |
| | 增值税专用发票 | 附件6-3-24 |
| 10 | 优秀工作者奖金发放表 | 附件6-3-25 |

## 二、记账凭证

由制单会计陈瑞刚完成相关业务记账凭证的系统编制工作；由稽核会计李晓芳完成相关业务记账凭证的系统审核工作；由出纳张晓霞完成相关业务的出纳签字工作；由会计主管黄莹莹完成相关业务的主管签字工作。

6-3

记账凭证填制标准

## 三、会计账簿

由会计主管黄莹莹完成相关业务系统记账和账簿信息查询工作。

## 实训评价单

应付职工薪酬业务核算能力评分表见表6-38。

表 6-38　　应付职工薪酬业务核算能力评分表

| 序号 | 评分项目 | 学生自评 |
|---|---|---|
| 1 | 短期薪酬业务 | □优秀　□良好　□中等　□合格　□不合格 |
| 2 | 非货币性职工薪酬业务 | □优秀　□良好　□中等　□合格　□不合格 |
| 3 | 设定提存计划业务 | □优秀　□良好　□中等　□合格　□不合格 |
| 教师评语 | 教师签字： | |
| 评价成绩 | □优秀　□良好　□中等　□合格　□不合格 | |

## 实训小结

往来结算岗位实训项目结构图如图6-1所示。

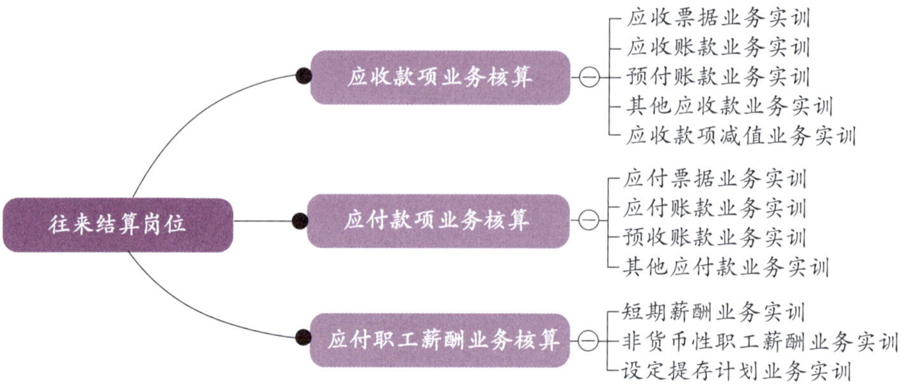


图6-1 往来结算岗位实训项目结构图

## 素养提升

大国工匠

程平：用焊花熔铸匠心

# 项目七　资金岗位

**实训目标**

- 掌握资金岗位的业务处理流程
- 能正确进行债务资金业务核算
- 能正确进行投资资金业务核算
- 能正确进行权益资金业务核算

## 会计核算制度

### 一、债务资金核算制度

短期借款业务核算
重难点解析视频

公司债券资金岗位主要核算短期借款、长期借款及应付债券等内容，通过设置“短期借款”“长期借款”“应付债券”等会计科目，核算债务资金的取得、计息、付息、还本等业务。其中：短期借款利息费用于发生时直接计入当期财务费用；长期借款利息费用于资产负债表日按照实际利率法计算确定，根据其付息方式分别记入“应付利息”科目或“长期借款——应计利息”科目；应付债券利息费用按期计提，并按照实际利率法对债券的溢价、折价形成的利息进行调整，根据其付息方式分别记入“应付利息”科目或“应付债券——应计利息”科目。

长期借款业务核算
重难点解析视频

发行债券业务核算
重难点解析视频

公司设置“企业债券备查簿”，详细登记每一企业债券的票面金额、债券票面利率、还本付息期限与方式、发行总额、发行日期和编号、委托代售单位、转换股份等资料。

### 二、投资资金核算制度

交易性金融资产
资产负债表日的核算
重难点解析视频

公司投资资金岗位主要核算交易性金融资产、债权投资、其他金融资产、长期股权投资等内容，通过设置“交易性金融资产”“债权投资”“其他债权投资”“其他权益工具投资”“长期股权投资”等会计科目，核算投资资金的初始取得、持有期间、处置等环节的相关业务。其中：交易性金融资产按照公允价值计量，资产负债表日，公允价值与账面余额之间的差额计入当期损益。债权投资按照公允价值计量，资产负债表日，按照实际利率法确认当期投资收益。其他金融资产主要包括其他债权投资、其他权益工具投资，按照公允价值计量。资产负债表日，其他权益工具投资公允价值变动计入其他综合收益，其他债权投资按照实际利率法确认当期投资收益。长期股权投资的核算方法主要包括成本法、权益法等，其中：企业能够对被投资单位实施控制的长期股权投资，采用成本法核算；企业能够对被投资单位具有共同控制或重大影响的，采用权益法核算。

权益法下长期股
权投资的取得
重难点解析视频

### 三、权益资金核算

实收资本核算
重难点解析视频

公司权益资金岗位主要核算实收资本、资本公积、盈余公积等内容，设置“实收资本”“资本公积”“盈余公积”等会计科目，进行权益资本的相关业务核算。其中：实收资本主要核算设立初期接受投资者投入资本以及存续期间实收资本的增减变化等内容。资本公积主要核算由投资者超额缴入资本以及除净损益、其他综合收益和利润分配以外所有者权益的其他变动等内容。盈余公积主要核算法定盈余公积、任意盈余公积等内容，其中：本公司按照净利润的10%提取法定盈余公积，按照净利润的5%提取任意盈余公积。

## 任务1 债务资金业务核算

### 实训任务单

**一、实训项目**

- 短期借款业务实训
- 长期借款业务实训
- 应付债券业务实训

**二、业务清单**

2023年12月，公司部分债务资金业务的相关资料如下：

**业务1：**2023年12月1日，公司委托正信证券股份有限公司发行5年期一次还本、分期付息的企业债券，面值为100 000元，实际收到的款项为104 327元，债券利息在每月月末支付，票面年利率为6%，发行时的市场年利率为5%。款项用于新建车间工程项目，工程项目尚未启动。上述款项已由中国工商银行杭州钱江支行收妥入账。（操作指引见表7–1）

表7–1 操作指引

| 出纳 | 制单会计 | 稽核会计 | 会计主管 | 财务经理 |
|---|---|---|---|---|
| 1. 办理收款业务 | 2. 审核银行进账单（收账通知）、企业发行债券项目明细表等<br>3. 编制记账凭证 | 4. 审核记账凭证 | 5. 系统记账 | — |

**业务2：**2023年12月1日，公司委托华阳证券股份有限公司发行4年期一次还本、分期付息的企业债券，面值为120 000元，票面利率6%，实际收到款项112 047元，发行时的市场利率为8%，债券利息在每月月末支付。款项用于新建生产线工程项目，工程于11月份正式启动。上述款项已由中国工商银行杭州钱江支行收妥入账。（操作指引见表7–2）

表7–2 操作指引

| 出纳 | 制单会计 | 稽核会计 | 会计主管 | 财务经理 |
|---|---|---|---|---|
| 1. 办理收款业务 | 2. 审核银行进账单（收账通知）、企业发行债券项目明细表等<br>3. 编制记账凭证 | 4. 审核记账凭证 | 5. 系统记账 | — |

**业务3：**2023年12月1日，公司委托星河证券股份有限公司发行3年期一次还本付息的企业债券，面值为200 000元，实际收到的款项为200 000元，票面利率为6%，实际利率与票面利率相同。款项用于支付新购的专利技术项目。上述款项已由中国工商银行杭州钱江支行收妥入账。（操作指引见表7–3）

表7–3 操作指引

| 出纳 | 制单会计 | 稽核会计 | 会计主管 | 财务经理 |
|---|---|---|---|---|
| 1. 办理收款业务 | 2. 审核银行进账单（收账通知）、企业发行债券项目明细表等<br>3. 编制记账凭证 | 4. 审核记账凭证 | 5. 系统记账 | — |

**业务4：**2023年12月3日，公司收到中国工商银行杭州钱江支行核准的短期借款，金额为30 000元，期限6个月，年利率为4.35%。（操作指引见表7–4）

表7-4 操作指引

| 出纳 | 制单会计 | 稽核会计 | 会计主管 | 财务经理 |
| --- | --- | --- | --- | --- |
| 1.办理收款业务 | 2.审核借款借据、贷款凭证（收账通知）等<br>3.编制记账凭证 | 4.审核记账凭证 | 5.系统记账 | — |

**业务5**：2023年12月5日，公司收到交通银行杭州庆春支行（贷款户账号：1503548856239162876；存款户账号：1203328162876856239）短期借款的贷款还息凭证，已从存款户中扣除11月份利息费用，借款本金为50 000元，月利率为0.36%。（操作指引见表7-5）

表7-5 操作指引

| 出纳 | 制单会计 | 稽核会计 | 会计主管 | 财务经理 |
| --- | --- | --- | --- | --- |
| — | 1.审核短期借款利息计算明细表、贷款还息凭证等<br>2.编制记账凭证 | 3.审核记账凭证 | 4.系统记账 | — |

**业务6**：2023年12月6日，公司向中国工商银行杭州武林支行（贷款户账号：1202025917218156231；存款户账号：1203815623128259172）归还到期的短期借款本息，其中：借款本金30 000元，当月利息费用108元。（操作指引见表7-6）

表7-6 操作指引

| 出纳 | 制单会计 | 稽核会计 | 会计主管 | 财务经理 |
| --- | --- | --- | --- | --- |
| 1.填写付款申请书<br>3.办理付款业务 | 4.审核付款申请书、贷款还款凭证等<br>5.编制记账凭证 | 6.审核记账凭证 | 7.系统记账 | 2.审批付款申请书 |

**业务7**：2023年12月8日，公司向中国建设银行杭州南山支行（贷款户账号：1202028156238602618；存款户账号：1273861120280562619）归还到期的长期借款本息，其中：借款本金300 000元，当月利息费用1 187.50元。利息分次偿还，票面利率与实际利率相同。（操作指引见表7-7）

表7-7 操作指引

| 出纳 | 制单会计 | 稽核会计 | 会计主管 | 财务经理 |
| --- | --- | --- | --- | --- |
| 1.填写付款申请书<br>3.办理付款业务 | 4.审核付款申请书、贷款还款凭证等<br>5.编制记账凭证 | 6.审核记账凭证 | 7.系统记账 | 2.审批付款申请书 |

**业务8**：2023年12月9日，公司向中国银行杭州新塘支行（贷款户账号：1202023811761893732；存款户账号：1215610212393732819）归还到期的长期借款本息，其中：借款本金200 000元，到期一次偿还利息费用19 000元，票面利率与实际利率相同。（操作指引见表7-8）

表7-8 操作指引

| 出纳 | 制单会计 | 稽核会计 | 会计主管 | 财务经理 |
| --- | --- | --- | --- | --- |
| 1.填写付款申请书<br>3.办理付款业务 | 4.审核付款申请书、贷款还款凭证等<br>5.编制记账凭证 | 6.审核记账凭证 | 7.系统记账 | 2.审批付款申请书 |

**业务9**：2023年12月22日，公司委托正信证券股份有限公司（开户银行：中国建设银行杭州下沙支行；银行账号：1202021518090330222）发行的2年期一次还本付息的企业债券到期，偿还债券本金300 000元，利息费用36 000元，债券票面利率为6%，实际利率为6%。上述款项已通过中国工商银行杭州钱江支行转账支付。（操作指引见表7-9）

表7-9 操作指引

| 出纳 | 制单会计 | 稽核会计 | 会计主管 | 财务经理 |
| --- | --- | --- | --- | --- |
| 1.填写付款申请书<br>3.办理付款业务 | 4.审核付款申请书、电子银行转账凭证（付款）等<br>5.编制记账凭证 | 6.审核记账凭证 | 7.系统记账 | 2.审批付款申请书 |

**业务10**：2023年12月25日，公司收到杭州银行杭州北山支行核准的长期借款，金额为500 000元，期限3年，贷款年利率为4.75%。（操作指引见表7-10）

表7-10 操作指引

| 出纳 | 制单会计 | 稽核会计 | 会计主管 | 财务经理 |
|---|---|---|---|---|
| 1. 办理收款业务 | 2. 审核借款借据、贷款凭证（收账通知）等<br>3. 编制记账凭证 | 4. 审核记账凭证 | 5. 系统记账 | — |

**业务11**：2023年12月26日，公司收到中国工商银行杭州钱江支行（贷款户账号：1298313218702167385；存款户账号：1232187023831146738）长期借款的贷款还息凭证，已从存款户中扣除第四季度的利息费用。借款本金为300 000元，月利率为0.42%，按季支付利息，票面利率与实际利率相同。该借款主要用于建造生产设备，工程尚未完工。（操作指引见表7-11）

表7-11 操作指引

| 出纳 | 制单会计 | 稽核会计 | 会计主管 | 财务经理 |
|---|---|---|---|---|
| — | 1. 审核长期借款利息计算明细表、贷款还息凭证等<br>2. 编制记账凭证 | 3. 审核记账凭证 | 4. 系统记账 | — |

**业务12**：2023年12月31日，公司计提12月份发行的3项债券的利息费用。（操作指引见表7-12）

表7-12 操作指引

| 出纳 | 制单会计 | 稽核会计 | 会计主管 | 财务经理 |
|---|---|---|---|---|
| — | 1. 审核债券溢价摊销表（实际利率法）、债券折价摊销表（实际利率法）、应付债券（面值）利息计算明细表等<br>2. 编制记账凭证 | 3. 审核记账凭证 | 4. 系统记账 | — |

## 三、实训要求

将5位学生组成一个实训小组，分别扮演出纳、制单会计、稽核会计、会计主管、财务经理等角色，分岗位完成相关工作任务（具体见表7-13）。

表7-13 岗位工作任务明细表

| 序号 | 岗位 | 工作任务 |
|---|---|---|
| 1 | 出纳 | ➢ 办理收、付款等业务<br>➢ 系统出纳签字 |
| 2 | 制单会计 | ➢ 审核原始凭证<br>➢ 编制记账凭证 |
| 3 | 稽核会计 | ➢ 审核记账凭证 |
| 4 | 会计主管 | ➢ 完成相关审核工作<br>➢ 系统主管签字<br>➢ 完成系统记账 |
| 5 | 财务经理 | ➢ 完成相关财务审批 |

**实训操作单**

## 一、原始凭证

由出纳张晓霞完成相关业务单据的处理工作；由制单会计陈瑞刚完成相关业务原始凭证的审核工作（具体见表7-14）。

7-1

业务单据填写范本

表7-14　**业务单据明细表**

| 业务 | 原始凭证 | |
|---|---|---|
| | 单据名称 | 对应附件编号 |
| 1 | 银行进账单（收账通知） | 附件7-1-1 |
| | 企业发行债券项目明细表 | 附件7-1-2 |
| 2 | 银行进账单（收账通知） | 附件7-1-3 |
| | 企业发行债券项目明细表 | 附件7-1-4 |
| 3 | 银行进账单（收账通知） | 附件7-1-5 |
| | 企业发行债券项目明细表 | 附件7-1-6 |
| 4 | 借款借据 | 附件7-1-7 |
| | 贷款凭证（收账通知） | 附件7-1-8 |
| 5 | 短期借款利息计算明细表 | 附件7-1-9 |
| | 贷款还息凭证 | 附件7-1-10 |
| 6 | 付款申请书 | 附件7-1-11 |
| | 贷款还款凭证 | 附件7-1-12 |
| 7 | 付款申请书 | 附件7-1-13 |
| | 贷款还款凭证 | 附件7-1-14 |
| 8 | 付款申请书 | 附件7-1-15 |
| | 贷款还款凭证 | 附件7-1-16 |
| 9 | 付款申请书 | 附件7-1-17 |
| | 电子银行转账凭证（付款） | 附件7-1-18 |
| 10 | 借款借据 | 附件7-1-19 |
| | 贷款凭证（收账通知） | 附件7-1-20 |
| 11 | 长期借款利息计算明细表 | 附件7-1-21 |
| | 贷款还息凭证 | 附件7-1-22 |
| 12 | 债券溢价摊销表（实际利率法） | 附件7-1-23 |
| | 债券折价摊销表（实际利率法） | 附件7-1-24 |
| | 应付债券（面值）利息计算明细表 | 附件7-1-25 |

## 二、记账凭证

7-1

记账凭证填制标准

由制单会计陈瑞刚完成相关业务记账凭证的系统编制工作；由稽核会计李晓芳完成相关业务记账凭证的系统审核工作；由出纳张晓霞完成相关业务的出纳签字工作；由会计主管黄莹莹完成相关业务的主管签字工作。

## 三、会计账簿

由会计主管黄莹莹完成相关业务系统记账和账簿信息查询工作。

## 实训评价单

债券资金业务核算能力评分表见表7-15。

表7-15 债券资金业务核算能力评分表

| 序号 | 评分项目 | 学生自评 |
| --- | --- | --- |
| 1 | 短期借款业务 | □优秀 □良好 □中等 □合格 □不合格 |
| 2 | 长期借款业务 | □优秀 □良好 □中等 □合格 □不合格 |
| 3 | 应付债券业务 | □优秀 □良好 □中等 □合格 □不合格 |
| 教师评语 | 教师签字： | |
| 评价成绩 | □优秀 □良好 □中等 □合格 □不合格 | |

# 任务2 投资资金业务核算

## 实训任务单

## 一、实训项目

- 交易性金融资产业务实训
- 债权投资业务实训
- 其他金融资产业务实训
- 长期股权投资业务实训

## 二、业务清单

2023年12月，公司部分投资资金业务的相关资料如下：

**业务1：**2023年12月1日，公司在中信证券交易所购入国债10 000份，面值总额为100 000元，支付相关价款100 000元（假设未发生相关交易费用），债券票面利率为6%，实际利率为6%。公司将其划分为债权投资，按月收取利息，到期一次归还本金。（操作指引见表7-16）

表7-16 操作指引

| 出纳 | 制单会计 | 稽核会计 | 会计主管 | 财务经理 |
| --- | --- | --- | --- | --- |
| — | 1.审核国债交易记录等<br>2.编制记账凭证 | 3.审核记账凭证 | 4.系统记账 | — |

**业务2：**2023年12月5日，公司在兴业证券交易所购入万达股份有限公司发行的股票2 000股，每股5元，支付相关交易费用500元。公司将其划分为交易性金融资产（假设不考虑相关税费）。（操作指引见表7-17）

表7-17 操作指引

| 出纳 | 制单会计 | 稽核会计 | 会计主管 | 财务经理 |
| --- | --- | --- | --- | --- |
| — | 1.审核股票交割单等<br>2.编制记账凭证 | 3.审核记账凭证 | 4.系统记账 | — |

**业务3：**2023年12月10日，公司在兴业证券交易所购入明锐股份有限公司发行的股票10 000股，购买日的公允价值为50 000元，并支付相关费用3 000元。公司将其划分为其他权

益工具投资。（操作指引见表7-18）

表7-18　　　　　　　　　　　　　　　操作指引

| 出纳 | 制单会计 | 稽核会计 | 会计主管 | 财务经理 |
|---|---|---|---|---|
| — | 1.审核股票交割单等<br>2.编制记账凭证 | 3.审核记账凭证 | 4.系统记账 | — |

**业务4：**2023年12月12日，公司签发中国工商银行杭州钱江支行转账支票1 000 000元（含相关的交易费用），购入宁波华伟股份有限公司（开户银行：平安银行杭州采荷支行；银行账号：1203023256715180119）25%的股份，对该公司具有重大影响。假设公司的初始投资成本等于其应享有被投资单位可辨认净资产公允价值份额。（操作指引见表7-19）

表7-19　　　　　　　　　　　　　　　操作指引

| 出纳 | 制单会计 | 稽核会计 | 会计主管 | 财务经理 |
|---|---|---|---|---|
| 1.填写付款申请书<br>3.签发转账支票<br>5.填写银行进账单<br>6.办理付款业务 | 7.审核付款申请书、转账支票（存根联）、银行进账单等<br>8.编制记账凭证 | 9.审核记账凭证 | 10.系统记账 | 2.审批付款申请书<br>4.审批转账支票 |

**业务5：**2023年12月15日，公司通过中国工商银行钱江支行网银转账3 000 000元，购入非同一控制下的金华远东股份有限公司（开户银行：浦发银行杭州秋涛支行；银行账号：1202740215823518383）75%的股份，对该公司具有控制权，并支付相关的交易费用100 000元。（操作指引见表7-20）

表7-20　　　　　　　　　　　　　　　操作指引

| 出纳 | 制单会计 | 稽核会计 | 会计主管 | 财务经理 |
|---|---|---|---|---|
| 1.填写付款申请书<br>3.办理付款业务 | 4.审核付款申请书、网上银行电子回单等<br>5.编制记账凭证 | 6.审核记账凭证 | 7.系统记账 | 2.审批付款申请书 |

**业务6：**2023年12月31日，公司在兴业证券交易所将其持有的交易性金融资产——渤海股份有限公司3 500股股票出售，每股成交价格为3元，另支付相关交易费用500元（假定不考虑相关税费）。交易日，该股票账面价值为9 000元，其中："成本"为10 000元，"公允价值变动"（贷方余额）为1 000元，假设不考虑相关税费。（操作指引见表7-21）

表7-21　　　　　　　　　　　　　　　操作指引

| 出纳 | 制单会计 | 稽核会计 | 会计主管 | 财务经理 |
|---|---|---|---|---|
| — | 1.审核股票交割单等<br>2.编制记账凭证 | 3.审核记账凭证 | 4.系统记账 | — |

**业务7：**2023年12月31日，公司持有的万达股份有限公司发行的股票公允价值发生变动，月末公允价值金额为9 000元。（操作指引见表7-22）

表7-22　　　　　　　　　　　　　　　操作指引

| 出纳 | 制单会计 | 稽核会计 | 会计主管 | 财务经理 |
|---|---|---|---|---|
| — | 1.审核公允价值变动计算表等<br>2.编制记账凭证 | 3.审核记账凭证 | 4.系统记账 | — |

**业务8：**2023年12月31日，公司确认本月购入的国债利息收入500元。（操作指引见表7-23）

表7-23　　　　　　　　　　　　　　　操作指引

| 出纳 | 制单会计 | 稽核会计 | 会计主管 | 财务经理 |
|---|---|---|---|---|
| — | 1.审核债权投资利息费用计算表等<br>2.编制记账凭证 | 3.审核记账凭证 | 4.系统记账 | — |

**业务9**：2023年12月31日，公司在中信证券交易所将其持有的5年期到期国债出售，取得价款为150 000元。交易日，公司该债权投资的账面价值为140 000元，其中："成本"为135 000元，"利息调整"（借方余额）为5 000元。假定该债权投资未发生减值，不考虑相关税费。（操作指引见表7-24）

表7-24 操作指引

| 出纳 | 制单会计 | 稽核会计 | 会计主管 | 财务经理 |
|---|---|---|---|---|
| — | 1.审核国债交易记录等<br>2.编制记账凭证 | 3.审核记账凭证 | 4.系统记账 | — |

**业务10**：2023年12月31日，公司持有明锐股份有限公司发行的股票公允价值发生变动，月末公允价值金额为56 000元。（操作指引见表7-25）

表7-25 操作指引

| 出纳 | 制单会计 | 稽核会计 | 会计主管 | 财务经理 |
|---|---|---|---|---|
| — | 1.审核公允价值变动计算表等<br>2.编制记账凭证 | 3.审核记账凭证 | 4.系统记账 | — |

**业务11**：2023年12月31日，公司在兴业证券交易所将其持有的其他权益工具投资——光明股份有限公司的全部股票出售，取得价款为60 000元。交易日，该股票账面价值为50 000元，其中："成本"为43 000元，"公允价值变动"（借方余额）为7 000元，假设不考虑相关税费。（操作指引见表7-26）

表7-26 操作指引

| 出纳 | 制单会计 | 稽核会计 | 会计主管 | 财务经理 |
|---|---|---|---|---|
| — | 1.审核股票交割单等<br>2.编制记账凭证 | 3.审核记账凭证 | 4.系统记账 | — |

**业务12**：2023年12月31日，公司在兴业证券交易所出售所持有的长期股权投资——海华股份有限公司的股票50 000股，每股出售价为10元，发生相关交易费用2 000元，款项已收到。该"长期股权投资"的账面价值为332 000元，其中："投资成本"为305 000元，"损益调整"（借方余额）为15 000元，"其他综合收益"（借方余额）为12 000元，假设不考虑相关税费。（操作指引见表7-27）

表7-27 操作指引

| 出纳 | 制单会计 | 稽核会计 | 会计主管 | 财务经理 |
|---|---|---|---|---|
| — | 1.审核股票交割单等<br>2.编制记账凭证 | 3.审核记账凭证 | 4.系统记账 | — |

**业务13**：2023年12月31日，金华远东股份有限公司宣告发放现金股利24 000元，公司应享有现金股利18 000元。（操作指引见表7-28）

表7-28 操作指引

| 出纳 | 制单会计 | 稽核会计 | 会计主管 | 财务经理 |
|---|---|---|---|---|
| — | 1.审核长期股权投资（成本法）投资收益计算表等<br>2.编制记账凭证 | 3.审核记账凭证 | 4.系统记账 | — |

**业务14**：2023年12月31日，宁波华伟股份有限公司本年度盈利2 800 000元，公司应享有的净收益份额为700 000元。（操作指引见表7-29）

表7-29 操作指引

| 出纳 | 制单会计 | 稽核会计 | 会计主管 | 财务经理 |
|---|---|---|---|---|
| — | 1.审核长期股权投资（权益法）投资收益计算表等<br>2.编制记账凭证 | 3.审核记账凭证 | 4.系统记账 | — |

**业务15**：2023年12月31日，公司持有的温州京华股份有限公司的长期股权投资，由于其经营不善导致股价大幅度下跌，且短期内亏损无法弥补，公司确认计提相关的减值金额为500 000元。（操作指引见表7-30）

表7-30　　　　　　　　操作指引

| 出纳 | 制单会计 | 稽核会计 | 会计主管 | 财务经理 |
|---|---|---|---|---|
| — | 1. 审核长期股权投资减值准备计提表等<br>2. 编制记账凭证 | 3. 审核记账凭证 | 4. 系统记账 | — |

## 三、实训要求

将5位学生组成一个实训小组，分别扮演出纳、制单会计、稽核会计、会计主管、财务经理等角色，分岗位完成相关工作任务（具体见表7-31）。

表7-31　　　　　　　　岗位工作任务明细表

| 序号 | 岗位 | 工作任务 |
|---|---|---|
| 1 | 出纳 | ➢ 办理收、付款等业务<br>➢ 系统出纳签字 |
| 2 | 制单会计 | ➢ 审核原始凭证<br>➢ 编制记账凭证 |
| 3 | 稽核会计 | ➢ 审核记账凭证 |
| 4 | 会计主管 | ➢ 完成相关审核工作<br>➢ 系统主管签字<br>➢ 完成系统记账 |
| 5 | 财务经理 | ➢ 完成相关财务审批 |

## 实训操作单

## 一、原始凭证

7-2

业务单据填写范本

由出纳张晓霞完成相关业务单据的处理工作；由制单会计陈瑞刚完成相关业务原始凭证的审核工作（具体见表7-32）。

表7-32　　　　　　　　业务单据明细表

| 业务 | 原始凭证 | |
|---|---|---|
| | 单据名称 | 对应附件编号 |
| 1 | 国债交易记录 | 附件7-2-1 |
| 2 | 股票交割单 | 附件7-2-2 |
| 3 | 股票交割单 | 附件7-2-3 |
| 4 | 付款申请书 | 附件7-2-4 |
| | 转账支票 | 附件7-2-5 |
| | 银行进账单 | 附件7-2-6 |
| 5 | 付款申请书 | 附件7-2-7 |
| | 网上银行电子回单 | 附件7-2-8 |
| 6 | 股票交割单 | 附件7-2-9 |
| 7 | 公允价值变动计算表 | 附件7-2-10 |
| 8 | 债权投资利息费用计算表 | 附件7-2-11 |
| 9 | 国债交易记录 | 附件7-2-12 |
| 10 | 公允价值变动计算表 | 附件7-2-13 |
| 11 | 股票交割单 | 附件7-2-14 |
| 12 | 股票交割单 | 附件7-2-15 |
| 13 | 长期股权投资（成本法）投资收益计算表 | 附件7-2-16 |
| 14 | 长期股权投资（权益法）投资收益计算表 | 附件7-2-17 |
| 15 | 长期股权投资减值准备计提表 | 附件7-2-18 |

## 二、记账凭证

由制单会计陈瑞刚完成相关业务记账凭证的系统编制工作；由稽核会计李晓芳完成相关业务记账凭证的系统审核工作；由出纳张晓霞完成相关业务的出纳签字工作；由会计主管黄莹莹完成相关业务的主管签字工作。

7-2

记账凭证填制标准

## 三、会计账簿

由会计主管黄莹莹完成相关业务系统记账和账簿信息查询工作。

## 实训评价单

投资资金业务核算能力评分表见表7-33。

表7-33 投资资金业务核算能力评分表

| 序号 | 评分项目 | 学生自评 |
| --- | --- | --- |
| 1 | 交易性金融资产业务 | □优秀 □良好 □中等 □合格 □不合格 |
| 2 | 债权投资业务 | □优秀 □良好 □中等 □合格 □不合格 |
| 3 | 其他金融资产业务 | □优秀 □良好 □中等 □合格 □不合格 |
| 4 | 长期股权投资业务 | □优秀 □良好 □中等 □合格 □不合格 |
| 教师评语 | 教师签字： | |
| 评价成绩 | □优秀 □良好 □中等 □合格 □不合格 | |

# 任务3 权益资金业务核算

## 实训任务单

## 一、实训项目

- 实收资本业务实训
- 资本公积业务实训
- 盈余公积业务实训

## 二、业务清单

2023年12月，公司部分权益资金业务的相关资料如下：

**业务1：**2023年12月15日，公司为扩大经营规模，经批准，增加注册资本1 000 000元，李振华、张宏光、黄晓敏等三位投资者按照原出资比例分别追加现金投资300 000元、450 000元和250 000元，上述款项由中国工商银行杭州钱江支行收妥入账。(操作指引见表7-34)

表7-34 操作指引

| 出纳 | 制单会计 | 稽核会计 | 会计主管 | 财务经理 |
| --- | --- | --- | --- | --- |
| 1.办理收款业务 | 2.审核电子银行转账凭证（收款）等<br>3.编制记账凭证 | 4.审核记账凭证 | 5.系统记账 | — |

**业务2：**2023年12月31日，公司为扩大经营规模，经批准，按原出资比例将资本公积200 000元转增资本。其中：李振华、张宏光、黄晓敏分别增加实收资本60 000元、90 000元和50 000元。(操作指引见表7-35)

表7-35 操作指引

| 出纳 | 制单会计 | 稽核会计 | 会计主管 | 财务经理 |
| --- | --- | --- | --- | --- |
| — | 1.审核资本公积转增资本明细表等<br>2.编制记账凭证 | 3.审核记账凭证 | 4.系统记账 | — |

**业务3**：2023年12月31日，公司为扩大经营规模，经批准，按原出资比例将盈余公积500 000元转增资本。其中：李振华、张宏光、黄晓敏分别增加实收资本150 000元、225 000元和125 000元。（操作指引见表7-36）

表7-36 **操作指引**

| 出纳 | 制单会计 | 稽核会计 | 会计主管 | 财务经理 |
|---|---|---|---|---|
| — | 1.审核盈余公积转增资本明细表等<br>2.编制记账凭证 | 3.审核记账凭证 | 4.系统记账 | — |

**业务4**：2023年12月31日，公司本年度净利润为542 151元，按照10%提取法定盈余公积。（操作指引见表7-37）

表7-37 **操作指引**

| 出纳 | 制单会计 | 稽核会计 | 会计主管 | 财务经理 |
|---|---|---|---|---|
| — | 1.审核法定盈余公积计提表等<br>2.编制记账凭证 | 3.审核记账凭证 | 4.系统记账 | — |

**业务5**：2023年12月31日，公司本年度净利润为542 151元，按照5%提取任意盈余公积。（操作指引见表7-38）

表7-38 **操作指引**

| 出纳 | 制单会计 | 稽核会计 | 会计主管 | 财务经理 |
|---|---|---|---|---|
| — | 1.审核任意盈余公积计提表等<br>2.编制记账凭证 | 3.审核记账凭证 | 4.系统记账 | — |

## 三、实训要求

将5位学生组成一个实训小组，分别扮演出纳、制单会计、稽核会计、会计主管、财务经理等角色，分岗位完成相关工作任务（具体见表7-39）。

表7-39 **岗位工作任务明细表**

| 序号 | 岗位 | 工作任务 |
|---|---|---|
| 1 | 出纳 | ➢ 办理收、付款等业务<br>➢ 系统出纳签字 |
| 2 | 制单会计 | ➢ 审核原始凭证<br>➢ 编制记账凭证 |
| 3 | 稽核会计 | ➢ 审核记账凭证 |
| 4 | 会计主管 | ➢ 完成相关审核工作<br>➢ 系统主管签字<br>➢ 完成系统记账 |
| 5 | 财务经理 | ➢ 完成相关财务审批 |

**实训操作单**

## 一、原始凭证

由出纳张晓霞完成相关业务单据的处理工作；由制单会计陈瑞刚完成相关业务原始凭证的审核工作（具体见表7-40）。

表7-40 **业务单据明细表**

| 业务 | 原始凭证 | |
|---|---|---|
| | 单据名称 | 对应附件编号 |
| 1 | 电子银行转账凭证（收款） | 附件7-3-1至附件7-3-3 |
| 2 | 资本公积转增资本明细表 | 附件7-3-4 |
| 3 | 盈余公积转增资本明细表 | 附件7-3-5 |
| 4 | 法定盈余公积计提表 | 附件7-3-6 |
| 5 | 任意盈余公积计提表 | 附件7-3-7 |

## 二、记账凭证

由制单会计陈瑞刚完成相关业务记账凭证的系统编制工作；由稽核会计李晓芳完成相关业务记账凭证的系统审核工作；由出纳张晓霞完成相关业务的出纳签字工作；由会计主管黄莹莹完成相关业务的主管签字工作。

7-3

记账凭证填制标准

## 三、会计账簿

由会计主管黄莹莹完成相关业务系统记账和账簿信息查询工作。

## 实训评价单

权益资金业务核算能力评分表见表7-41。

表7-41 **权益资金业务核算能力评分表**

| 序号 | 评分项目 | 学生自评 |
|---|---|---|
| 1 | 实收资本业务 | □优秀 □良好 □中等 □合格 □不合格 |
| 2 | 资本公积业务 | □优秀 □良好 □中等 □合格 □不合格 |
| 3 | 盈余公积业务 | □优秀 □良好 □中等 □合格 □不合格 |
| 教师评语 | 教师签字： | |
| 评价成绩 | □优秀 □良好 □中等 □合格 □不合格 | |

## 实训小结

资金岗位实训项目结构图如图7-1所示。

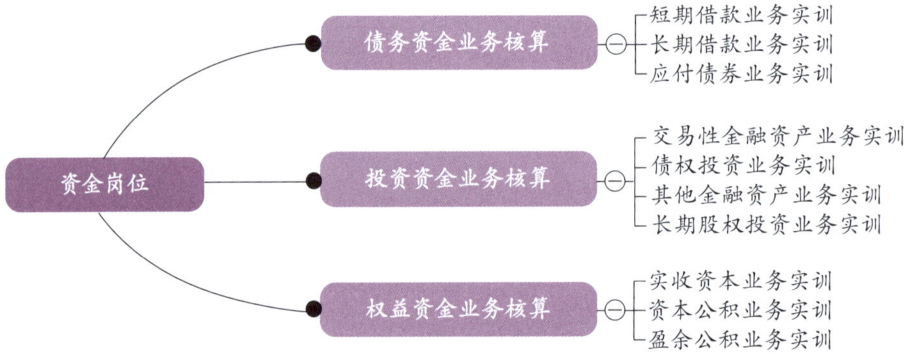


图7-1 资金岗位实训项目结构图

## 素养提升

大国工匠

王建华：给“东方红”拖拉机装上智慧大脑

# 项目八　财务成果岗位

**实训目标**

- 掌握财务成果岗位的业务处理流程
- 能正确进行收入业务核算
- 能正确进行费用业务核算
- 能正确进行利润业务核算

## 会计核算制度

### 一、收入核算制度

一般销售商品业务收入的计量与核算
重难点解析视频

收入是指企业在日常活动中形成的、会导致所有者权益增加的、与所有者投入资本无关的经济利益的总流入。企业应当在履行了合同中的履约义务，即在客户取得相关商品控制权时确认收入。取得相关商品控制权，是指能够主导该商品的使用并从中获得几乎全部的经济利益。当企业与客户之间的合同同时满足下列条件时，企业应当在客户取得相关商品控制权时确认收入：①合同各方已批准该合同并承诺将履行各自义务；②该合同明确了合同各方与所转让商品或提供劳务（以下简称“转让商品”）相关的权利和义务；③该合同有明确的与所转让商品相关的支付条款；④该合同具有商业实质，即履行该合同将改变企业未来现金流量的风险、时间分布或金额；⑤企业因向客户转让商品而有权取得的对价很可能收回。

公司按经营业务的主次不同，设置“主营业务收入”“其他业务收入”等科目进行会计核算。其中：主营业务收入是指企业为完成其经营目标所从事的经常性活动实现的收入，如销售产品收入；其他业务收入是指企业为完成其经营目标所从事的与经常性活动相关的活动实现的收入，如原材料销售收入、固定资产租赁收入、无形资产使用费收入等。

### 二、费用核算制度

管理费用的核算
重难点解析视频

费用是指企业在日常活动中发生的、会导致所有者权益减少的、与向所有者分配利润无关的经济利益的总流出，主要包括成本费用和期间费用。公司采用品种法计算产品成本，成本项目分为直接材料、直接人工和制造费用等。公司生产多个产品共同耗用的材料费用按照各种产品材料消耗定额进行分配；人工费用、制造费用按照实际生产工时在各种产品之间进行分配；月末，采用约当产量法将生产费用在完工产品与在产品之间进行分配。原材料在生产开始时一次性投入，月末在产品的完工程度均为50%。公司月末一次性结转产品销售成本，产品单位成本采用月末一次加权平均法进行计算。

公司费用核算主要包括管理费用、销售费用、财务费用等三个部分。其中：“管理费用”科目可以设置业务招待费、办公费、差旅费、住宿费等明细科目；“销售费用”科目可以设置广告费、宣传费、包装费等明细科目；“财务费用”科目可以设置利息收入、利息费用、手续费、现金折扣等明细科目。

### 三、利润核算制度

本年利润核算
重难点解析视频

利润是指企业在一定会计期间的经营成果。利润包括收入减去费用后的净额、直接计入当期利润的利得和损失等。利得是指企业非日常活动所形成的、会导致所有者权益增加的、与所有者投入资本无关的经济利益的流入。损失是指企业非日常活动所形成的、会导致所有者权益减少的、与所有者投入资本无关的经济利益的流出。未计入当期利润的利得和损失扣除所得税影响后的净额记入“其他综合收益”项目。净利润与其他综合收益的税后净额的合计金额为综合收益总额。

公司于每月月末采用账结法结转本年利润，设置“本年利润”科目，结转相关的收入、费用、利得、损失等，并在此基础上进行利润的计算与分配。

## 任务1 收入业务核算

### 实训任务单

**一、实训项目**

- 销售商品收入业务实训
- 提供劳务收入业务实训
- 让渡资产使用权收入业务实训

**二、业务清单**

2023年12月，公司部分收入业务的相关资料如下：

**业务1：** 2023年12月1日，公司向上海三元服饰集团（开户银行：中国工商银行上海浦东支行；银行账号：1202021518090321906）销售男式高级西服200件，销售价格1 200元/件，销售额240 000元，增值税额31 200元。商品已经发出，款项已由中国工商银行杭州钱江支行收妥入账。（操作指引见表8-1）

表8-1 操作指引

| 出纳 | 制单会计 | 稽核会计 | 会计主管 | 财务经理 |
|---|---|---|---|---|
| 1. 办理收款业务<br>2. 开具增值税专用发票 | 3. 审核销售单、进账单（收账通知）、增值税专用发票等<br>4. 编制记账凭证 | 5. 审核记账凭证 | 6. 系统记账 | — |

**业务2：** 2023年12月3日，公司向浙江英泰服饰有限公司（开户银行：中国工商银行杭州春晖支行；银行账号：1202032591715180603）销售女式高级西服80件，销售价格1 100元/件，销售额88 000元，增值税额11 440元。商品已经发出，款项尚未收到。（操作指引见表8-2）

表8-2 操作指引

| 出纳 | 制单会计 | 稽核会计 | 会计主管 | 财务经理 |
|---|---|---|---|---|
| 1. 开具增值税专用发票 | 2. 审核销售单、增值税专用发票等<br>3. 编制记账凭证 | 4. 审核记账凭证 | 5. 系统记账 | — |

**业务3：** 2023年12月5日，公司采用托收承付方式向杭州江山公司销售男式高级西服80件，公司在销售该商品时已得知杭州江山公司资金流动发生暂时困难，但为了减少存货积压，同时也为了维持与杭州江山公司长期以来建立的商业关系，公司仍将货品发出。该批商品的销售价格为1 200元/件，销售成本（采用上月产品的加权平均单价暂估入账）为520元/件。（操作指引见表8-3）

表8-3 操作指引

| 出纳 | 制单会计 | 稽核会计 | 会计主管 | 财务经理 |
|---|---|---|---|---|
| — | 1. 审核出库单等<br>2. 编制记账凭证 | 3. 审核记账凭证 | 4. 系统记账 | — |

**业务4：** 2023年12月7日，公司向苏州红袖服饰有限公司（开户银行：中国工商银行苏州吴中支行；银行账号：1258514618026784625）销售女式高级西服90件，销售价格1 100元/件，增

值税税率为13%，款项尚未收取。根据公司相关销售政策，女式高级西服一次性采购量超过88件，将给予客户5%的商业折扣。(操作指引见表8-4)

表8-4 操作指引

| 出纳 | 制单会计 | 稽核会计 | 会计主管 | 财务经理 |
|---|---|---|---|---|
| 1.开具增值税专用发票 | 2.审核销售单、增值税专用发票等<br>3.编制记账凭证 | 4.审核记账凭证 | 5.系统记账 | — |

**业务5：**2023年12月9日，上海三元服饰集团将收到的200件男式高级西服验收入库时，发现商品质量存在瑕疵，但不影响正常使用，要求公司在价格上给予5%的折让。公司经核实，同意并办妥了有关折让手续，折让销售额12 000元，涉及增值税额1 560元，开具了增值税专用发票（红字），上述款项已由中国工商银行杭州钱江支行予以全额退回。(操作指引见表8-5)

表8-5 操作指引

| 出纳 | 制单会计 | 稽核会计 | 会计主管 | 财务经理 |
|---|---|---|---|---|
| 1.开具增值税专用发票（红字）<br>2.填写付款申请书<br>4.办理付款业务 | 5.审核销售折让单、增值税专用发票（红字）、付款申请书、网上银行电子回单等<br>6.编制记账凭证 | 7.审核记账凭证 | 8.系统记账 | 3.审批付款申请书 |

**业务6：**2023年12月11日，浙江英泰服饰有限公司收到月初所购商品，因质量问题退回10件女式高级西服，涉及销售额11 000元，增值税额1 430元。公司经审核，客户提出的退货条件符合相关规定，公司同意退货，开具了增值税专用发票（红字），并办妥相关手续。(操作指引见表8-6)

表8-6 操作指引

| 出纳 | 制单会计 | 稽核会计 | 会计主管 | 财务经理 |
|---|---|---|---|---|
| 1.开具增值税专用发票（红字） | 2.审核退货单、增值税专用发票（红字）等<br>3.编制记账凭证 | 4.审核记账凭证 | 5.系统记账 | — |

**业务7：**2023年12月15日，公司与上海星辰公司签订协议，采用预收款方式向上海星辰公司销售男式高级西服20件，销售价格为1 200元/件。协议规定，该批商品应在签订协议时预付款项的60%（按销售价格计算），剩余款项于2024年1月7日发出商品时予以支付。当日上述预付款项已由中国工商银行杭州钱江支行收妥入账。(操作指引见表8-7)

表8-7 操作指引

| 出纳 | 制单会计 | 稽核会计 | 会计主管 | 财务经理 |
|---|---|---|---|---|
| 1.办理收款业务 | 2.审核销售合同（复印件）、银行进账单（收账通知）等<br>3.编制记账凭证 | 4.审核记账凭证 | 5.系统记账 | — |

**业务8：**2023年12月18日，公司收到受托方江苏汉王服饰销售公司（开户银行：中国工商银行江苏南通支行；银行账号：381202151809032128）的代销清单，出售女式高级西服60件，每件1 100元，销售额66 000元，增值税额8 580元，款项尚未收取。同时按照有关协议规定，公司应按照销售额的12%向江苏汉王服饰公司支付手续费7 920元。(操作指引见表8-8)

表8-8 操作指引

| 出纳 | 制单会计 | 稽核会计 | 会计主管 | 财务经理 |
|---|---|---|---|---|
| 1.开具增值税专用发票 | 2.审核商品代销清单、增值税专用发票、委托代销商品手续费清单等<br>3.编制记账凭证 | 4.审核记账凭证 | 5.系统记账 | — |

**业务9**：2023年12月20日，公司委托上海民生服饰公司（开户银行：中国工商银行上海松江支行；银行账号：253402151809032124б）销售男式高级西服150件，协议价格为1 200元/件，增值税税率为13%，销售款项尚未收取。代销协议约定，上海民生服饰公司在取得代销商品后，无论是否卖出、是否获利，均与本公司无关。（操作指引见表8-9）

表8-9　　　　操作指引

| 出纳 | 制单会计 | 稽核会计 | 会计主管 | 财务经理 |
|---|---|---|---|---|
| 1.开具增值税专用发票 | 2.审核销售单、增值税专用发票等<br>3.编制记账凭证 | 4.审核记账凭证 | 5.系统记账 | — |

**业务10**：2023年12月21日，公司向上海三元服饰集团销售男式西服面料50米，销售单价为45元，增值税税率为13%，款项已由中国工商银行杭州钱江支行网银收妥入账。（操作指引见表8-10）

表8-10　　　　操作指引

| 出纳 | 制单会计 | 稽核会计 | 会计主管 | 财务经理 |
|---|---|---|---|---|
| 1.办理收款业务<br>2.开具增值税专用发票 | 3.审核销售单、增值税专用发票、电子银行转账凭证（收款）等<br>4.编制记账凭证 | 5.审核记账凭证 | 6.系统记账 | — |

**业务11**：2023年12月23日，公司接受浙江英泰服饰有限公司委托的面料缩水处理作业，该劳务一次性完成，合同总价款为30 000元，增值税额为3 900元，款项尚未收取。该项劳务属于主营业务之外的其他经营活动。（操作指引见表8-11）

表8-11　　　　操作指引

| 出纳 | 制单会计 | 稽核会计 | 会计主管 | 财务经理 |
|---|---|---|---|---|
| 1.开具增值税专用发票 | 2.审核劳务单、增值税专用发票等<br>3.编制记账凭证 | 4.审核记账凭证 | 5.系统记账 | — |

**业务12**：2023年12月25日，公司向上海民生服饰公司收取上月的服装加工技术专利权使用费，每月金额为2 000元，增值税额为120元，款项已由中国工商银行杭州钱江支行收妥入账。（操作指引见表8-12）

表8-12　　　　操作指引

| 出纳 | 制单会计 | 稽核会计 | 会计主管 | 财务经理 |
|---|---|---|---|---|
| 1.办理收款手续<br>2.开具增值税专用发票 | 3.审核增值税专用发票、银行进账单（收账通知）等<br>4.编制记账凭证 | 5.审核记账凭证 | 6.系统记账 | — |

## 三、实训要求

将5位学生组成一个实训小组，分别扮演出纳、制单会计、稽核会计、会计主管、财务经理等角色，分岗位完成相关工作任务（具体见表8-13）。

表8-13　　　　岗位工作任务明细表

| 序号 | 岗位 | 工作任务 |
|---|---|---|
| 1 | 出纳 | ➢ 办理收、付款等业务<br>➢ 系统出纳签字 |
| 2 | 制单会计 | ➢ 审核原始凭证<br>➢ 编制记账凭证 |
| 3 | 稽核会计 | ➢ 审核记账凭证 |
| 4 | 会计主管 | ➢ 完成相关审核工作<br>➢ 系统主管签字<br>➢ 完成系统记账 |
| 5 | 财务经理 | ➢ 完成相关财务审批 |

## 实训操作单

### 一、原始凭证

由出纳张晓霞完成相关业务单据的处理工作；由制单会计陈瑞刚完成相关业务原始凭证的审核工作（具体见表8-14）。

8-1

业务单据填写范本

表8-14 业务单据明细表

| 业务 | 原始凭证 | |
|---|---|---|
| | 单据名称 | 对应附件编号 |
| 1 | 销售单 | 附件8-1-1 |
| | 银行进账单（收账通知） | 附件8-1-2 |
| | 增值税专用发票 | 附件8-1-3 |
| 2 | 销售单 | 附件8-1-4 |
| | 增值税专用发票 | 附件8-1-5 |
| 3 | 出库单 | 附件8-1-6 |
| 4 | 销售单 | 附件8-1-7 |
| | 增值税专用发票 | 附件8-1-8 |
| 5 | 销售折让单 | 附件8-1-9 |
| | 增值税专用发票（红字） | 附件8-1-10 |
| | 付款申请书 | 附件8-1-11 |
| | 网上银行电子回单 | 附件8-1-12 |
| 6 | 退货单 | 附件8-1-13 |
| | 增值税专用发票（红字） | 附件8-1-14 |
| 7 | 销售合同（复印件） | 附件8-1-15 |
| | 银行进账单（收账通知） | 附件8-1-16 |
| 8 | 商品代销清单 | 附件8-1-17 |
| | 增值税专用发票 | 附件8-1-18 |
| | 委托代销商品手续费清单 | 附件8-1-19 |
| 9 | 销售单 | 附件8-1-20 |
| | 增值税专用发票 | 附件8-1-21 |
| 10 | 销售单 | 附件8-1-22 |
| | 增值税专用发票 | 附件8-1-23 |
| | 电子银行转账凭证（收款） | 附件8-1-24 |
| 11 | 劳务单 | 附件8-1-25 |
| | 增值税专用发票 | 附件8-1-26 |
| 12 | 增值税专用发票 | 附件8-1-27 |
| | 银行进账单（收账通知） | 附件8-1-28 |

### 二、记账凭证

由制单会计陈瑞刚完成相关业务记账凭证的系统编制工作；由稽核会计李晓芳完成相关业务记账凭证的系统审核工作；由出纳张晓霞完成相关业务的出纳签字工作；由会计主管黄莹莹完成相关业务的主管签字工作。

8-1

记账凭证填制标准

### 三、会计账簿

由会计主管黄莹莹完成相关业务系统记账和账簿信息查询工作。

## 实训评价单

收入业务核算能力评分表见表8-15。

表8-15 收入业务核算能力评分表

| 序号 | 评分项目 | 学生自评 |
|---|---|---|
| 1 | 销售商品收入业务 | □优秀 □良好 □中等 □合格 □不合格 |
| 2 | 提供劳务收入业务 | □优秀 □良好 □中等 □合格 □不合格 |
| 3 | 让渡资产使用权业务 | □优秀 □良好 □中等 □合格 □不合格 |
| 教师评语 | 教师签字： | |
| 评价成绩 | □优秀 □良好 □中等 □合格 □不合格 | |

# 任务2 费用业务核算

## 实训任务单

### 一、实训项目

➢ 产品成本业务实训

➢ 期间费用业务实训

### 二、业务清单

2023年12月，公司部分费用业务（其中：产品成本核算业务以西服生产线为例）的相关资料如下：

**业务1：**2023年12月6日，公司销售部向杭州红星文具公司（开户银行：中国工商银行杭州武林支行；银行账号：1290426234901327123）购入办公用品一批，增值税专用发票注明的价款为400元，增值税额为52元，上述款项采用现金方式支付。（操作指引见表8-16）

表8-16 操作指引

| 出纳 | 制单会计 | 稽核会计 | 会计主管 | 财务经理 |
|---|---|---|---|---|
| 6. 办理付款业务 | 2. 审核费用报销单、增值税专用发票等<br>3. 编制记账凭证 | 4. 审核记账凭证 | 5. 系统记账 | 1. 审批费用报销单 |

**业务2：**2023年12月12日，公司向杭州闪讯广告公司（开户银行：中国工商银行杭州西溪支行；银行账号：1202349010411632412）支付本月广告费，增值税专用发票注明的价款为48 000元，增值税额为2 880元。上述款项已签发中国工商银行杭州钱江支行转账支票予以支付。（操作指引见表8-17）

表8-17 操作指引

| 出纳 | 制单会计 | 稽核会计 | 会计主管 | 财务经理 |
|---|---|---|---|---|
| 1. 填写付款申请书<br>3. 签发转账支票<br>9. 办理付款业务 | 5. 审核付款申请书、增值税专用发票、转账支票（存根联）等<br>6. 编制记账凭证 | 7. 审核记账凭证 | 8. 系统记账 | 2. 审批付款申请书<br>4. 审批转账支票 |

**业务3：**2023年12月16日，公司办公室报销业务招待费，增值税普通发票注明的价款为1 660元，增值税额为99.60元。上述款项采用现金方式支付。（操作指引见表8-18）

表8-18 操作指引

| 出纳 | 制单会计 | 稽核会计 | 会计主管 | 财务经理 |
|---|---|---|---|---|
| 6. 办理付款业务 | 2. 审核费用报销单、增值税普通发票等<br>3. 编制记账凭证 | 4. 审核记账凭证 | 5. 系统记账 | 1. 审批费用报销单 |

**业务4：**2023年12月22日，公司通过中国工商银行杭州钱江支行转账的方式支付律师王一博（开户银行：中国工商银行杭州秋涛支行；银行账号：1230605180902611918）的咨询费3 000元，其中代扣代缴的个人所得税为440元。（操作指引见表8-19）

表8-19

**操作指引**

| 出纳 | 制单会计 | 稽核会计 | 会计主管 | 财务经理 |
| --- | --- | --- | --- | --- |
| 1.填写付款申请书<br>3.办理付款业务 | 4.审核付款申请书、电子银行转账凭证（付款）、劳务费清单等<br>5.编制记账凭证 | 6.审核记账凭证 | 7.系统记账 | 2.审批付款申请书 |

**业务5：**2023年12月28日，公司签发中国工商银行杭州钱江支行转账支票用于支付供货商杭州泰丰面料公司（开户银行：中国工商银行杭州清泰支行，银行账号：1206122349104116327）的货款23 200元，享有信用期现金折扣200元。（操作指引见表8-20）

表8-20

**操作指引**

| 出纳 | 制单会计 | 稽核会计 | 会计主管 | 财务经理 |
| --- | --- | --- | --- | --- |
| 1.填写付款申请书<br>3.签发转账支票<br>9.办理付款业务 | 5.审核付款申请书、转账支票（存根联）等<br>6.编制记账凭证 | 7.审核记账凭证 | 8.系统记账 | 2.审批付款申请书<br>4.审批转账支票 |

**业务6：**2023年12月31日，公司分配本月西服生产线发出的材料费用。（操作指引见表8-21）

表8-21

**操作指引**

| 成本会计 | 制单会计 | 稽核会计 | 会计主管 | 财务经理 |
| --- | --- | --- | --- | --- |
| 1.编制发出材料汇总表<br>2.编制产品材料费用分配表 | 3.审核发出材料汇总表、领料单、产品材料费用分配表等<br>4.编制记账凭证 | 5.审核记账凭证 | 6.系统记账 | — |

**业务7：**2023年12月31日，公司结转本月西服生产线发出的材料成本差异。（操作指引见表8-22）

表8-22

**操作指引**

| 成本会计 | 制单会计 | 稽核会计 | 会计主管 | 财务经理 |
| --- | --- | --- | --- | --- |
| 1.编制材料成本差异率计算表<br>2.编制发出材料成本差异分配表 | 3.审核材料成本差异率计算表、发出材料成本差异分配表等<br>4.编制记账凭证 | 5.审核记账凭证 | 6.系统记账 | — |

**业务8：**2023年12月31日，公司分配本月西服生产线发出的周转材料。（操作指引见表8-23）

表8-23

**操作指引**

| 成本会计 | 制单会计 | 稽核会计 | 会计主管 | 财务经理 |
| --- | --- | --- | --- | --- |
| 1.编制发出周转材料汇总表 | 2.审核发出周转材料汇总表、领料单等<br>3.编制记账凭证 | 4.审核记账凭证 | 5.系统记账 | — |

**业务9：**2023年12月31日，公司分配本月外购水费2 100元。（操作指引见表8-24）

表8-24

**操作指引**

| 成本会计 | 制单会计 | 稽核会计 | 会计主管 | 财务经理 |
| --- | --- | --- | --- | --- |
| 1.编制外购水费分配表 | 2.审核外购水费分配表、水费使用清单等<br>3.编制记账凭证 | 4.审核记账凭证 | 5.系统记账 | — |

**业务10：**2023年12月31日，公司分配本月外购电费4 400元。（操作指引见表8-25）

表8-25 操作指引

| 成本会计 | 制单会计 | 稽核会计 | 会计主管 | 财务经理 |
|---|---|---|---|---|
| 1.编制外购电费分配表 | 2.审核外购电费分配表、电费使用清单等<br>3.编制记账凭证 | 4.审核记账凭证 | 5.系统记账 | — |

**业务11：**2023年12月31日，公司分配本月西服生产线的职工薪酬160 250.49元。（操作指引见表8-26）

表8-26 操作指引

| 成本会计 | 制单会计 | 稽核会计 | 会计主管 | 财务经理 |
|---|---|---|---|---|
| 1.编制职工薪酬分配表 | 2.审核职工薪酬分配表、职工薪酬汇总表等<br>3.编制记账凭证 | 4.审核记账凭证 | 5.系统记账 | — |

**业务12：**2023年12月31日，公司分配本月西服生产线的职工福利费7 740元。（操作指引见表8-27）

表8-27 操作指引

| 成本会计 | 制单会计 | 稽核会计 | 会计主管 | 财务经理 |
|---|---|---|---|---|
| 1.编制职工福利费分配表 | 2.审核职工福利费分配表、职工福利费汇总表等<br>3.编制记账凭证 | 4.审核记账凭证 | 5.系统记账 | — |

**业务13：**2023年12月31日，公司计提本月固定资产折旧。（操作指引见表8-28）

表8-28 操作指引

| 成本会计 | 制单会计 | 稽核会计 | 会计主管 | 财务经理 |
|---|---|---|---|---|
| 1.编制固定资产折旧计算表 | 2.审核固定资产折旧计算表等<br>3.编制记账凭证 | 4.审核记账凭证 | 5.系统记账 | — |

**业务14：**2023年12月31日，公司分配本月西服生产线的制造费用。（操作指引见表8-29）

表8-29 操作指引

| 成本会计 | 制单会计 | 稽核会计 | 会计主管 | 财务经理 |
|---|---|---|---|---|
| 1.编制制造费用分配表 | 2.审核制造费用分配表等<br>3.编制记账凭证 | 4.审核记账凭证 | 5.系统记账 | — |

**业务15：**2023年12月31日，公司生产的本月西服产品验收入库。（操作指引见表8-30）

表8-30 操作指引

| 成本会计 | 制单会计 | 稽核会计 | 会计主管 | 财务经理 |
|---|---|---|---|---|
| 1.编制产品成本计算单<br>2.编制产品成本汇总表 | 3.审核产品成本计算单、产品入库单、产品成本汇总表等<br>4.编制记账凭证 | 5.审核记账凭证 | 6.系统记账 | — |

**业务16：**2023年12月31日，公司结转本月西服产品的销售成本。（操作指引见表8-31）

表8-31 操作指引

| 成本会计 | 制单会计 | 稽核会计 | 会计主管 | 财务经理 |
|---|---|---|---|---|
| 1.编制销售成本计算表 | 2.审核销售成本计算表、出库单等<br>3.编制记账凭证 | 4.审核记账凭证 | 5.系统记账 | — |

**业务17：**2023年12月31日，公司结转本月销售男式西服面料的成本1 500元。（操作指引见表8-32）

表8-32

**操作指引**

| 成本会计 | 制单会计 | 稽核会计 | 会计主管 | 财务经理 |
|---|---|---|---|---|
| — | 1.审核出库单等<br>2.编制记账凭证 | 3.审核记账凭证 | 4.系统记账 | — |

**业务18**：2023年12月31日，公司结转本月提供面料缩水处理劳务的成本2 000元，该劳务成本全部为人工费用。（操作指引见表8-33）

表8-33

**操作指引**

| 成本会计 | 制单会计 | 稽核会计 | 会计主管 | 财务经理 |
|---|---|---|---|---|
| — | 1.审核劳务清单等<br>2.编制记账凭证 | 3.审核记账凭证 | 4.系统记账 | — |

**业务19**：2023年12月31日，公司结转本月让渡专利使用权的成本1 200元。（操作指引见表8-34）

表8-34

**操作指引**

| 成本会计 | 制单会计 | 稽核会计 | 会计主管 | 财务经理 |
|---|---|---|---|---|
| — | 1.审核专利权摊销明细表等<br>2.编制记账凭证 | 3.审核记账凭证 | 4.系统记账 | — |

**业务20**：2023年12月31日，公司预交本月所得税180 717元，收款单位：杭州市税务局江干分局；账号：121512021780926116；开户行：中国工商银行杭州秋涛支行。（操作指引见表8-35）

表8-35

**操作指引**

| 出纳 | 制单会计 | 稽核会计 | 会计主管 | 财务经理 |
|---|---|---|---|---|
| 1.填写付款申请书<br>3.办理付款业务 | 4.审核付款申请书、企业所得税月（季）度预缴纳税申报表、电子银行转账凭证（付款）等<br>5.编制记账凭证 | 6.审核记账凭证 | 7.系统记账 | 2.审批付款申请书 |

## 三、实训要求

将6位学生组成一个实训小组，分别扮演出纳、制单会计、稽核会计、成本会计、会计主管、财务经理等角色，分岗位完成相关工作任务（具体见表8-36）。

表8-36

**岗位工作任务明细表**

| 序号 | 岗位 | 工作任务 |
|---|---|---|
| 1 | 出纳 | ➢ 办理收、付款等业务<br>➢ 系统出纳签字 |
| 2 | 制单会计 | ➢ 审核原始凭证<br>➢ 编制记账凭证 |
| 3 | 稽核会计 | ➢ 审核记账凭证 |
| 4 | 成本会计 | ➢ 编制各类成本计算表 |
| 5 | 会计主管 | ➢ 完成相关审核工作<br>➢ 系统主管签字<br>➢ 完成系统登账 |
| 6 | 财务经理 | ➢ 完成相关财务审批 |

# 实训操作单

## 一、原始凭证

8-2

业务单据填写范本

由出纳张晓霞完成相关业务单据的处理工作；由成本会计曹珊珊完成各类产品成本的相关核算工作；由制单会计陈瑞刚完成相关业务原始凭证的审核工作（具体见表8-37）。

表8-37 **业务单据明细表**

| 业务 | 原始单据 | |
|---|---|---|
| | 单据名称 | 对应附件编号 |
| 1 | 费用报销单 | 附件8-2-1 |
| | 增值税专用发票 | 附件8-2-2 |
| 2 | 付款申请书 | 附件8-2-3 |
| | 转账支票 | 附件8-2-4 |
| | 增值税专用发票 | 附件8-2-5 |
| 3 | 费用报销单 | 附件8-2-6 |
| | 增值税普通发票 | 附件8-2-7 |
| 4 | 付款申请书 | 附件8-2-8 |
| | 电子银行转账凭证（付款） | 附件8-2-9 |
| | 劳务费清单 | 附件8-2-10 |
| 5 | 付款申请书 | 附件8-2-11 |
| | 转账支票 | 附件8-2-12 |
| 6 | 发出材料汇总表 | 附件8-2-13 |
| | 领料单 | 附件8-2-14至附件8-2-18 |
| | 产品材料费用分配表 | 附件8-2-19 |
| 7 | 材料成本差异率计算表 | 附件8-2-20 |
| | 发出材料成本差异分配表 | 附件8-2-21 |
| 8 | 发出周转材料汇总表 | 附件8-2-22 |
| | 领料单 | 附件8-2-23至附件8-2-24 |
| 9 | 外购水费分配表 | 附件8-2-25 |
| | 水费使用清单 | 附件8-2-26 |
| 10 | 外购电费分配表 | 附件8-2-27 |
| | 电费使用清单 | 附件8-2-28 |
| 11 | 职工薪酬分配表 | 附件8-2-29 |
| | 职工薪酬汇总表 | 附件8-2-30 |
| 12 | 职工福利费分配表 | 附件8-2-31 |
| | 职工福利费汇总表 | 附件8-2-32 |
| 13 | 固定资产折旧计算表 | 附件8-2-33 |
| 14 | 制造费用分配表 | 附件8-2-34 |
| 15 | 产品成本计算单 | 附件8-2-35至附件8-2-36 |
| | 产品入库单 | 附件8-2-37至附件8-2-40 |
| | 产品成本汇总表 | 附件8-2-41 |
| 16 | 销售成本计算表 | 附件8-2-42 |
| | 出库单 | 附件8-2-43至附件8-2-45 |
| 17 | 出库单 | 附件8-2-46 |
| 18 | 劳务清单 | 附件8-2-47 |
| 19 | 专利权摊销明细表 | 附件8-2-48 |
| 20 | 付款申请书 | 附件8-2-49 |
| | 企业所得税月（季）度预缴纳税申报表 | 附件8-2-50 |
| | 电子银行转账凭证（付款） | 附件8-2-51 |

## 二、记账凭证

由制单会计陈瑞刚完成相关业务记账凭证的系统编制工作；由稽核会计李晓芳完成相关业务记账凭证的系统审核工作；由出纳张晓霞完成相关业务的出纳签字工作；由会计主管黄莹莹完成相关业务的主管签字工作。

8-2

记账凭证填制标准

## 三、会计账簿

由会计主管黄莹莹完成相关业务系统记账和账簿信息查询工作。

## 实训评价单

费用业务核算能力评分表见表8-38。

表8-38　**费用业务核算能力评分表**

| 序号 | 评分项目 | 学生自评 |
|---|---|---|
| 1 | 产品成本业务 | □优秀　□良好　□中等　□合格　□不合格 |
| 2 | 期间费用业务 | □优秀　□良好　□中等　□合格　□不合格 |
| 教师评语 | | 教师签字： |
| 评价成绩 | □优秀　□良好　□中等　□合格　□不合格 | |

# 任务3　利润业务核算

## 实训任务单

### 一、实训项目

➢ 利润形成业务实训

### 二、业务清单

**业务1：** 2023年12月31日，结转损益类账户。（操作指引见表8-39）

表8-39　**操作指引**

| 业务 | 操作步骤 |
|---|---|
| 损益结转（手工处理） | 1.由会计主管编制损益类科目汇总表<br>2.由制单会计编制记账凭证<br>3.由稽核会计审核记账凭证<br>4.由会计主管系统记账 |
| 损益结转（系统信息化处理）<br>重难点解析视频 | 1.进入财务软件"企业应用平台"操作界面，以会计主管身份登录，点击进入"业务工作"界面<br>2.双击"财务会计"进入总账系统，双击"期末"—"转账定义"—"期间损益"，进入"期间损益结转设置"窗口<br>3.点击"本年利润"科目，选择"4103本年利润"会计科目，点击"确定"，完成期间损益结转设置操作<br>4.双击"期末"—"转账生成"，进入"转账生成"窗口，进行生成凭证操作<br>5.选择左方列表中的"期间损益结转"，选择对应科目，双击确定"是否结转"，系统自动生成期间损益结转凭证 |

**业务2：** 2023年12月31日，进行系统对账工作。（操作指引见表8-40）

表8-40　**操作指引**

| 业务 | 操作步骤 |
|---|---|
| 对账<br>重难点解析视频 | 1.进入财务软件"企业应用平台"操作界面，以会计主管身份登录，点击进入"业务工作"界面<br>2.双击"财务会计"进入总账系统，双击"期末"—"对账"，进入"对账"窗口，选择对账月份，点击"对账"，系统执行对账操作 |

**业务3：** 2023年12月31日，进行系统结账工作。（操作指引见表8-41）

表8-41 **操作指引**

| 业务 | 操作步骤 |
|---|---|
| 结账<br>重难点解析视频 | 1.进入财务软件“企业应用平台”操作界面，以会计主管身份登录，点击进入“业务工作”界面<br>2.双击“财务会计”进入总账系统，双击“期末”—“结账”，进入“结账”窗口，选择对账月份，点击“下一步”，点击“对账”，系统返回对账的结果信息<br>3.点击“下一步”，系统显示相关对账信息，确认无误后，点击“下一步”，系统进行再次确认的信息提示。确认无误后，单击“结账”，系统完成结账操作 |

## 三、实训要求

采取1人独立实训的方式，由学生扮演公司相关会计角色，完成相关公司结转损益类账户、对账与结账的工作任务。

### 实训操作单

8-3

记账凭证填制标准

1. 相关会计人员进行本月损益类账户结转（手工处理）。

➤ 损益类科目汇总表（附件8-3-1）

➤ 利润形成业务的会计核算

2. 会计主管进行本月损益类账户结转（系统信息化处理）（附件8-3-2）。

➤ 结转月份：12月份

3. 会计主管进行本月系统对账（附件8-3-2）。

➤ 对账月份：12月份

4. 会计主管进行本月系统结账（附件8-3-2）。

➤ 对账月份：12月份

### 实训评价单

利润业务核算能力评分表见表8-42。

表8-42 **利润业务核算能力评分表**

| 序号 | 评分项目 | 学生自评 |
|---|---|---|
| 1 | 利润形成业务 | □优秀 □良好 □中等 □合格 □不合格 |
| 教师评语 | 教师签字： | |
| 评价成绩 | □优秀 □良好 □中等 □合格 □不合格 | |

### 实训小结

财务成果岗位实训项目结构图如图8-1所示。

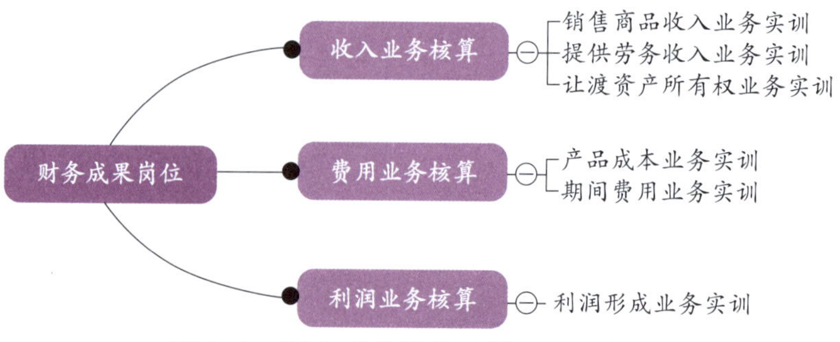


图8-1 财务成果岗位实训项目结构图

# 模块三　期末会计事项

**背景资料：**

浙江阳光服饰有限责任公司2024年1月末由财务经理徐敏完成会计报表的编制与分析工作，假设2024年1月份发生的经济事项如下：

经济事项参考分录

2024年1月份经济事项明细表

| 序号 | 经济事项 |
|---|---|
| 1 | 收到银行通知，用银行存款支付到期的商业承兑汇票1 000 000元 |
| 2 | 购入原材料一批，收到的增值税专用发票上注明的原材料价款为1 500 000元，增值税进项税额为195 000元，款项已通过银行转账支付，材料尚未验收入库 |
| 3 | 收到原材料一批，实际成本为1 000 000元，计划成本为950 000元，材料已验收入库，货款已于上月支付 |
| 4 | 用银行汇票支付采购材料价款，公司收到开户银行转来的银行汇票多余款收账通知，通知上填写的多余款为42 260元，购入材料及运费998 000元，支付的增值税进项税额为129 740元，材料已验收入库，该批原材料计划成本为1 000 000元 |
| 5 | 销售产品一批，开出的增值税专用发票上注明的价款为3 000 000元，增值税销项税额为390 000元，货款尚未收到。该批产品实际成本为1 800 000元，产品已发出 |
| 6 | 公司将交易性金融资产（股票投资）出售取得价款165 000元，该投资的成本为130 000元，公允价值变动为增值20 000元，处置收益为15 000元，假设不考虑相关税金 |
| 7 | 购入不需安装的设备一台，收到的增值税专用发票上注明的设备价款为854 700元，增值税进项税额为111 111元，支付包装费、运杂费10 000元，增值税进项税额为1 300元。价款及包装费、运杂费均以银行存款支付，设备已交付使用 |
| 8 | 购入工程物资一批用于建造职工集体宿舍，收到的增值税专用发票上注明的物资价款和增值税进项税额合计为1 500 000元，款项已通过银行转账支付 |
| 9 | 工程本年度发生应付职工薪酬2 280 000元 |
| 10 | 一项工程完工交付生产使用，已办理竣工手续，固定资产价值14 000 000元 |
| 11 | 基本生产车间一台机床报废，原价2 000 000元，已提折旧1 800 000元，支付相关费用5 000元，增值税进项税额650元；残值收入8 000元，增值税销项税额1 040元，均通过银行存款收支，该项固定资产已清理完毕 |
| 12 | 从银行借入3年期借款10 000 000元，款项已存入银行账户 |
| 13 | 销售产品一批，开出的增值税专用发票上注明的销售价款为7 000 000元，增值税销项税额为910 000元，款项已存入银行。销售产品的实际成本为4 200 000元 |
| 14 | 公司将要到期的一张面值为2 000 000元的无息银行承兑汇票（不含增值税），连同解讫通知和进账单交银行办理转账，收到银行盖章退回的进账单一联，款项银行已收妥 |

| 序号 | 经济事项 |
| --- | --- |
| 15 | 公司出售一台不需用设备，收到价款3 000 000元，增值税销项税额390 000元；该设备原价4 000 000元，已提折旧1 500 000元，该项设备已运抵购入单位 |
| 16 | 通过公开市场交易取得交易性金融资产（股票投资），价款1 030 000元，交易费用20 000元，已通过证券资金账户转账支付，假设不考虑相关税金 |
| 17 | 支付本年度工资5 000 000元，其中：支付在建工程人员的工资2 000 000元 |
| 18 | 分配应支付的职工工资3 000 000元（不包括在建工程应负担的工资），其中：生产人员薪酬2 750 000元，车间管理人员薪酬100 000元，行政管理部门人员薪酬150 000元 |
| 19 | 提取职工福利费420 000元（不包括在建工程应负担的福利费280 000元），其中：生产工人福利费385 000元，车间管理人员福利费14 000元，行政管理部门福利费21 000元 |
| 20 | 基本生产车间领用原材料，计划成本为7 000 000元；领用低值易耗品，计划成本为500 000元，采用一次摊销法核算 |
| 21 | 结转基本生产车间领用原材料和低值易耗品应分摊的材料成本差异（材料成本差异率为5%） |
| 22 | 对行政管理部门使用的无形资产进行摊销，金额为600 000元 |
| 23 | 以银行存款支付本年基本生产车间应负担的电费900 000元，增值税进项税额117 000元 |
| 24 | 计提固定资产折旧1 000 000元，其中：计入制造费用800 000元，计入管理费用200 000元 |
| 25 | 计提固定资产减值准备300 000元 |
| 26 | 收到应收账款510 000元，存入银行 |
| 27 | 计提本年度应收账款坏账准备9 000元 |
| 28 | 用银行存款支付本期发生的广告牌制作费100 000元，增值税进项税额13 000元 |
| 29 | 计算并结转本期相关制造费用 |
| 30 | 计算并结转本期完工产品成本12 824 000元。期末没有在产品，本期生产的产品全部完工入库 |
| 31 | 已用银行存款支付销售部门发生的业务招待费90 200元 |
| 32 | 公司采用商业承兑汇票结算方式销售产品一批，开出的增值税专用发票上注明的销售价款为2 500 000元，增值税销项税额为325 000元，收到2 825 000元的商业承兑汇票一张，所售产品实际成本为1 500 000元 |
| 33 | 公司将面值为2 925 000元的商业承兑汇票到银行办理贴现，贴现息为200 000元 |
| 34 | 公司本期产品销售应交纳的教育费附加为30 000元（假设不考虑地方教育附加） |
| 35 | 用银行存款交纳上月增值税1 000 000元，教育费附加30 000元 |
| 36 | 本期在建工程应负担的长期借款利息费用为2 000 000元，长期借款为分期付息 |
| 37 | 本期应计入损益的长期借款利息费用为100 000元，长期借款为分期付息 |
| 38 | 归还短期借款本金2 500 000元 |
| 39 | 支付长期借款利息2 100 000元 |
| 40 | 归还长期借款本金6 000 000元 |
| 41 | 上年度销售产品一批，开出的增值税专用发票上注明的销售价款为100 000元，增值税销项税额为13 000元，购货方开出商业承兑汇票。本期由于购货方发生财务困难，无法按合同规定偿还债务，经双方协议，公司同意购货方用产品抵偿该应收票据。用于抵债的产品市价为80 000元，增值税税率为13% |
| 42 | 持有的交易性金融资产2024年1月31日的公允价值为1 050 000元 |
| 43 | 结转本期产品销售成本7 500 000元 |
| 44 | 假设本例中，除计提固定资产减值准备300 000元造成固定资产账面价值与其计税基础存在差异外，不考虑其他项目的所得税影响。企业按照税法规定计算确定的应交所得税为948 650元，递延所得税资产为75 000元 |
| 45 | 各收支科目结转本年净利润 |
| 46 | 按照净利润的10%提取法定盈余公积 |
| 47 | 将利润分配各明细科目的余额转入“未分配利润”明细科目，结转本年利润 |
| 48 | 用银行存款交纳当月应交所得税 |

会计陈瑞刚负责公司的相关涉税事项，公司主管税务机关为杭州市税务局江干分局。公司为增值税一般纳税人，适用税率为13%，企业所得税税率为25%，个人所得税税率为3%～45%的七级超额累进税率。

# 项目九　会计报表

**实训目标**

- 掌握公司会计报表编制的基本流程
- 能正确编制公司资产负债表
- 能正确编制公司利润表
- 能正确编制公司所有者权益变动表
- 能正确编制公司现金流量表

## 任务1　资产负债表编制

### 实训任务单

**一、实训项目**

- 编制资产负债表实训

**二、业务清单**

**业务1：** 2024年1月31日，编制公司本月的资产负债表。（操作指引见表9-1）

表9-1　**操作指引**

| 工作项目 | 操作流程 |
| --- | --- |
| 编制资产负债表<br>重难点解析视频 | 1.填列资产负债表的“上年年末余额”<br>2.填列资产负债表的“期末余额”<br>填列方法主要包括：根据总账科目余额填列；根据明细账科目余额计算填列；根据总账科目和明细账科目余额分析计算填列；根据有关科目余额减去其备抵科目余额后的净额填列；综合运用上述填列方法分析填列 |

**三、实训要求**

采取1人独立实训的方式，由学生扮演公司会计报表的编制人员，完成资产负债表的相关编制工作任务。

### 实训操作单

具体见表9-2。

表9-2　**业务单据明细表**

| 业务 | 原始凭证 | |
| --- | --- | --- |
| | 单据名称 | 对应附件编号 |
| 1 | 资产负债表（2023年12月31日） | 附件9-1-1 |
| | 本期会计科目发生额汇总表 | 附件9-1-2 |
| | 资产负债表（2024年1月31日） | 附件9-1-3 |

资产负债表编制

会计报表编制范例

### 实训评价单

资产负债表编制能力评分表见表9-3。

表9-3　　资产负债表编制能力评分表

| 序号 | 评分项目 | 学生自评 |
| --- | --- | --- |
| 1 | 编制资产负债表 | □优秀　□良好　□中等　□合格　□不合格 |
| 教师评语 | 教师签字： | |
| 评价成绩 | □优秀　□良好　□中等　□合格　□不合格 | |

## 任务2　利润表编制

### 实训任务单

#### 一、实训项目

➢ 编制利润表实训

#### 二、业务清单

**业务1**：2024年1月31日，编制公司本月的利润表。（操作指引见表9-4）

表9-4　　操作指引

| 工作项目 | 操作流程 |
| --- | --- |
| 编制利润表<br>重难点解析视频 | 1.填列利润表的"上期金额"（或"本年累计金额"）<br>2.填列利润表的"本期金额"<br>填列方法主要包括：<br>第一步，以营业收入为基础，计算营业利润<br>第二步，以营业利润为基础，计算利润总额<br>第三步，以利润总额为基础，计算净利润（或净亏损）<br>第四步，以净利润（或净亏损）和其他综合收益为基础，计算综合收益总额<br>第五步，以综合收益总额为基础，计算每股收益 |

#### 三、实训要求

采取1人独立实训的方式，由学生扮演公司会计报表的编制人员，完成利润表的相关编制工作任务。

### 实训操作单

业务单据明细表见表9-5。

表9-5　　业务单据明细表

| 业务 | 原始凭证 | |
| --- | --- | --- |
| | 单据名称 | 对应附件编号 |
| 1 | 损益类科目累计发生额汇总表（2024年1月） | 附件9-2-1 |
| | 利润表（2024年1月） | 附件9-2-2 |

利润表编制

会计报表编制范例

### 实训评价单

利润表编制能力评分表见表9-6。

表9-6 **利润表编制能力评分表**

| 序号 | 评分项目 | 学生自评 |
|---|---|---|
| 1 | 编制利润表 | □优秀 □良好 □中等 □合格 □不合格 |
| 教师评语 | 教师签字： | |
| 评价成绩 | □优秀 □良好 □中等 □合格 □不合格 | |

# 任务3 所有者权益变动表编制

## 实训任务单

### 一、实训项目

➤ 编制所有者权益变动表实训

### 二、业务清单

**业务1**：2024年1月31日，编制公司本月的所有者权益变动表。（操作指引见表9-7）

表9-7 **操作指引**

| 工作项目 | 操作流程 |
|---|---|
| 编制所有者权益变动表 | 1.填列所有者权益变动表的“上年金额”<br>2.填列所有者权益变动表的“本年金额”<br>填列方法：一般根据“实收资本（或股本）”“资本公积”“盈余公积”“利润分配”“库存股”“以前年度损益调整”等科目的发生额分析填列 |

### 三、实训要求

采取1人独立实训的方式，由学生扮演公司会计报表的编制人员，完成所有者权益变动表的相关编制工作任务。

## 实训操作单

具体见表9-8。

表9-8 **业务单据明细表**

| 业务 | 原始凭证 | |
|---|---|---|
| | 单据名称 | 对应附件编号 |
| 1 | 所有者权益项目明细表（2023年12月31日） | 附件9-3-1 |
| | 所有者权益变动项目明细表（2024年1月） | 附件9-3-2 |
| | 所有者权益变动表（2024年1月） | 附件9-3-3 |

所有者权益变动表编制

会计报表编制范例

## 实训评价单

所有者权益变动表编制能力评分表见表9-9。

表9-9 **所有者权益变动表编制能力评分表**

| 序号 | 评分项目 | 学生自评 |
|---|---|---|
| 1 | 编制所有者权益变动表 | □优秀 □良好 □中等 □合格 □不合格 |
| 教师评语 | 教师签字： | |
| 评价成绩 | □优秀 □良好 □中等 □合格 □不合格 | |

# 任务4 现金流量表编制

## 实训任务单

### 一、实训项目

➢ 编制现金流量表实训

### 二、业务清单

**业务1：** 2024年1月31日，编制公司本月的现金流量表。（操作指引见表9-10）

表9-10 操作指引

| 工作项目 | 操作流程 |
| --- | --- |
| 编制现金流量表<br>重难点解析视频 | 1.填列现金流量表的“上期金额”<br>2.填列现金流量表的“本期金额”<br>填列方法主要包括：直接法和间接法两种。其中：直接法是指通过现金流入和现金流出的主要类别直接列示现金流量表主表中各项目的现金流量的方法；间接法是指通过对权责发生制的净利润进行调整，取得经营活动产生的现金流量净额的方法 |

### 三、实训要求

采取1人独立实训的方式，由学生扮演公司会计报表的编制人员，完成现金流量表的相关编制工作任务。

## 实训操作单

具体见表9-11。

表9-11 业务单据明细表

| 业务 | 原始凭证 | |
| --- | --- | --- |
| | 单据名称 | 对应附件编号 |
| 1 | 本期现金流量分析明细表 | 附件9-4-1 |
| | 现金流量表（2024年1月） | 附件9-4-2 |

现金流量表编制

会计报表编制范例

## 实训评价单

现金流量表编制能力评分表见表9-12。

表9-12 现金流量表编制能力评分表

| 序号 | 评分项目 | 学生自评 |
| --- | --- | --- |
| 1 | 编制现金流量表 | □优秀 □良好 □中等 □合格 □不合格 |
| 教师评语 | 教师签字： | |
| 评价成绩 | □优秀 □良好 □中等 □合格 □不合格 | |

## 实训小结

会计报表实训项目结构图如图9-1所示。

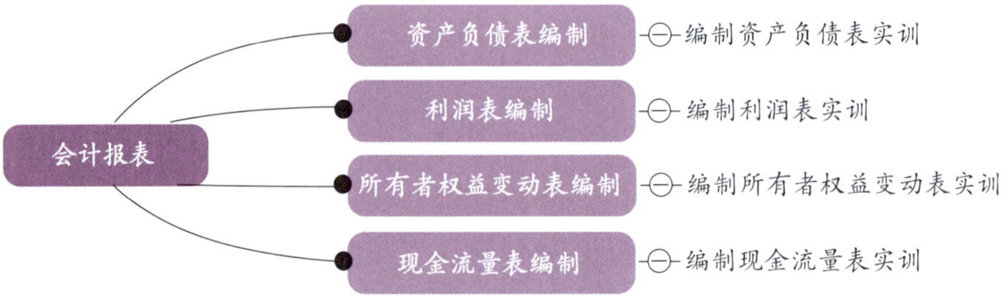


图9-1 会计报表实训项目结构图

# 项目十　财务分析

**实训目标**

- 掌握公司财务分析的基本方法
- 能正确进行偿债能力的分析工作
- 能正确进行营运能力的分析工作
- 能正确进行盈利能力的分析工作
- 能正确进行发展能力的分析工作
- 能正确进行现金流量的分析工作

## 任务1　偿债能力分析

**实训任务单**

### 一、实训项目

- 短期偿债能力分析实训
- 长期偿债能力分析实训

### 二、业务清单

业务1：2024年1月31日，对公司本月的短期偿债能力进行分析。（操作指引见表10−1）

表10−1　操作指引

| 评价指标 | 计算公式 |
|---|---|
| 营运资金 | 营运资金=流动资产−流动负债 |
| 流动比率 | 流动比率=流动资产÷流动负债 |
| 速动比率 | 速动比率=速动资产÷流动负债<br>速动资产=货币资金+交易性金融资产+应收款项 |
| 现金比率 | 现金比率=（货币资金+交易性金融资产）÷流动负债 |

业务2：2024年1月31日，对公司本月的长期偿债能力进行分析。（操作指引见表10−2）

表10−2　操作指引

| 评价指标 | 计算公式 |
|---|---|
| 资产负债率 | 资产负债率=负债总额÷资产总额 |
| 产权比率 | 产权比率=负债总额÷所有者权益 |
| 权益乘数 | 权益乘数=总资产÷（股东权益或所有者权益） |
| 利息保障倍数 | 利息保障倍数=息税前利润÷全部利息费用<br>=（净利润+利润表中的利息费用+所得税费用）÷全部利息费用 |

### 三、实训要求

沿用“项目九　会计报表”的相关业务资料，采取1人独立实训的方式，由学生扮演公司会计报表的分析人员，完成相关偿债能力分析的工作任务。

偿债能力分析

专业能力分析示例

## 实训操作单

1. 完成短期偿债能力分析表（附件10-1-1）。评价标准见表10-3。

表10-3　短期偿债能力评价标准

| 评价指标 | 评价标准 |
| --- | --- |
| 营运资金 | 当营运资金为正，说明企业财务状况稳定，不能偿债的风险较小；反之，当营运资金为负，企业部分非流动资产是以流动负债作为资金来源，企业不能偿债的风险很大 |
| 流动比率 | 流动比率越大，通常短期偿债能力越强，一般情况下，生产企业合理的最低流动比率是2 |
| 速动比率 | 速动比率越大，短期偿债能力越强，一般情况下，生产企业合理的最低速动比率是1 |
| 现金比率 | 反映企业直接偿付流动负债的能力，现金比率越大，短期偿债能力越强。但是现金比率过高，意味着企业盈利能力较差 |

2. 完成长期偿债能力分析表（附件10-1-2）。评价标准见表10-4。

表10-4　长期偿债能力评价标准

| 评价指标 | 评价标准 |
| --- | --- |
| 资产负债率 | 资产负债率越低，表明企业资产对负债的保障能力越高，企业的长期偿债能力越强 |
| 产权比率 | 产权比率越低，表明企业长期偿债能力越强，债权人权益保障程度越高 |
| 权益乘数 | 权益乘数越大，表明企业负债比例越高 |
| 利息保障倍数 | 利息保障倍数越高，表明企业长期偿债能力越强 |

## 实训评价单

偿债指标分析能力评分表见表10-5。

表10-5　偿债指标分析能力评分表

| 序号 | 评分项目 | 学生自评 |
| --- | --- | --- |
| 1 | 短期偿债能力分析 | □优秀　□良好　□中等　□合格　□不合格 |
| 2 | 长期偿债能力分析 | □优秀　□良好　□中等　□合格　□不合格 |
| 教师评语 | 教师签字： | |
| 评价成绩 | □优秀　□良好　□中等　□合格　□不合格 | |

# 任务2　营运能力分析

## 实训任务单

### 一、实训项目

- 流动资产营运能力分析实训
- 固定资产营运能力分析实训
- 总资产营运能力分析实训

### 二、业务清单

**业务1：** 2024年1月31日，对公司本月的流动资产营运能力进行分析。（操作指引见表10-6）

表10-6　　操作指引

| 评价指标 | 计算公式 |
| --- | --- |
| 应收账款周转率 | 应收账款周转次数=销售收入净额÷应收账款平均余额<br>应收账款周转天数=计算期天数÷应收账款周转次数<br>应收账款平均余额=（期初应收账款+期末应收账款）÷2 |
| 存货周转率 | 存货周转次数=销售成本÷存货平均余额<br>存货周转天数=计算期天数÷存货周转次数<br>存货平均余额=（期初存货+期末存货）÷2 |
| 流动资产周转率 | 流动资产周转次数=销售收入净额÷流动资产平均余额<br>流动资产周转天数=计算期天数÷流动资产周转次数<br>流动资产平均余额=（期初流动资产+期末流动资产）÷2 |

**业务2**：2024年1月31日，对公司本月的固定资产营运能力进行分析。（操作指引见表10-7）

表10-7　　操作指引

| 评价指标 | 计算公式 |
| --- | --- |
| 固定资产周转率 | 固定资产周转率=销售收入净额÷固定资产平均净值<br>固定资产平均净值=（期初固定资产净值+期末固定资产净值）÷2 |

**业务3**：2024年1月31日，对公司本月的总资产营运能力进行分析。（操作指引见表10-8）

表10-8　　操作指引

| 评价指标 | 计算公式 |
| --- | --- |
| 总资产周转率 | 总资产周转率=销售收入净额÷平均总资产<br>平均总资产=（期初总资产+期末总资产）÷2 |

## 三、实训要求

沿用“项目九　会计报表”的相关业务资料，采取1人独立实训的方式，由学生扮演公司会计报表的分析人员，完成相关营运能力分析的工作任务。

营运能力分析

专业能力分析示例

## 实训操作单

1.完成流动资产营运能力分析表（**附件10-2-1**）。评价标准见表10-9。

表10-9　　流动资产营运能力评价标准

| 评价指标 | 评价标准 |
| --- | --- |
| 应收账款周转率 | 应收账款周转率越高、周转天数越短，表明应收账款管理效率越高 |
| 存货周转率 | 存货周转速度越快，存货占用水平越低，流动性越强，表明存货管理效率越高 |
| 流动资产周转率 | 流动资产周转次数越多，表明以相同的流动资产完成的周转越多，流动资产利用效果越好 |

2.完成固定资产营运能力分析表（**附件10-2-2**）。评价标准见表10-10。

表10-10　　固定资产营运能力评价标准

| 评价指标 | 评价标准 |
| --- | --- |
| 固定资产周转率 | 固定资产周转率越高，说明企业固定资产投资得当，结构合理，利用效率高，企业的营运能力较强 |

3.完成总资产营运能力分析表（**附件10-2-3**）。评价标准见表10-11。

表10-11　　总资产营运能力评价标准

| 评价指标 | 评价标准 |
| --- | --- |
| 总资产周转率 | 总资产周转率越高，说明企业资产整体的使用效率越高 |

## 实训评价单

营运指标分析能力评分表见表10-12。

表 10-12　营运指标分析能力评分表

| 序号 | 评分项目 | 学生自评 |
|---|---|---|
| 1 | 流动资产营运能力分析 | □优秀　□良好　□中等　□合格　□不合格 |
| 2 | 固定资产营运能力分析 | □优秀　□良好　□中等　□合格　□不合格 |
| 3 | 总资产营运能力分析 | □优秀　□良好　□中等　□合格　□不合格 |
| 教师评语 | 教师签字： | |
| 评价成绩 | □优秀　□良好　□中等　□合格　□不合格 | |

# 任务3　盈利能力分析

## 实训任务单

### 一、实训项目

➢ 盈利能力分析实训

### 二、业务清单

**业务1：**2024年1月31日，对公司本月的盈利能力进行分析。（操作指引见表10-13）

表 10-13　操作指引

| 评价指标 | 计算公式 |
|---|---|
| 销售毛利率 | 销售毛利率=销售毛利÷销售收入<br>销售毛利=销售收入-销售成本 |
| 销售净利率 | 销售净利率=净利润÷销售收入 |
| 总资产净利率 | $总资产净利率=\frac{净利润}{平均总资产}=\frac{净利润}{销售收入}\times\frac{销售收入}{平均总资产}$<br>$=销售净利率\times总资产周转率$ |
| 净资产收益率 | $净资产收益率=\frac{净利润}{平均净资产}=\frac{净利润}{平均总资产}\times\frac{平均总资产}{平均净资产}$<br>$=总资产净利率\times权益乘数$ |

### 三、实训要求

沿用“项目九　会计报表”的相关业务资料，采取1人独立实训的方式，由学生扮演公司会计报表的分析人员，完成相关盈利能力分析的工作任务。

盈利能力分析

专业能力分析示例

## 实训操作单

1.完成盈利能力分析表（**附件10-3-1**）。评价标准见表10-14。

表 10-14　盈利能力评价标准

| 评价指标 | 评价标准 |
|---|---|
| 销售毛利率 | 销售毛利率越高，表明产品的盈利能力越强 |
| 销售净利率 | 销售净利率越高，表明产品的盈利能力越强 |
| 总资产净利率 | 总资产净利率越高，表明企业资产的利用效果越好 |
| 净资产收益率 | 净资产收益率越高，股东和债权人的利益保障程度越高 |

## 实训评价单

盈利指标分析能力评分表见表10-15。

表 10−15 盈利指标分析能力评分表

| 序号 | 评分项目 | 学生自评 |
|---|---|---|
| 1 | 盈利能力分析 | □优秀　□良好　□中等　□合格　□不合格 |
| 教师评语 | 教师签字： | |
| 评价成绩 | □优秀　□良好　□中等　□合格　□不合格 | |

## 任务 4 发展能力分析

### 实训任务单

**一、实训项目**

➢ 发展能力分析实训

**二、业务清单**

**业务 1：** 2024 年 1 月 31 日，对公司本月的发展能力进行分析（其中：2023 年度的销售收入为 4 944 000 元，营业利润为 727 868 元）。（操作指引见表 10−16）

表 10−16 操作指引

| 评价指标 | 计算公式 |
|---|---|
| 销售收入增长率 | 销售收入增长率=本年销售收入增长额÷上年销售收入 |
| 总资产增长率 | 总资产增长率=本年资产增长额÷年初资产总额 |
| 营业利润增长率 | 营业利润增长率=本年营业利润增长额÷上年营业利润总额 |
| 资本保值增值率 | 资本保值增值率=期末所有者权益÷期初所有者权益 |
| 资本积累率 | 资本积累率=本年所有者权益增长额÷年初所有者权益 |

**三、实训要求**

沿用“项目九　会计报表”的相关业务资料，采取 1 人独立实训的方式，由学生扮演公司会计报表的分析人员，完成相关发展能力分析的工作任务。

发展能力分析

专业能力分析示例

### 实训操作单

1. 完成发展能力分析表（**附件 10−4−1**）。评价标准见表 10−17。

表 10−17 发展能力评价标准

| 评价指标 | 评价标准 |
|---|---|
| 销售收入增长率 | 销售收入增长率越高，表明企业销售收入的增长速度越快，企业市场前景越好 |
| 总资产增长率 | 总资产增长率越高，表明企业一定时期内资产经营规模扩张的速度越快 |
| 营业利润增长率 | 营业利润增长率越高，表明企业发展能力越强 |
| 资本保值增值率 | 资本保值增值率越高，表明企业盈利能力越强，企业发展能力越强 |
| 资本积累率 | 资本积累率越高，表明企业的资本积累越多，应对风险、持续发展的能力越强 |

## 实训评价单

发展指标分析能力评分表见表10−18。

表10−18　发展指标分析能力评分表

| 序号 | 评分项目 | 学生自评 |
| --- | --- | --- |
| 1 | 发展能力分析 | □优秀　□良好　□中等　□合格　□不合格 |
| 教师评语 | 教师签字： | |
| 评价成绩 | □优秀　□良好　□中等　□合格　□不合格 | |

# 任务5　现金流量分析

## 实训任务单

### 一、实训项目

- 现金流量结构分析实训
- 获取现金能力分析实训

### 二、业务清单

业务1：2024年1月31日，对公司本月的现金流量结构进行分析。（操作指引见表10−19）

表10−19　操作指引

| 评价指标 | 计算公式 |
| --- | --- |
| 经营活动的流入流出量比率 | 经营活动的流入流出量比率=经营活动的流入量÷经营活动的流出量 |
| 投资活动的流入流出量比率 | 投资活动的流入流出量比率=投资活动的流入量÷投资活动的流出量 |
| 筹资活动的流入流出量比率 | 筹资活动的流入流出量比率=筹资活动的流入量÷筹资活动的流出量 |

业务2：2024年1月31日，对公司本月的获取现金能力进行分析。（操作指引见表10−20）

表10−20　操作指引

| 评价指标 | 计算公式 |
| --- | --- |
| 销售现金比率 | 销售现金比率=经营活动现金流量净额÷销售收入 |
| 每股营业现金净流量 | 每股营业现金净流量=经营活动现金流量净额÷普通股股数 |
| 全部资产现金回收率 | 全部资产现金回收率=经营活动现金流量净额÷平均总资产 |

### 三、实训要求

沿用“项目九　会计报表”的相关业务资料，采取1人独立实训的方式，由学生扮演公司会计报表的分析人员，完成相关现金流量分析的工作任务。

现金流量分析

专业能力分析示例

## 实训操作单

1. 完成现金流量结构分析表（附件10−5−1）。评价标准见表10−21。

表 10-21　　现金流量结构评价标准

| 评价指标 | 评价标准 |
|---|---|
| 经营活动的流入流出量比率 | 经营活动的流入流出比率越大越好，表明企业每1元的流出可以换回更多的现金 |
| 投资活动的流入流出量比率 | 投资活动的流入流出比率越小，表明企业处于发展时期，投资机会较多；投资活动流入流出比率越大，表明企业处于衰退期，投资机会较少 |
| 筹资活动的流入流出量比率 | 筹资活动的流入流出比率越小，表明还款大于借款 |

2.完成获取现金能力分析表（**附件10-5-2**）。评价标准见表10-22。

表 10-22　　获取现金能力评价标准

| 评价指标 | 评价标准 |
|---|---|
| 销售现金比率 | 销售现金比率越高，反映每1元销售收入得到的现金流量净额比率越高 |
| 每股营业现金净流量 | 每股营业现金净流量反映企业最大的分派股利能力 |
| 全部资产现金回收率 | 全部资产现金回收率反映企业全部资产产生现金的能力 |

## 实训评价单

现金流量指标分析能力评分表见表10-23。

表 10-23　　现金流量指标分析能力评分表

| 序号 | 评分项目 | 学生自评 |
|---|---|---|
| 1 | 现金流量结构分析 | □优秀　□良好　□中等　□合格　□不合格 |
| 2 | 获取现金能力分析 | □优秀　□良好　□中等　□合格　□不合格 |
| 教师评语 | 教师签字： | |
| 评价成绩 | □优秀　□良好　□中等　□合格　□不合格 | |

## 实训小结

财务分析实训项目结构图如图10-1所示。

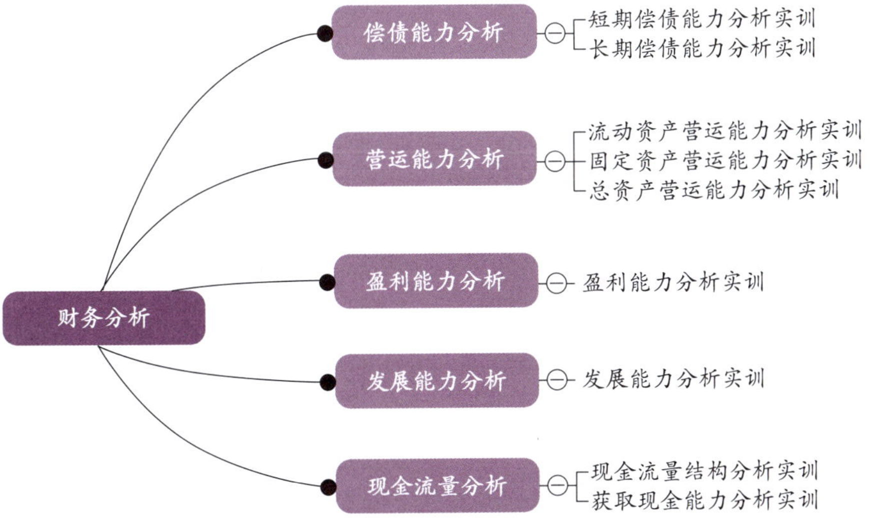


图10-1　财务分析实训项目结构图

# 主要参考文献

［1］李华. 财务会计［M］. 3版. 大连：东北财经大学出版社，2020.

［2］李华. 出纳业务综合实训［M］. 北京：中国人民大学出版社，2015.

［3］李华. 出纳实务［M］. 3版. 北京：高等教育出版社，2014.

［4］姚军胜. 会计电算化［M］. 北京：中国人民大学出版社，2015.

［5］厦门网中网软件有限公司. 会计技能竞赛平台［DB/OL］. http：//kjzhsx.zfc.edu.cn/game_ss/all.

［6］浙江衡信教育科技有限公司. 税务实训平台［DB/OL］. http：//www.baoxuexi.com/.

# 附录　实训业务原始单据

附件 1-1-1　　**指定代表或者共同委托代理人授权委托书**

申请人：________________

指定代表或者委托代理人：________________

委托事项及权限：

1. 办理________________（企业名称）的

□名称预先核准　□设立　□变更　□注销　□备案　□撤销变更登记

□股权出质（□设立　□变更　□注销　□撤销）　□其他______手续

2. 同意□　不同意□　核对登记材料中的复印件并签署核对意见

3. 同意□　不同意□　修改企业自备文件的错误

4. 同意□　不同意□　修改有关表格的填写错误

5. 同意□　不同意□　领取营业执照和有关文书

指定或者委托的有效期限：自　　年　月　日至　　年　月　日

| | |
|---|---|
| 指定代表或共同委托代理人或经办人信息 | 签　　字： |
| | 固定电话： |
| | 移动电话： |
| （指定代表或共同委托代理人、具体经办人身份证复印件粘贴处） | |

（申请人签字或盖章）　　　　　　　　年　　月　　日

附件 1-1-2　　**承诺书**

________________局：

由__________、__________、__________投资组建________________________，现全体股东承诺：我企业名称在今后使用过程中如有名称相近似的企业提出异议或上级部门要求撤销，本企业自愿服从市场监管部门的裁决，无条件变更公司名称，由此产生的法律后果及诉讼赔偿由本公司承担。

特此承诺。

__________公司全体股东

自然人股东（签字）：

法人股东（盖章）：

年　月　日

附件1-1-3

# 企业名称预先核准申请书

<table>
<tr><td colspan="4">□企业设立名称预先核准</td></tr>
<tr><td>申请企业名称</td><td colspan="3"></td></tr>
<tr><td rowspan="3">备选<br>企业字号</td><td colspan="3">1.</td></tr>
<tr><td colspan="3">2.</td></tr>
<tr><td colspan="3">3.</td></tr>
<tr><td>企业住所地</td><td colspan="3"></td></tr>
<tr><td>注册资本（金）</td><td>________万元</td><td>企业类型</td><td></td></tr>
<tr><td>经营范围</td><td colspan="3"></td></tr>
<tr><td rowspan="4">投资人</td><td>名称或姓名</td><td colspan="2">证照号码</td></tr>
<tr><td></td><td colspan="2"></td></tr>
<tr><td></td><td colspan="2"></td></tr>
<tr><td></td><td colspan="2"></td></tr>
<tr><td colspan="4">□已核准名称项目调整（投资人除外）</td></tr>
<tr><td>已核准名称</td><td></td><td>通知书文号</td><td></td></tr>
<tr><td>拟调整项目</td><td>原申请内容</td><td colspan="2">拟调整内容</td></tr>
<tr><td></td><td></td><td colspan="2"></td></tr>
<tr><td></td><td></td><td colspan="2"></td></tr>
<tr><td colspan="4">□已核准名称延期</td></tr>
<tr><td>已核准名称</td><td></td><td>通知书文号</td><td></td></tr>
<tr><td>原有效期</td><td></td><td>有效期延至</td><td>年　月　日</td></tr>
<tr><td colspan="4">指定代表或者共同委托代理人</td></tr>
<tr><td>具体经办人姓名</td><td>身份证件号码</td><td>联系电话</td><td></td></tr>
<tr><td>授权期限</td><td colspan="3">自　　年　　月　　日至　　年　　月　　日</td></tr>
<tr><td colspan="4">授权权限　1.同意□　不同意□　核对登记材料中的复印件并签署核对意见<br>2.同意□　不同意□　修改有关表格的填写错误<br>3.同意□　不同意□　领取“企业名称预先核准通知书”</td></tr>
<tr><td colspan="4"><br><br><br>（指定代表或共同委托代理人、具体经办人身份证件复印件粘贴处）</td></tr>
<tr><td>申请人签字或盖章</td><td colspan="3">年　月　日</td></tr>
</table>

附件1-1-4

# 企业名称预先核准申请文件一览表

| 序号 | 资料名称 | 完成情况 |
|---|---|---|
| 1 | 有限责任公司的全体股东签署的“企业名称预先核准申请书” | □完成　□未完成 |
| 2 | 有限责任公司的全体股东签署的“授权委托书” | □完成　□未完成 |
| 3 | 有限责任公司的全体股东签署的“承诺书” | □完成　□未完成 |
| 4 | 全体股东或者发起人指定代表或者共同委托代理人的身份证件复印件 | □完成　□未完成 |
| 5 | 国家市场监督管理总局规定要求提交的其他文件 | □完成　□未完成 |

附件1-2-1

## ______________章程

### 第一章 总则

第一条 依据《中华人民共和国公司法》（以下简称《公司法》）及有关法律、法规的规定，设立__________________________________公司（以下简称公司），特制定本章程。

第二条 本章程中的各项条款与法律、法规、规章不符的，以法律、法规、规章的规定为准。

### 第二章 公司名称和住所

第三条 公司名称：____________________________________________

第四条 公司住所：____________________________________________

### 第三章 公司经营范围

第五条 公司经营范围：________________________________________

### 第四章 公司认缴注册资本及股东的姓名（名称）、出资方式、认缴出资额及出资期限

第六条 公司注册资本实行认缴制，公司认缴注册资本__________万元，股东按期足额缴纳本章程中规定的各自所认缴的出资额。公司成立后，向股东签发出资证明书。出资证明书载明公司名称、公司成立时间、公司注册资本、股东姓名或者名称、认缴出资额和出资日期、出资证明书编号及核发日期并由公司盖章。出资证明书遗失的，应立即向公司申报注销，经公司法定代表人审核后予以补发。公司应设置股东名册，记载股东的姓名、住所、出资额及出资证明书编号等内容。

第七条 股东姓名（名称）、证件号码、缴纳出资期限、认缴注册资本金额、出资方式一览表：

| 股东姓名（名称） | 证件号码 | 缴纳出资期限 | 认缴注册资本金额（万元） | 出资方式 |
|---|---|---|---|---|
| | | | | |
| | | | | |
| | | | | |
| | | | | |
| 合 计 | | | | |

（一）股东以其认缴的出资额为限对公司承担责任。

（二）股东应当按期足额缴纳各自所认缴的出资额，股东不按照规定缴纳出资的，除应当向公司足额缴纳外，还应当向已按期足额缴纳出资的股东承担违约责任。

（三）股东滥用股东权利给公司或者其他股东造成损失的，应当依法承担赔偿责任。股东滥用公司法人独立地位和股东有限责任，逃避债务，严重损害公司债权人利益的，应当对公司债务承担连带责任。

### 第五章 公司的机构及其产生办法、职权、议事规则

第八条 股东会由全体股东组成，是公司的权力机构，行使下列职权：

（一）决定公司的经营方针和投资计划；

（二）选举和更换执行董事，决定有关执行董事的报酬事项；

（三）选举和更换由股东代表出任的监事，决定监事的报酬事项；

（四）审议批准执行董事的报告；

（五）审议批准监事的报告；

（六）审议批准公司的年度财务预算方案、决算方案；

（七）审议批准公司的利润分配方案和弥补亏损的方案；

（八）对公司增加或者减少注册资本作出决议；

（九）对股东向股东以外的人转让出资作出决议；

（十）对公司合并、分立、解散、清算或者变更公司形式等事项作出决议；

（十一）修改公司章程；

（十二）聘任或解聘公司经理；

（十三）公司章程规定的其他职权。

第九条 股东会的首次会议由出资最多的股东召集和主持。

第十条 股东会会议由股东按照出资比例行使表决权。

第十一条 股东会会议分为定期会议和临时会议。

召开股东会会议，应当于会议召开__________日以前通知全体股东。

定期会议按季度定时召开一次。代表__________以上表决权的股东、监事提议召开临时会议的，应当召开临时会议。

股东出席股东会会议也可书面委托他人参加股东会会议，行使委托书中载明的权利。

第十二条 股东会会议由执行董事召集并主持；执行董事不能履行或者不履行召集股东会会议职责的，由监事召集和主持；监事不召集和主持的，代表__________以上表决权的股东可以自行召集和主持。

第十三条 股东会会议作出修改公司章程、增加或者减少注册资本决议，以及公司合并、分立、解散或者变更公司形式的决议，必须经代表__________以上表决权的股东通过。

第十四条 公司不设董事会，设执行董事______人，由股东会选举产生。执行董事任期____年，任期届满，可连选连任。执行董事在任期届满前，股东会不得无故解除其职务。

第十五条 执行董事对股东会负责，行使下列职权：

（一）负责召集股东会，并向股东会会议报告工作；

（二）执行股东会的决议；

（三）审订公司的经营计划和投资方案；
（四）制订公司的年度财务预算方案、决算方案；
（五）制订公司的利润分配方案和弥补亏损方案；
（六）制订公司增加或者减少注册资本以及发行公司债券的方案；
（七）制订公司合并、分立、解散及变更公司形式的方案；
（八）决定公司内部管理机构的设置；
（九）决定聘任或者解聘公司经理及其报酬事项，并根据经理的提名决定聘任或者解聘公司副经理、财务负责人及其报酬事项；
（十）制定公司的基本管理制度；
（十一）在发生战争、特大自然灾害等紧急情况下，对公司事务行使特别裁决权和处置权，但这类裁决权和处置权须符合公司利益，并在事后向股东会报告。
第十六条　公司可设经理，由股东会聘任或解聘。经理对股东会负责，行使下列职权：
（一）主持公司的生产经营管理工作；
（二）组织实施公司年度经营计划和投资方案；
（三）拟订公司内部管理机构设置方案；
（四）拟定公司的基本管理制度；
（五）制定公司的具体规章；
（六）提请聘任或者解聘公司副经理，财务负责人；
（七）聘任或者解聘除应由股东会决定聘任或者解聘以外的负责管理人员，经理列席股东会会议；
（八）股东会授予的其他职权。
第十七条　公司不设监事会，设监事__________人，由公司股东会选举产生。监事对股东会负责，监事任期每届__________年，任期届满，可连选连任。
第十八条　监事行使下列职权：
（一）检查公司财务；
（二）对执行董事、高级管理人员执行公司职务的行为进行监督，对违反法律、行政法规、公司章程或者股东会决议的执行董事、高级管理人员提出罢免的建议；
（三）当执行董事、高级管理人员的行为损害公司的利益时，要求执行董事、高级管理人员予以纠正；
（四）提议召开临时股东会会议，在执行董事不履行《公司法》规定的召集和主持股东会会议职责时召集和主持股东会会议；
（五）向股东会会议提出提案；
（六）依照《公司法》第一百五十二条的规定，对执行董事、高级管理人员提起诉讼；
（七）公司章程规定的其他职权。

## 第六章　公司的法定代表人

第十九条　执行董事为公司的法定代表人，任期三年，由股东会选举产生，任期届满，可连选连任。
第二十条　法定代表人行使以下职权：
（一）召集和主持股东会议；
（二）检查股东会议的落实情况，并向股东会报告；
（三）代表公司签署有关文件；
（四）在发生战争、特大自然灾害等紧急情况下，对公司事务行使特别裁决权和处置权，但这类裁决权和处置权须符合公司利益，并在事后向股东会报告；
（五）公司章程规定的其他职权。

## 第七章　股东会会议认为需要规定的其他事项

第二十一条　股东之间可以相互转让其部分或全部出资。
第二十二条　股东向股东以外的人转让股权，应当经其他股东过半数同意。股东应就其股权转让事项书面通知其他股东征求同意，其他股东自接到书面通知之日起满30日未答复的，视为同意转让。其他股东半数以上不同意转让的，不同意的股东应当购买该转让的股权；不购买的，视为同意转让。
经股东同意转让的股权，在同等条件下，其他股东有优先购买权。两个以上股东主张行使优先购买权的，协商确定各自的购买比例；协商不成的，按照转让时各自的出资比例行使优先购买权。
第二十三条　公司的营业期限__________年，自公司营业执照签发之日起计算。
第二十四条　有下列情形之一的，公司清算组应当自公司清算结束之日起30日内向原公司登记机关申请注销登记：
（一）公司被依法宣告破产；
（二）公司章程规定的营业期限届满或者公司章程规定的其他解散事由出现，但公司通过修改公司章程而存续的除外；
（三）股东会决议解散；
（四）依法被吊销营业执照、责令关闭或者被撤销；
（五）人民法院依法予以解散；
（六）法律、行政法规规定的其他解散情形。

## 第八章　附　则

第二十五条　公司登记事项以公司登记机关核定的为准。
第二十六条　公司章程经股东签字后生效。
第二十七条　本章程一式__________份，并报公司登记机关一份。

全体股东签字：　　　　年　月　日

附件 1-3-1 **公司设立登记申请书**

<table>
<tr><td colspan="6">□基本信息</td></tr>
<tr><td>名　　称</td><td colspan="5"></td></tr>
<tr><td>名称预先核准文号</td><td colspan="5"></td></tr>
<tr><td>住　　所</td><td colspan="5"></td></tr>
<tr><td>生产经营地</td><td colspan="5"></td></tr>
<tr><td>联系电话</td><td colspan="2"></td><td>邮政编码</td><td colspan="2"></td></tr>
<tr><td colspan="6">□设立</td></tr>
<tr><td>法定代表人姓名</td><td></td><td>职务</td><td colspan="3">□董事长　□执行董事　□经理</td></tr>
<tr><td>注册资本</td><td colspan="2">______万元</td><td>公司类型</td><td colspan="2"></td></tr>
<tr><td>设立方式（股份公司填写）</td><td colspan="5">□发起设立　　□募集设立</td></tr>
<tr><td>经营范围</td><td colspan="5"></td></tr>
<tr><td>经营期限</td><td colspan="2">□______年　　□长期</td><td colspan="2">申请执照副本数量</td><td>___个</td></tr>
<tr><td colspan="6">□申请人声明</td></tr>
<tr><td colspan="6">本公司依照《中华人民共和国公司法》及《中华人民共和国公司登记管理条例》相关规定申请登记、备案，提交材料真实有效。通过联络员登录企业信用信息公示系统向登记机关报送、向社会公示的企业信息为本企业提供、发布的信息，信息真实、有效。<br><br>法定代表人签字：　　　　年　月　日</td></tr>
</table>

附件 1-3-2 **企业申请设立登记文件一览表**

| 序号 | 资料名称 | 完成情况 |
|---|---|---|
| 1 | 公司法定代表人签署的“公司设立登记申请书” | □完成　□未完成 |
| 2 | “指定代表或者共同委托代理人授权委托书”及指定代表或共同委托代理人的身份证件复印件 | □完成　□未完成 |
| 3 | 全体股东签署的公司章程 | □完成　□未完成 |
| 4 | 股东的主体资格证明或者自然人身份证件复印件 | □完成　□未完成 |
| 5 | 董事、监事、经理的任职文件及身份证件复印件 | □完成　□未完成 |
| 6 | 法定代表人任职文件和身份证件复印件 | □完成　□未完成 |
| 7 | 住所使用证明 | □完成　□未完成 |
| 8 | “企业名称预先核准申请书”和“企业名称预先核准通知书” | □完成　□未完成 |
| 9 | 其他相关法律、行政法规和国务院规定设立公司必须提交的文件 | □完成　□未完成 |

## 附件3-1-1　　开立单位银行结算账户申请书

| | | | |
|---|---|---|---|
| 存款人名称 | | 电话 | |
| 地址 | | 邮编 | |
| 存款人类别 | | 组织机构代码 | |
| 法定代表人（　）<br>单位负责人（　） | 姓名 | | |
| | 证件种类 | | |
| | 证件号码 | | |
| 行业分类 | A（　）B（　）C（　）D（　）E（　）F（　）G（　）H（　）I（　）J（　）<br>K（　）L（　）M（　）N（　）O（　）P（　）Q（　）R（　）S（　）T（　） | | |
| 注册资金 | | 地区代码 | |
| 经营范围 | | | |
| 证明文件种类 | | 证明文件编号 | |
| 税务登记证号 | | | |
| 关联企业 | | | |
| 账户性质 | 基本（　）　一般（　）　专用（　）　临时（　） | | |
| 资金性质 | | 有效日期 | 年　月　日 |

以下为存款人上级法人或主管单位信息：

| | | | |
|---|---|---|---|
| 上级法人或主管单位名称 | | | |
| 基本存款账户开户登记证核准号 | | 组织机构代码 | |
| 法定代表人（　）<br>单位负责人（　） | 姓名 | | |
| | 证件种类 | | |
| | 证件号码 | | |

以下栏目由开户银行审核后填写：

| | | | |
|---|---|---|---|
| 开户银行名称 | | 开户银行代码 | |
| 账户名称 | | 账号 | |
| 基本存款账户开户登记证核准号 | | 开户日期 | |
| 本存款人申请开立银行结算账户，并承诺所提供的开户资料真实、有效。<br>存款人（公章）<br>年　月　日 | 开户银行审核意见：<br>经办人（签章）：<br>银行（签章）<br>年　月　日 | 人民银行审核意见：<br>（非核准类账户除外）<br>经办人（签章）：<br>银行（签章）<br>年　月　日 | |

填列说明：

1.申请开立临时存款账户，必须填列有效日期；申请开立专用存款账户，必须填列资金性质。

2.该行业标准由银行在营业场所公告，“行业分类”中各字母代表的行业种类如下：A.农、林、牧、渔业；B.采矿业；C.制造业；D.电力、热力、燃气及水生产和供应业；E.建筑业；F.批发和零售业；G.交通运输、仓储和邮政业；H.住宿和餐饮业；I.信息传输、软件和信息技术服务业；J.金融业；K.房地产业；L.租赁和商务服务业；M.科学研究和技术服务业；N.水利、环境和公共设施管理业；O.居民服务、修理和其他服务业；P.教育；Q.卫生和社会工作；R.文化、体育和娱乐业；S.公共管理、社会保障和社会组织；T.国际组织。

3.带括号的选项填“√”。

## 附件3-1-2　　开立单位基本存款账户申请文件一览表

| 序号 | 资料名称 | 完成情况 |
|---|---|---|
| 1 | 营业执照正本（加载统一社会信用代码）和三份复印件 | □完成　□未完成 |
| 2 | 法人代表身份证原件和三份复印件 | □完成　□未完成 |
| 3 | 单位行政公章、财务专用章、法人代表或财务负责人印章 | □完成　□未完成 |
| 4 | 开户银行要求的其他相关文件 | □完成　□未完成 |

## 附件3-1-3　　开立单位银行结算账户申请书

| | | | | | |
|---|---|---|---|---|---|
| 存款人名称 | | | | 电话 | |
| 地址 | | | | 邮编 | |
| 存款人类别 | | | 组织机构代码 | | |
| 法定代表人（ ）<br>单位负责人（ ） | 姓名 | | | | |
| | 证件种类 | | | | |
| | 证件号码 | | | | |
| 行业分类 | A（ ） B（ ） C（ ） D（ ） E（ ） F（ ） G（ ） H（ ） I（ ） J（ ）<br>K（ ） L（ ） M（ ） N（ ） O（ ） P（ ） Q（ ） R（ ） S（ ） T（ ） | | | | |
| 注册资金 | | | 地区代码 | | |
| 经营范围 | | | | | |
| 证明文件种类 | | | 证明文件编号 | | |
| 税务登记证号 | | | | | |
| 关联企业 | | | | | |
| 账户性质 | 基本（ ）　一般（ ）　专用（ ）　临时（ ） | | | | |
| 资金性质 | | | 有效日期 | 年　月　日 | |

以下为存款人上级法人或主管单位信息：

| | | | | |
|---|---|---|---|---|
| 上级法人或主管单位名称 | | | | |
| 基本存款账户开户登记证核准号 | | | 组织机构代码 | |
| 法定代表人（ ）<br>单位负责人（ ） | 姓名 | | | |
| | 证件种类 | | | |
| | 证件号码 | | | |

以下栏目由开户银行审核后填写：

| | | | |
|---|---|---|---|
| 开户银行名称 | | 开户银行代码 | |
| 账户名称 | | 账号 | |
| 基本存款账户开户登记证核准号 | | 开户日期 | |
| 本存款人申请开立银行结算账户，并承诺所提供的开户资料真实、有效。<br>存款人（公章）<br>年　月　日 | | 开户银行审核意见：<br>经办人（签章）：<br>银行（签章）<br>年　月　日 | 人民银行审核意见：<br>（非核准类账户除外）<br>经办人（签章）：<br>银行（签章）<br>年　月　日 |

填列说明：

1. 申请开立临时存款账户，必须填列有效日期；申请开立专用存款账户，必须填列资金性质。

2. 该行业标准由银行在营业场所公告，“行业分类”中各字母代表的行业种类如下：A. 农、林、牧、渔业；B. 采矿业；C. 制造业；D. 电力、热力、燃气及水生产和供应业；E. 建筑业；F. 批发和零售业；G. 交通运输、仓储和邮政业；H. 住宿和餐饮业；I. 信息传输、软件和信息技术服务业；J. 金融业；K. 房地产业；L. 租赁和商务服务业；M. 科学研究和技术服务业；N. 水利、环境和公共设施管理业；O. 居民服务、修理和其他服务业；P. 教育；Q. 卫生和社会工作；R. 文化、体育和娱乐业；S. 公共管理、社会保障和社会组织；T. 国际组织。

3. 带括号的选项填“√”。

## 附件3-1-4　　开立单位一般存款账户申请文件一览表

| 序号 | 资料名称 | 完成情况 |
|---|---|---|
| 1 | 营业执照正本（加载统一社会信用代码）和三份复印件 | □完成　□未完成 |
| 2 | 法人代表身份证原件和三份复印件 | □完成　□未完成 |
| 3 | 单位行政公章、财务专用章、法人代表或财务负责人印章 | □完成　□未完成 |
| 4 | 基本存款账户开户许可证 | □完成　□未完成 |
| 5 | 开立一般存款账户的相关合同或证明资料 | □完成　□未完成 |
| 6 | 开户银行要求的其他相关文件 | □完成　□未完成 |

附件3-1-5

## 库存现金限额申请批准书

申请单位：　　　　　　　　　　　　　　　单位：

开户银行：　　　　　　　　　　　　　　　账号：

| 每日现金支付项目 | 保留现金理由 | 申请金额 | 批准金额 | 备注 |
|---|---|---|---|---|
| 与银行商定现金保留天数：　　天 | | | | |
| | | | | |
| | | | | |
| | | | | |
| | | | | |
| 合计 | | | | |
| 申请单位<br>盖章<br>年　月　日 | 银行审查意见<br>盖章<br>年　月　日 | 申请主管部门意见<br>盖章<br>年　月　日 | | |

附件3-2-1

## 中国工商银行　浙江省分行营业部空白支票请购单　④

年　月　日　　　　　　　　　　编号：

| 请购人 | 全称 | | 请购凭证 | 名称 | |
|---|---|---|---|---|---|
| | 账号 | | | 号码 | |
| | 开户银行 | | | 数量 | |

| 金额 | 人民币（大写） | | 千 | 百 | 十 | 元 | 角 | 分 |
|---|---|---|---|---|---|---|---|---|
| | | | | | | | | |

| 本存款人已通读本请购单背面所列《支票票据行为诚信承诺书》，对其所列全部内容已理解并承诺遵守。 | 上列空白支票工本费已从你（单位）账户中支付。<br>（银行盖章） | 请购人签收： | 会计分录：<br>借：<br>贷：<br>授权柜员　操作柜员 |
|---|---|---|---|

第四联　银行回执　作为单位收据或记账凭证

附件3-2-2

## 中国工商银行　　凭证

中间业务收入—收费回单

账号：1202021518090325917　　　　付款方式：转账

户名：浙江阳光服饰有限责任公司

收费日期：20221205　　　　合计收费：¥20.00

收费种类：

转账支票：20.00

合计大写金额：人民币贰拾元整

地区：1202　　　　网点：0201

附件 3-2-3　　中国工商银行　浙江省分行营业部空白支票请购单　④

年　月　日　　　　编号：

<table>
<tr><td rowspan="3">请购人</td><td>全　称</td><td></td><td rowspan="3">请购凭证</td><td>名　称</td><td></td></tr>
<tr><td>账　号</td><td></td><td>号　码</td><td></td></tr>
<tr><td>开户银行</td><td></td><td>数　量</td><td></td></tr>
<tr><td rowspan="2">金额</td><td rowspan="2">人民币<br>（大写）</td><td colspan="2" rowspan="2"></td><td colspan="2">千 百 十 元 角 分</td></tr>
<tr><td colspan="2"></td></tr>
<tr><td colspan="2">本存款人已通读本请购单背面所列《支票票据行为诚信承诺书》，对其所列全部内容已理解并承诺遵守。</td><td>上列空白支票工本费已从你（单位）账户中支付。<br><br>（银行盖章）</td><td colspan="2">请购人签收：</td><td>会计分录：<br>借：<br>贷：<br>授权柜员　操作柜员</td></tr>
</table>

第四联　银行回执　作为单位收据或记账凭证

附件 3-2-4

**中国工商银行　　凭证**

中间业务收入—收费回单

账号：1202021518090325917　　付款方式：转账

户名：浙江阳光服饰有限责任公司

收费日期：20221208　　合计收费：¥30.00

收费种类：

转账支票：30.00

合计大写金额：人民币叁拾元整

地区：1202　　网点：0201

附件3-3-1

# 中国工商银行
# 电子银行企业客户服务协议

甲方：______________________________

乙方：中国工商银行__________________

为明确双方的权利和义务，规范双方业务行为，甲方、乙方本着平等互利的原则，就电子银行服务相关事宜，达成本协议。

**第一条　定义**

下列用语在本协议中的含义为：

“电子银行”是指通过网络和电子终端为客户提供自助金融服务的虚拟银行。中国工商银行电子银行通过电话银行、网上银行、手机银行等为客户提供查询、转账、支付结算和理财等资金管理服务。

“客户证书”是指用于存放客户身份标识，并对客户发送的电子银行交易信息进行数字签名的电子文件。

“企业”是指在我行开立账户的企事业及其他单位。

“分支机构”是指甲方在财务上能有效控制、支配或管理的，在乙方开立有存、贷款账户的分公司、子公司、办事处、销售网点、代表处或其他相关机构。

“电子银行业务指令”是指客户以客户编号（卡号）或客户证书以及相应密码，通过网络向银行发出的查询、转账等要求。

“账户查询、转账授权书”是指甲方的分支机构授权乙方为甲方提供其账户信息，或同时授权乙方按照甲方的电子银行业务指令从其账户中划转资金的书面证明文件。

**第二条　甲方权利、义务**

**一、权利**

（一）甲方自愿申请注册乙方电子银行，经乙方同意后，将有权根据注册项目的不同享受相应的服务。

（二）甲方有权对签署“账户查询、转账授权书”的分支机构，依据分支机构授权的权限不同，通过电子银行渠道查询其账户或从其账户划转资金。

（三）服务有效期内甲方有权办理电子银行注销手续。

（四）协议终止或在服务有效期内中止时，甲方无须退回客户证书和读卡器。

（五）甲方对乙方电子银行服务如有疑问、建议或意见时，可拨打“95588”、登录乙方网站或到乙方各营业网点进行咨询和投诉。

**二、义务**

（一）甲方办理电子银行业务，须遵守《中国工商银行电子银行章程》。

（二）甲方办理电子银行注册、注销、变更等手续，应提供相关资料，填写相关申请表，并加盖预留银行印鉴。甲方应保证所填写的申请表和所提供的资料真实、准确、完整。

（三）甲方领取客户证书时，须确定并交回企业网上银行客户证书领取单，通知银行解冻客户证书。

（四）甲方必须指定专人妥善保管和使用客户编号（卡号）、密码及客户证书，不得提供给未指定的其他人使用，并对所有使用客户编号（卡号）、密码及客户证书进行的操作负责。

（五）甲方客户证书在有效期内损毁、锁码、遗失或密码泄露、遗忘，应及时到营业网点办理更换、解锁、挂失或密码重置手续。办妥上述手续之前所产生的一切后果由甲方承担。

（六）甲方在使用电子银行服务过程中，所提供的资料信息如有更改，如增加（撤销）分支机构、增（删）账号，变更分支机构开户银行、账号、户名等，应及时办理有关手续，办妥上述手续之前所产生的一切后果由甲方承担。

（七）如甲方发现乙方对其电子银行业务指令的处理确有错误，应及时通知乙方。

（八）甲方使用乙方电子银行服务，应按照中国工商银行电子银行业务相关收费标准支付各项费用，并同意乙方从其账户主动扣收。

（九）甲方不得以与第三方发生纠纷为理由拒绝支付应付乙方的款项。

（十）甲方不得有意诋毁、损害乙方声誉或恶意攻击乙方电子银行系统。

（十一）甲方办理电子银行业务时，如其使用的服务功能涉及乙方其他业务规定或规则的，需同时遵守。

**第三条　乙方权利、义务**

**一、权利**

（一）乙方有权根据甲方资信情况，决定是否受理甲方的注册申请。

（二）乙方有权制定电子银行业务收费标准，并在网站及营业网点进行公布。相关收费标准变更时，无须另行通知。

（三）乙方具有对电子银行系统进行升级、改造的权利。

（四）对甲方未按时支付有关费用、不遵守乙方有关业务规定或存在恶意操作，诋毁、损害乙方声誉等行为的，乙方有权单方终止对甲方提供电子银行服务，并保留追究甲方责任的权利。

（五）如甲方的某些分支机构已在甲方相关申请表中列示但并未签署“账户查询、转账授权书”的，乙方不负责为甲方提供未经授权的电子银行服务。

（六）乙方根据甲方的电子银行业务指令办理业务，为甲方办理转账等业务的时间以乙方在电子银行系统中处理的时间为准。对所有使用甲方客户编号（卡号）、密码或客户证书进行的操作均视为甲方本人所为，由此产生的电子信息记录均作为处理电子银行业务的有效凭据。

（七）乙方因以下情况没有正确执行甲方提交的电子银行业务指令，不承担任何责任：

1.乙方接收到的指令信息不明、存在乱码、不完整等；

2.甲方账户存款余额或信用额度不足；

3.甲方账户内资金被依法冻结或扣划；

4.甲方未能按照乙方的有关业务规定正确操作；

5.不可抗力或其他不属乙方过失的情况。

（八）协议终止或在服务有效期内中止时，乙方不退还甲方已缴纳的有关费用。

二、义务

（一）乙方对于电子银行所使用的相关软件的合法性承担责任。

（二）乙方负责及时为甲方办理电子银行注册手续，并按甲方注册功能的不同为甲方提供相应的电子银行服务。

（三）乙方负责向甲方提供电子银行业务咨询服务，并在乙方网站公布业务介绍、热点解答等内容。

（四）乙方对甲方提供的申请资料和其他信息有保密的义务，但法律法规另有规定的除外。

（五）乙方同意甲方申请后，应及时将客户证书及密码交付给甲方，并保证在交付之前该客户证书均处于冻结状态。

（六）在乙方电子银行和资金清算等系统正常运行情况下，乙方负责及时准确地处理甲方发送的电子银行业务指令。提供服务如下：

1.为甲方提供24小时网上查询服务。

2.对甲方发出的系统内同城支付指令即时处理，实时入账。

3.对甲方发出的系统内异地支付指令、加急指令即时处理，2小时内入账；普通指令当天处理，次工作日内入账。

4.对甲方发出的系统外同城/异地支付指令，按人民银行有关规定处理。

（七）乙方收到甲方对电子银行业务的问题反映时，应及时进行调查并告知甲方调查结果。

（八）因乙方工作失误导致甲方支付指令处理延误的，乙方按《支付结算办法》的有关规定赔偿。

**第四条　法律适用条款**

本协议的成立、生效、履行和解释，均适用中华人民共和国法律；法律无明文规定的，可适用通行的金融惯例。

本协议是乙方的其他既有协议和约定的补充而非替代文件，如本协议与其他既有协议和约定有冲突，涉及电子银行业务的，应以本协议为准。

**第五条　争议的解决**

双方在履行本协议的过程中，如发生争议，应协商解决；协商不成的，任何一方均可向市级以上仲裁机构提请仲裁。

**第六条　协议的变更和终止**

乙方针对系统升级、功能更新等情况，保留变更本协议与条款的权利，有关变更，无须事先通知甲方。

乙方提供的电子银行服务受甲方注册账户情况的制约，如该账户挂失、止付、清户等原因不能使用，相关服务自动中止。甲方注册账户状态恢复正常时，乙方重新提供相应服务。

甲方完成乙方电子银行的注销手续时，本协议即为终止。

在甲方违反本协议规定或其他乙方业务规定的情况下，乙方有权中止或终止本协议。协议终止并不意味着终止前所发生的未完成交易指令的撤销，也不能消除因终止前的交易所带来的任何法律后果。

**第七条　协议的效力和生效**

本协议的任何条款如因任何原因而被确认无效，都不影响本协议其他条款的效力。

本协议自乙方向甲方交付客户证书和密码之日起生效。

甲方法人代表（授权代理人）签章：　　　　　　　　　　乙方（银行盖章）：

单位公章：

日期：　　年　　月　　日　　　　　　　　　　　　　　日期：　　年　　月

附件3-3-2

# 企业客户证书及账户信息表

第　　页

| 客户证书基本信息　新增□　变更□ | | | | | | | |
|---|---|---|---|---|---|---|---|
| 第一种证书（具备基本权限）　金卡□　银卡□　USBKEY□ | | | | 第二种证书（具备授权权限）　金卡□　银卡□　USBKEY□ | | | |
| 证书类型　　工行证书□　CFCA证书□ | | | | 证书类型　　工行证书□　CFCA证书□ | | | |
| 证书ID | 备选： | | | 证书ID | 备选： | | |
| 证件类型 | | 证件号码 | | 证件类型 | | 证件号码 | |
| 开通自助管理本企业ID权限 | | 开通□　关闭□ | | 开通自助管理本企业ID权限 | | 开通□　关闭□ | |
| 开通企业手机银行（WAP）授权业务<br>开通□　关闭□ | 开通企业手机银行（WAP）授权业务手机号码：<br>手机银行（WAP）最高授权限额： | | | 开通企业手机银行（WAP）授权业务<br>开通□　关闭□ | 开通企业手机银行（WAP）授权业务手机号码：<br>手机银行（WAP）最高授权限额： | | |
| 基本限额 | 大写：　　小写：¥ | | | 授权层级：<br>授权顺序：<br>层级授权人数： | 授权限额<br>组合授权限额 | 大写：　小写：¥<br>大写：　小写：¥ | |
| 向任意账号付款：<br>同意□　不同意□ | 批量付款：<br>同意□　不同意□ | 开通个人信贷服务：<br>同意□　不同意□ | | | | | |
| 设置多级组合授权的业务 | 付款业务□　贷款业务□　投资理财□　票据托管□　贵宾室□　集团理财□　国际结算□ | | | | | | |
| | 其他子功能名称 | | | | | | |

| 账户及证书操作权限信息　新增□　变更□ | | | | | | | |
|---|---|---|---|---|---|---|---|
| 账户类型：分支机构（含总部）□　集团外常用账户□ | | | | | | | |
| 名称 | | 地址 | | | | 邮编 | |
| 联系人 | | 联系电话 | | 编号 | （银行填写） | | |
| 账号 | | 开户行 | 备注 | 第一种证书操作权限 | | 第二种证书操作权限 | |
| | 新增□<br>删除□ | | | 可查询□　可转出　□　可转入□<br>可理财□　票据业务□　无权限□ | | 可查询□　可授权□<br>可理财□　无权限□ | |
| | 新增□<br>删除□ | | | 可查询□　可转出　□　可转入□<br>可理财□　票据业务□　无权限□ | | 可查询□　可授权□<br>可理财□　无权限□ | |
| | 新增□<br>删除□ | | | 可查询□　可转出　□　可转入□<br>可理财□　票据业务□　无权限□ | | 可查询□　可授权□<br>可理财□　无权限□ | |
| | 新增□<br>删除□ | | | 可查询□　可转出　□　可转入□<br>可理财□　票据业务□　无权限□ | | 可查询□　可授权□<br>可理财□　无权限□ | |

| 账户及证书操作权限信息　新增□　变更□ | | | | | | | |
|---|---|---|---|---|---|---|---|
| 账户类型：分支机构□　集团外常用账户□ | | | | | | | |
| 名称 | | 地址 | | | | 邮编 | |
| 联系人 | | 联系电话 | | 编号 | （银行填写） | | |
| 账号 | | 开户行名称 | 备注 | 第一种证书操作权限 | | 第二种证书操作权限 | |
| | 新增□<br>删除□ | | | 可查询□　可转出　□　可转入□<br>可理财□　票据业务□　无权限□ | | 可查询□　可授权□<br>可理财□　无权限□ | |
| | 新增□<br>删除□ | | | 可查询□　可转出　□　可转入□<br>可理财□　票据业务□　无权限□ | | 可查询□　可授权□<br>可理财□　无权限□ | |

| 账户及证书操作权限信息　新增□　变更□ | | | | | | | |
|---|---|---|---|---|---|---|---|
| 账户类型：分支机构□　集团外常用账户□　协定存款账户□ | | | | | | | |
| 名称 | | 地址 | | | | 邮编 | |
| 联系人 | | 联系电话 | | 编号 | （银行填写） | | |
| 账号 | | 开户行名称 | 备注 | 第一种证书操作权限 | | 第二种证书操作权限 | |
| | 新增□<br>删除□ | | | 可查询□　可转出　□　可转入□<br>可理财□　票据业务　□　无权限□ | | 可查询□　可授权□<br>无权限□ | |
| | 新增□<br>删除□ | | | 可查询□　可转出　□　可转入□<br>可理财□　票据业务　□　无权限□ | | 可查询□　可授权□<br>无权限□ | |

| | |
|---|---|
| 申请单位<br>预留印鉴： | 开户网点签章<br>银行印章：<br>印鉴审核人：　　印鉴复核人：<br>业务经办：　　业务主管：　　日期：　年　月　日 |

业务代理网点操作员：　　　　审核员：

附件3-3-3

# 中国工商银行
# 企业客户证书领取单

| 单位名称 | |
|---|---|
| 主申请账号 | |

现授权我单位：　　　　　　　　　　　　　　共（　　）人

证件号：

前往贵行领取企业客户证书及相应密码信封，请予受理。

单位预留印鉴：

特别提示：客户证书是我行为客户提供的办理网上银行业务的高级别安全工具，可以进行大额网上资金交易，有效防范风险。建议贵单位安排2人到我行营业网点分别领取客户证书和密码信封。

| 序　号 | 客户证书序号 | 客户证书ID 名称 |
|---|---|---|
| 1 | | |
| 2 | | |
| 3 | | |
| 4 | | |
| 5 | | |
| 6 | | |
| 7 | | |
| 8 | | |

现对上述客户证书和密码签收，请贵行对上述客户证书予以解冻。

领取时间：　　年　　月　　日　　时　　分

领取人签章：

银行移交人（移交证书介质）：　　　　　　银行移交人（移交密码信封）：

印鉴审核人：　　　　　　印鉴复核人：

银行印章：

业务代理网点客户领取证书回访核实情况：　　　　　　核实人：

证书解冻时间：　　年　　月　　日　　时　　分

业务代理网点操作员：　　　　　　审核员：

附件 4-1-1

# 提现申请书

年　月　日

| | | | |
|---|---|---|---|
| 收款单位 | | | |
| 单位地址 | | 联系电话 | |
| 收款人开户行 | | 开户账号 | |
| 用途 | | | |
| 大写金额 | 拾　万　仟　佰　拾　元　角　分 | 小写金额 | ¥ |

审批：　　　　　　审核：　　　　　　制表：

附件 4-1-2

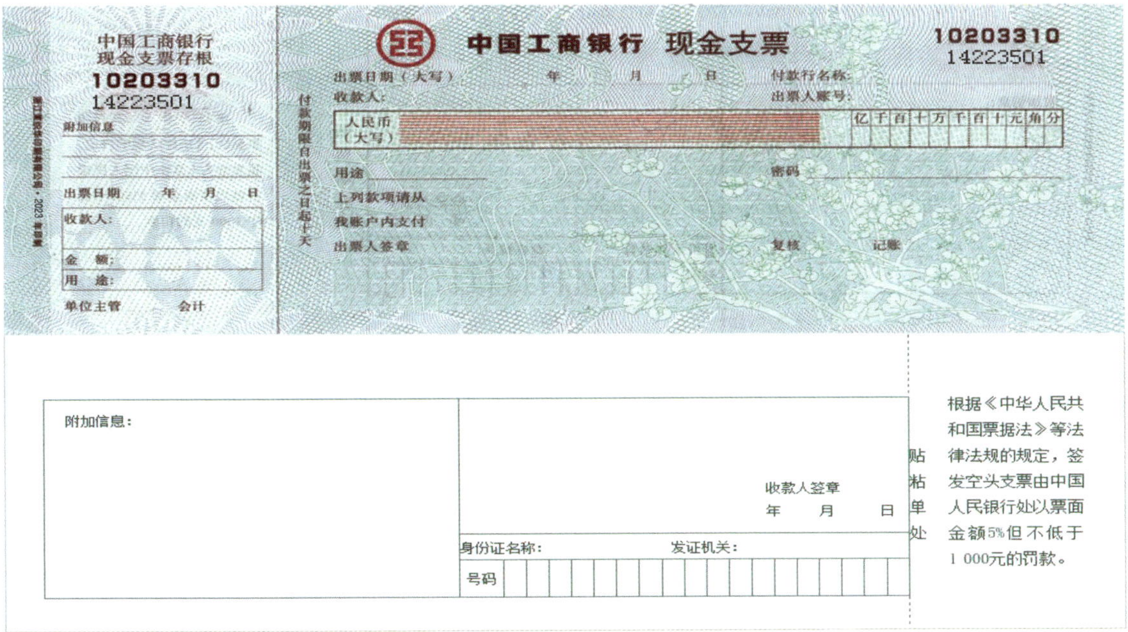

中国工商银行
现金支票存根
10203310
14223501
附加信息
出票日期　年　月　日
收款人：
金　额：
用　途：
单位主管　　会计

中国工商银行　现金支票　10203310 14223501
付款期限自出票之日起十天
出票日期（大写）　年　月　日　付款行名称：
收款人：　出票人账号：
人民币（大写）　亿 千 百 十 万 千 百 十 元 角 分
用途　密码
上列款项请从
我账户内支付
出票人签章　复核　记账

附加信息：

收款人签章
年　月　日

身份证名称：　发证机关：
号码

贴粘单处

根据《中华人民共和国票据法》等法律法规的规定，签发空头支票由中国人民银行处以票面金额5%但不低于1 000元的罚款。

附件 4-1-3

# 定额备用金申请表

2023年12月5日

| | | | |
|---|---|---|---|
| 申请部门 | 销售部 | 人民币（大写） | 伍仟元整（¥5 000.00） |
| 申请理由 | 办公费 | | |
| 备用金保管人 | 张云 | 保管方式 | 现金 |
| 申请部门负责人 | 同意<br>谷星星　2023.12.5 | | |
| 审批：　同意　徐敏　2023.12.5 | | 记账：　陈瑞刚　2023.12.5 | |

现金付讫

附件 4-1-4

# 提现申请书

年　月　日

| | | | |
|---|---|---|---|
| 收款单位 | | | |
| 单位地址 | | 联系电话 | |
| 收款人开户行 | | 开户账号 | |
| 用途 | | | |
| 大写金额 | 拾　万　仟　佰　拾　元　角　分 | 小写金额 | ¥ |

审批：　　　　审核：　　　　制表：

附件 4-1-5

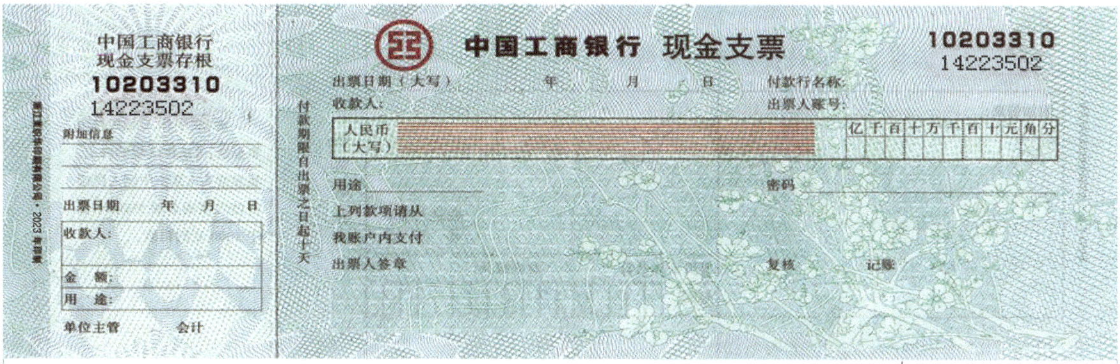
中国工商银行
现金支票存根
10203310
14223502
附加信息
出票日期　年　月　日
收款人：
金　额：
用　途：
单位主管　　会计

付款期限自出票之日起十天

中国工商银行　现金支票　10203310　14223502
出票日期（大写）　年　月　日　付款行名称：
收款人：　出票人账号：
人民币（大写）　亿 千 百 十 万 千 百 十 元 角 分
用途　密码
上列款项请从
我账户内支付
出票人签章　复核　记账

| 附加信息： | 收款人签章<br>年　月　日 |
|---|---|
| | 身份证名称：　发证机关： |
| | 号码 |

贴粘单处

根据《中华人民共和国票据法》等法律法规的规定，签发空头支票由中国人民银行处以票面金额5%但不低于1 000元的罚款。

附件 4-1-6

# 收款收据

No

年　月　日

| | |
|---|---|
| 今收到 | |
| 金额（大写）　佰　拾　万　仟　佰　拾　元　角　分 | |
| （小写）¥ | （单位盖章） |

存根（白）

记账（黄）

核准　　会计　　记账　　出纳　　经手人

附件 4-1-7

## 现金盘点盈亏报告表

2023年12月15日　　单位：元

<table>
<tr><td>面值</td><td>数量</td><td>金额</td><td rowspan="17">主管批准</td><td>总经理</td></tr>
<tr><td>100元</td><td>40</td><td>4 000.00</td><td rowspan="4">按制度相关规定处理，追究出纳人员的责任<br>冯勇</td></tr>
<tr><td>50元</td><td>20</td><td>1 000.00</td></tr>
<tr><td>20元</td><td>5</td><td>100.00</td></tr>
<tr><td>10元</td><td>1</td><td>10.00</td></tr>
<tr><td>5元</td><td>1</td><td>5.00</td><td>财务经理</td></tr>
<tr><td>1元</td><td>2</td><td>2.00</td><td rowspan="5">按制度相关规定处理，追究出纳人员的责任<br>徐敏</td></tr>
<tr><td>5角</td><td>0</td><td>0</td></tr>
<tr><td>1角</td><td>2</td><td>0.20</td></tr>
<tr><td>1分</td><td>8</td><td>0.08</td></tr>
<tr><td colspan="2">合计</td><td>5 117.28</td></tr>
<tr><td colspan="2">其他项目</td><td>—</td><td>会计主管</td></tr>
<tr><td colspan="2">未报销费用</td><td>—</td><td rowspan="5">按制度相关规定处理，追究出纳人员的责任<br>黄莹莹</td></tr>
<tr><td colspan="2">借支</td><td>—</td></tr>
<tr><td colspan="2">总计</td><td>5 117.28</td></tr>
<tr><td colspan="2">账面数</td><td>5 197.28</td></tr>
<tr><td colspan="2">盘点亏盈</td><td>-80.00</td></tr>
<tr><td colspan="5">上列款项于12月15日16时盘点，盘点时出纳人员在场<br>保管人：张晓霞　主管：黄莹莹　盘点人：陈瑞刚</td></tr>
</table>

附件 4-1-8

## 职工困难补助发放表

单位：浙江阳光服饰有限责任公司

| 姓名 | 部门 | 补助金额 | 领款人签字 |
|---|---|---|---|
| 王亚芬 | 生产车间 | 800.00 | 王亚芬 |
| 刘一天 | 生产车间 | 800.00 | 刘一天 |
| 姜红 | 后勤部门 | 400.00 | 姜红 |
| | | | |
| 合计 | | ¥2 000.00 | |

（印章：现金付讫）

审核：冯勇　复核：徐敏　出纳：张晓霞　制单：梁悦

附件 4-1-9

## 电子发票（普通发票）

发票号码：23311003003420598112

开票日期：2023年12月26日

| 购买方信息 | | 销售方信息 | |
|---|---|---|---|
| 名称：张亮良<br>统一社会信用代码/纳税人识别号： | | 名称：浙江阳光服饰有限责任公司<br>统一社会信用代码/纳税人识别号：<br>92110019651283321H | |

| 项目名称 | 规格型号 | 单位 | 数量 | 单价 | 金额 | 税率/征收率 | 税额 |
|---|---|---|---|---|---|---|---|
| *服装*衬衫 | | 件 | 100 | 30.00 | 3 000.00 | 13% | 390.00 |
| 合　计 | | | | | ¥3 000.00 | | ¥390.00 |
| 价税合计（大写） | ⊗叁仟叁佰玖拾元整 | | | | （小写）¥3 390.00 | | |
| 备注 | | | | | | | |

开票人：张晓霞

现金付讫

---

附件 4-1-10

## 现金盘点盈亏报告表

2023年12月31日　　　　单位：元

| 面值 | 数量 | 金额 | 主管批准 | |
|---|---|---|---|---|
| 100元 | 30 | 3 000.00 | | 总经理 |
| 50元 | 10 | 500.00 | | 同意财务部处理意见　冯勇 |
| 20元 | 10 | 200.00 | | |
| 10元 | 10 | 100.00 | | |
| 5元 | 1 | 5.00 | | 财务经理 |
| 1元 | 4 | 4.00 | | 同意财务部处理意见　徐敏 |
| 5角 | 0 | 0 | | |
| 1角 | 2 | 0.20 | | |
| 1分 | 8 | 0.08 | | |
| 合计 | | 3 809.28 | | 会计主管 |
| 其他项目 | | — | | 无法查明原因，按制度相关规定处理，作“营业外收入”处理　黄莹莹 |
| 未报销费用 | | — | | |
| 借支 | | — | | |
| 总计 | | 3 809.28 | | |
| 账面数 | | 3 789.28 | | |
| 盘点亏盈 | | 20.00 | | |

上列款项于12月31日16时盘点，盘点时出纳人员在场。

保管人：张晓霞　　主管：黄莹莹　　盘点人：陈瑞刚

附件 4-2-1

# 银行存款日记账

户名：浙江阳光服饰有限责任公司　　2023年11月30日　　币种：人民币

账号：1202021518090325917　　单位：元

| 2023年 | | 记账凭证编号 | 现金凭证 | | 摘要 | 借方金额（收入） | 贷方金额（支出） | 借方余额（结存） |
|---|---|---|---|---|---|---|---|---|
| 月 | 日 | | 名称 | 编号 | | | | |
| 11 | 1 | （略） | （略） | （略） | 期初余额 | | | 3 628 700.00 |
| 11 | 1 | | | | 购入转账支票 | | 30.00 | 3 628 670.00 |
| 11 | 1 | | | | 收到前欠货款 | 5 000 000.00 | | 8 628 670.00 |
| 11 | 1 | | | | 提现 | | 14 000.00 | 8 614 670.00 |
| 11 | 2 | | | | 提现 | | 10 000.00 | 8 604 670.00 |
| 11 | 2 | | | | 支付工程款 | | 150 000.00 | 8 454 670.00 |
| 11 | 2 | | | | 送存银行 | 3 590.00 | | 8 458 260.00 |
| 11 | 3 | | | | 取得租赁收入 | 30 000.00 | | 8 488 260.00 |
| 11 | 3 | | | | 申请银行本票 | | 95 000.00 | 8 393 260.00 |
| 11 | 3 | | | | 销售收入 | 147 420.00 | | 8 540 680.00 |
| 11 | 4 | | | | 支付前欠货款 | | 70 200.00 | 8 470 480.00 |
| 11 | 5 | | | | 购入现金支票 | | 20.00 | 8 470 460.00 |
| 11 | 5 | | | | 提现 | | 8 000.00 | 8 462 460.00 |
| 11 | 5 | | | | 汇票多余款结算 | | 26 000.00 | 8 436 460.00 |
| 11 | 6 | | | | 销售款送存银行 | 680.00 | | 8 437 140.00 |
| 11 | 7 | | | | 预付货款 | | 85 500.00 | 8 351 640.00 |
| 11 | 7 | | | | 申请银行汇票 | | 470 000.00 | 7 881 640.00 |
| 11 | 9 | | | | 销售收入 | 4 042.00 | | 7 885 682.00 |
| 11 | 9 | | | | 支付排污费 | | 5 000.00 | 7 880 682.00 |
| 11 | 9 | | | | 转入信用卡资金 | | 100 000.00 | 7 780 682.00 |
| 11 | 10 | | | | 购入原材料 | | 68 130.00 | 7 712 552.00 |
| 11 | 10 | | | | 支付税款 | | 64 460.00 | 7 648 092.00 |
| 11 | 10 | | | | 提现 | | 323 800.00 | 7 324 292.00 |
| 11 | 12 | | | | 支付广告费 | | 69 000.00 | 7 255 292.00 |
| 11 | 12 | | | | 提现 | | 5 500.00 | 7 249 792.00 |
| 11 | 13 | | | | 票据到期收款 | 117 000.00 | | 7 366 792.00 |
| 11 | 14 | | | | 支付代垫运费 | | 9 000.00 | 7 357 792.00 |
| 11 | 17 | | | | 预付保险费 | | 120 000.00 | 7 237 792.00 |
| 11 | 18 | | | | 提现 | | 6 000.00 | 7 231 792.00 |
| 11 | 19 | | | | 收到银行汇票余款 | 4 686.50 | | 7 236 478.50 |
| 11 | 20 | | | | 收到销售款 | 204 750.00 | | 7 441 228.50 |
| 11 | 21 | | | | 收到前欠货款 | 367 800.00 | | 7 809 028.50 |
| 11 | 22 | | | | 预付货款 | | 50 000.00 | 7 759 028.50 |
| 11 | 23 | | | | 支付到期票款 | | 46 800.00 | 7 712 228.50 |
| 11 | 23 | | | | 提现 | | 6 000.00 | 7 706 228.50 |
| 11 | 25 | | | | 收到销售款 | 200 070.00 | | 7 906 298.50 |
| 11 | 25 | | | | 支付利息费用 | | 1 125.00 | 7 905 173.50 |
| 11 | 26 | | | | 转出还贷资金 | | 101 500.00 | 7 803 673.50 |
| 11 | 27 | | | | 收到贴现货款 | 497 500.00 | | 8 301 173.50 |
| 11 | 27 | | | | 支付设备款 | | 234 000.00 | 8 067 173.50 |
| 11 | 28 | | | | 取得短期借款 | 1 000 000.00 | | 9 067 173.50 |
| 11 | 28 | | | | 支付购料款 | | 936 015.50 | 8 131 158.00 |
| 11 | 29 | | | | 收到前欠货款 | 430 200.00 | | 8 561 358.00 |
| 11 | 30 | | | | 支付退休金 | | 120 000.00 | 8 441 358.00 |
| 11 | 30 | | | | 收到利息收入 | 300.00 | | 8 441 658.00 |
| 11 | 30 | | | | 支付养老保险金 | | 65 646.00 | 8 376 012.00 |
| 11 | 30 | | | | 支付医疗保险金 | | 21 100.50 | 8 354 911.50 |
| 11 | 30 | | | | 本月合计 | 8 008 038.50 | 3 281 827.00 | 8 354 911.50 |

附件4-2-2

# 银行对账单——中国工商银行杭州钱江支行

户名：浙江阳光服饰有限责任公司　　2023年11月30日　　币种：人民币

账号：1202021518090325917　　单位：元

中国工商银行 杭州钱江支行 2023.11.30 业务章

| 2023年 月 | 日 | …算方式 | 摘要 | 借方发生额 | 贷方发生额 | 余额 |
|---|---|---|---|---|---|---|
| 11 | 1 | | 期初余额 | | | 3 628 700.00 |
| 11 | 1 | 银行转账 | 购入转账支票 | 30.00 | | 3 628 670.00 |
| 11 | 1 | 转账支票 | 收到前欠货款 | | 5 000 000.00 | 8 628 670.00 |
| 11 | 1 | 现金支票 | 提现 | 14 000.00 | | 8 614 670.00 |
| 11 | 2 | 现金支票 | 提现 | 10 000.00 | | 8 604 670.00 |
| 11 | 2 | 转账支票 | 支付工程款 | 150 000.00 | | 8 454 670.00 |
| 11 | 2 | 送存现金 | 送存银行 | | 3 590.00 | 8 458 260.00 |
| 11 | 3 | 转账支票 | 租赁收入 | | 30 000.00 | 8 488 260.00 |
| 11 | 3 | 银行转账 | 申请银行本票 | 95 000.00 | | 8 393 260.00 |
| 11 | 3 | 汇兑收款 | 销售收入 | | 147 420.00 | 8 540 680.00 |
| 11 | 4 | 转账支票 | 支付前欠货款 | 70 200.00 | | 8 470 480.00 |
| 11 | 5 | 银行转账 | 购入现金支票 | 20.00 | | 8 470 460.00 |
| 11 | 5 | 现金支票 | 提现 | 8 000.00 | | 8 462 460.00 |
| 11 | 5 | 银行转账 | 汇票多余款结算 | 26 000.00 | | 8 436 460.00 |
| 11 | 6 | 送存现金 | 送存银行 | | 680.00 | 8 437 140.00 |
| 11 | 7 | 信汇 | 预付货款 | 85 500.00 | | 8 351 640.00 |
| 11 | 7 | 银行转账 | 申请银行汇票 | 470 000.00 | | 7 881 640.00 |
| 11 | 9 | 送存现金 | 销售收入 | | 4 042.00 | 7 885 682.00 |
| 11 | 9 | 银行转账 | 支付排污费 | 5 000.00 | | 7 880 682.00 |
| 11 | 9 | 银行转账 | 转入信用卡资金 | 100 000.00 | | 7 780 682.00 |
| 11 | 10 | 转账支票 | 支付购料款 | 68 130.00 | | 7 712 552.00 |
| 11 | 10 | 银行转账 | 支付税款 | 64 460.00 | | 7 648 092.00 |
| 11 | 10 | 现金支票 | 提现 | 323 800.00 | | 7 324 292.00 |
| 11 | 12 | 转账支票 | 支付广告费 | 69 000.00 | | 7 255 292.00 |
| 11 | 12 | 现金支票 | 提现 | 5 500.00 | | 7 249 792.00 |
| 11 | 13 | 商业承兑汇票 | 票据到期收款 | | 117 000.00 | 7 366 792.00 |
| 11 | 14 | 转账支票 | 支付代垫运费 | 9 000.00 | | 7 357 792.00 |
| 11 | 17 | 转账支票 | 预付保险费 | 120 000.00 | | 7 237 792.00 |
| 11 | 18 | 现金支票 | 提现 | 6 000.00 | | 7 231 792.00 |
| 11 | 19 | 银行汇票 | 收到银行汇票余款 | | 4 686.50 | 7 236 478.50 |
| 11 | 20 | 转账支票 | 收到销售款 | | 204 750.00 | 7 441 228.50 |
| 11 | 21 | 网银转账 | 收到前欠货款 | | 367 800.00 | 7 809 028.50 |
| 11 | 22 | 电汇 | 预付货款 | 50 000.00 | | 7 759 028.50 |
| 11 | 23 | 银行承兑汇票 | 支付到期票款 | 46 800.00 | | 7 712 228.50 |
| 11 | 23 | 现金支票 | 提现 | 6 000.00 | | 7 706 228.50 |
| 11 | 25 | 银行转账 | 收到前欠货款 | | 234 000.00 | 7 940 228.50 |
| 11 | 25 | 银行转账 | 支付利息费用 | 1 125.00 | | 7 939 103.50 |
| 11 | 26 | 银行转账 | 转出还贷资金 | 101 500.00 | | 7 837 603.50 |
| 11 | 27 | 银行转账 | 收到贴现货款 | | 497 500.00 | 8 335 103.50 |
| 11 | 27 | 转账支票 | 支付设备款 | 234 000.00 | | 8 101 103.50 |
| 11 | 28 | 银行转账 | 取得短期借款 | | 1 000 000.00 | 9 101 103.50 |
| 11 | 28 | 网银支付 | 支付购料款 | 936 015.50 | | 8 165 088.00 |
| 11 | 29 | 汇兑收款 | 收到前欠货款 | | 430 200.00 | 8 595 288.00 |
| 11 | 30 | 银行转账 | 支付退休金 | 120 000.00 | | 8 475 288.00 |
| 11 | 30 | 银行转账 | 收到利息收入 | | 300.00 | 8 475 588.00 |
| 11 | 30 | 银行转账 | 支付水电费 | 18 000.00 | | 8 457 588.00 |

附件 4-2-3

## 银行存款余额调节表

编制单位：　　　　年　月　日　　　　单位：元

| 项目 | 金额 | 项目 | 金额 |
| --- | --- | --- | --- |
| 企业银行存款日记账余额 | | 银行对账单余额 | |
| 加：银行已收、企业未收款 | | 加：企业已收、银行未收款 | |
| 减：银行已付、企业未付款 | | 减：企业已付、银行未付款 | |
| 调节后的银行存款余额 | | 调节后的银行存款余额 | |

附件 4-2-4

## ICBC 中国工商银行 现金缴款单

年　月　日　　　　序号：

| | | | | | | | | | | | |
| --- | --- | --- | --- | --- | --- | --- | --- | --- | --- | --- | --- |
| 客户填写部分 | 收款人户名 | | | | | | | | | | |
| | 收款人账号 | | | | | | 收款人开户行 | | | | |
| | 缴款人 | | | | | | 款项来源 | | | | |
| | 币种(√) | 人民币 □ 外币： | 大写： | | | | | | 亿千百十万千百十元角分 | | |
| | 券别 | 100元 | 50元 | 20元 | 10元 | 5元 | 1元 | | | | 辅币(金额) |
| | 张数 | | | | | | | | | | |
| 银行填写部分 | 日期： | | 日志号： | | 交易码： | | 币种： | | | | |
| | 金额： | | 终端号： | | 主管： | | 柜员： | | | | |
| | 尊敬的客户：请您认真核对银行打印的要素，特别是记账日期、金额、收款人户名和收款人账号 | | | | | | | | | | |

第一联 银行记账凭证

制票：　　　　复核：

附件 4-2-5

## ICBC 中国工商银行

现金存款凭条

浙25294726

日期：2023 年 12 月 2 日

| | | | | |
| --- | --- | --- | --- | --- |
| 存款人 | 全　称 | 浙江阳光服饰有限责任公司 | | |
| | 账　号 | 1202021518090325917 | 款项来源 | 销售款 |
| | 开户行 | 中国工商银行杭州钱江支行 | 交款人 | 张晓霞 |

金额（大写）人民币陆仟伍佰玖拾元整

| 亿 | 千 | 百 | 十 | 万 | 千 | 百 | 十 | 元 | 角 | 分 |
| --- | --- | --- | --- | --- | --- | --- | --- | --- | --- | --- |
| | | | | ¥ | 6 | 5 | 9 | 0 | 0 | 0 |

| 票面 | 张数 | 十 | 万 | 千 | 百 | 十 | 元 | 票面 | 张数 | 十 | 万 | 千 | 百 | 十 | 元 |
| --- | --- | --- | --- | --- | --- | --- | --- | --- | --- | --- | --- | --- | --- | --- | --- |
| 壹佰元 | 60 | | | 6 | 0 | 0 | 0 | 伍角 | | | | | | | |
| 伍拾元 | 10 | | | | 5 | 0 | 0 | 贰角 | | | | | | | |
| 贰拾元 | 4 | | | | | 8 | 0 | 壹角 | | | | | | | |
| 拾元 | 1 | | | | | 1 | 0 | 伍分 | | | | | | | |
| 伍元 | | | | | | | | 贰分 | | | | | | | |
| 贰元 | | | | | | | | 壹分 | | | | | | | |
| 壹元 | | | | | | | | 其他 | | | | | | | |

中国工商银行
杭州钱江支行
2023.12.02
业务清讫（2）

第三联 客户核对联

附件 4-2-6

（正面）

**中国农业银行 转账支票**

20234402
20704235

付款期限自出票之日起十天

出票日期（大写） 贰零贰叁年 壹拾贰 月 零叁 日　　付款行名称：中国建设银行杭州秋涛支行

收款人：浙江阳光服饰有限责任公司　　出票人账号：3300384561254612361 5

| 人民币（大写） | 叁万伍仟壹佰元整 | 亿 | 千 | 百 | 十 | 万 | 千 | 百 | 十 | 元 | 角 | 分 |
|---|---|---|---|---|---|---|---|---|---|---|---|---|
| | | | | | ¥ | 3 | 5 | 1 | 0 | 0 | 0 | 0 |

用途 购货款　　密码 4568 5733 4070 8843

上列款项请从　　行号 236601

我账户内支付

出票人签章　　（印章：杭州……有限责任公司 财务专用章）（印章：张军 印海）

复核　　记账

⑈98553 ⑆571033458⑆ 453010400113 62⑈ 01

（背面）

| 附加信息： | 被背书人 | 被背书人 |
|---|---|---|
| | 背书人签章<br>年　月　日 | 背书人签章<br>年　月　日 |

粘贴单处

根据《中华人民共和国票据法》等法律法规的规定，签发空头支票由中国人民银行处以票面金额5%但不低于1 000元的罚款。

附件 4-2-7

中国工商银行　进账单

年　月　日

| | | |
|---|---|---|
| 出票人 | 全　称 | |
| | 账　号 | |
| | 开户银行 | |
| 金额 | 人民币（小写） | 亿 千 百 十 万 千 百 十 元 角 分 |
| 收款人 | 全　称 | |
| | 账　号 | |
| | 开户银行 | |
| 票据种类 | | 票据张数 |
| 票据号码 | | |

深圳光华印刷有限公司印刷 中国人民银行杭州中心支行监制

**中国工商银行 进账单（回　单）**　　1

年　月　日

| | | | | | |
|---|---|---|---|---|---|
| 出票人 | 全　称 | | 收款人 | 全　称 | |
| | 账　号 | | | 账　号 | |
| | 开户银行 | | | 开户银行 | |
| 金额 | 人民币（大写） | | | | 亿 千 百 十 万 千 百 十 元 角 分 |
| 票据种类 | | 票据张数 | | | |
| 票据号码 | | | | | |
| | 复核：　记账： | | | 受理银行签章 | |

此联是受理银行交给持（出）票人的回单

注意：本回单不作进账提货的证明，不作账务处理的依据，仅供查询用。

附件 4-2-8

## 付款申请书

年　月　日

| 用途 | 金额 | | | | | | | | | | | 收款单位（个人）： |
|---|---|---|---|---|---|---|---|---|---|---|---|---|
| | 亿 | 千 | 百 | 十 | 万 | 千 | 百 | 十 | 元 | 角 | 分 | 账号： |
| | | | | | | | | | | | | 开户行： |
| 金额（大写）合计 | | | | | | | | | | | | 电汇□　信汇□　汇票□　转账□　其他□ |

| | | | | | | | |
|---|---|---|---|---|---|---|---|
| 总经理 | | 财务部门 | 经理 | | 业务部门 | 经理 | |
| | | | 出纳 | | | 经办人 | |

附件 4-2-9

中国工商银行
转账支票存根
10203310
22343501

附加信息

出票日期　　年　　月　　日

收款人：

金　额：

用　途：

单位主管　　　会计

**中国工商银行　转账支票**　　10203310　22343501

出票日期（大写）　　年　　月　　日　　付款行名称：

收款人：　　出票人账号：

付款期限自出票之日起十天

| 人民币（大写） | 亿 | 千 | 百 | 十 | 万 | 千 | 百 | 十 | 元 | 角 | 分 |
|---|---|---|---|---|---|---|---|---|---|---|---|
| | | | | | | | | | | | |

用途　　密码

上列款项请从　　行号

我账户内支付

出票人签章　　复核　　记账

⑈84316 ⑆571022123⑆ 212099000774 22⑈ 01

| 附加信息： | 被背书人 | 被背书人 |
|---|---|---|
| | 背书人签章<br>年　月　日 | 背书人签章<br>年　月　日 |

贴粘单处

根据《中华人民共和国票据法》等法律法规的规定，签发空头支票由中国人民银行处以票面金额5%但不低于1 000元的罚款。

附件 4-2-10

## 中国工商银行　网上银行电子回单

回单号码：20231209111203

| | | | | | |
|---|---|---|---|---|---|
| 付款人 | 户名 | 杭州橙色服装公司 | 收款人 | 户名 | 浙江阳光服饰有限责任公司 |
| | 账号 | 1202090325917022389 | | 账号 | 1202021518090325917 |
| | 开户银行 | 中国工商银行杭州江滨支行 | | 开户银行 | 中国工商银行杭州钱江支行 |
| 金额 | | 人民币叁拾陆万柒仟捌佰元整　¥367 800.00 | | | |
| 摘要 | | 收到客户前欠货款 | 业务（产品）种类 | | 汇划收报 |
| 用途 | | 货款结算 | | | |
| 交易流水号 | | 103648978 | 时间戳 | | 2023-12-09　15:36 |
| 电子回单专用章 | | 备注：略<br>验证码：MP1230546YH84 | | | |
| 记账网点 | 中国工商银行杭州钱江支行 | 记账柜员 | 12 | 记账日期 | 2023年12月9日 |

（印章：中国工商银行 电子回单 专用章）

打印日期：2023年12月9日

重要提示：

1. 如果您是收款方，请到工行网站www.icbc.com.cn电子回单验证处进行回单验证。
2. 本回单不作为收款方发货依据，并请勿重复记账。
3. 您可以选择发送邮件，将此电子回单发送给指定的接收人。

附件 4-2-11

## 借款申请书

| 借款单位 | | | 借款种类 | | | | |
|---|---|---|---|---|---|---|---|
| 借款金额（大写） | | | 借款金额（小写） | | | | |
| 借款用途 | | | | | | | |
| （分期）借款计划 | | | | （分期）还款计划 | | | |
| 年 | 月 | 日 | 金额（大写） | 年 | 月 | 日 | 金额（大写） |
| | | | | | | | |
| | | | | | | | |
| | | | | | | | |

| 抵押贷款抵押品 | 名称 | 数量 | 金额（大写） |
|---|---|---|---|
| | | | |
| | 抵押品保管地点和保管方式 | | |

| 担保贷款担保单位和担保人 | | 担保价值 | |
|---|---|---|---|

借款单位盖章：

年　月　日

| 信贷员审核意见 | 信贷员　　年　月　日 |
|---|---|
| 营业所贷款审批小组意见 | 组长　　年　月　日 |
| 县（市）支行贷款审批小组意见 | 组长　　年　月　日 |
| 上级行贷款审批小组意见 | 组长　　年　月　日 |

附件 4-2-12

## 付款申请书

年　月　日

| 用途 | 金额 | | | | | | | | | | | 收款单位（个人）： |
|---|---|---|---|---|---|---|---|---|---|---|---|---|
| | 亿 | 千 | 百 | 十 | 万 | 千 | 百 | 十 | 元 | 角 | 分 | 账号： |
| | | | | | | | | | | | | 开户行： |
| 金额（大写）合计 | | | | | | 电汇□　信汇□　汇票□　转账□　其他□ | | | | | | |

| 总经理 | | 财务部门 | 经理 | | 业务部门 | 经理 | |
|---|---|---|---|---|---|---|---|
| | | | 出纳 | | | 经办人 | |

附件4-2-13

中国工商银行
INDUSTRIAL AND COMMERCIAL BANK OF CHINA

业务委托书

委托日期 年 月 日

02985462

| | | | | | |
|---|---|---|---|---|---|
| 银行打印 | 略... | | | | |
| 客户填写 | 业务类型 | □电汇 □信汇 □汇票申请书 □本票申请书 □其他 | | 汇款方式 | □普通 □加急 |
| | 委托人 全称 | | 收款人 全称 | | |
| | 账号或地址 | | 账号或地址 | | |
| | 开户行名称 | | 开户行名称 | | |
| | 开户银行 | 省 市 | 开户银行 | 省 市 | |
| | 金额 人民币（大写） | | 亿 千 百 十 万 千 百 十 元 角 分 | | |
| | 支付密码 | ****** | 上列款项及相关费用请从我账户内支付： | | |
| | 加急汇款签字 | | | | |
| | 用途 | | | | |
| | 附加信息及用途： | | 委托人签章 | | |

第一联 记账联

事后监督： 会计主管： 复核： 记账：

附件4-2-14

# 付款申请书

年 月 日

| 用途 | 金额 | | | | | | | | | | | 收款单位（个人）： |
|---|---|---|---|---|---|---|---|---|---|---|---|---|
| | 亿 | 千 | 百 | 十 | 万 | 千 | 百 | 十 | 元 | 角 | 分 | 账号： |
| | | | | | | | | | | | | 开户行： |
| 金额（大写）合计 | | | | | | 电汇□ 信汇□ 汇票□ 转账□ 其他□ | | | | | | |
| 总经理 | | 财务部门 | 经理 | | | 业务部门 | 经理 | | | | | |
| | | | 出纳 | | | | 经办人 | | | | | |

附件4-2-15

# 电子发票（增值税专用发票）

发票号码：23311003003421183202
开票日期：2023年12月19日

| 购买方信息 | 名称：浙江阳光服饰有限责任公司<br>统一社会信用代码/纳税人识别号：<br>92110019651283321H | | | 销售方信息 | 名称：杭州广丰服饰批发公司<br>统一社会信用代码/纳税人识别号：<br>91330129070924811A | | |
|---|---|---|---|---|---|---|---|
| 项目名称 | 规格型号 | 单位 | 数量 | 单价 | 金额 | 税率/征收率 | 税额 |
| *模具*服饰陈列模型 | | 个 | 1 000 | 800.00 | 800 000.00 | 13% | 104 000.00 |
| 合 计 | | | | | ¥800 000.00 | | ¥104 000.00 |
| 价税合计（大写） | ⊗玖拾万零肆仟元整 | | | | （小写）¥904 000.00 | | |
| 备注 | | | | | | | |

开票人：李密思

附件 4-2-16

## 产品入库单

2023年12月19日

| 产品编号 | 产品名称 | 计量单位 | 实收数量 | 单位成本 | 总成本 | 备注 |
|---|---|---|---|---|---|---|
| 6 | 服饰陈列模型 | 个 | 1 000 | 800.00 | 800 000.00 | 周转材料 |
| | | | | | | |
| | | | | | | |

主管：姜红　　保管：左明明　　交库：王洪亮　　会计：曹珊珊

附件 4-2-17

## 中国工商银行　网上银行电子回单

回单号码：31161209111164

| | | | | | |
|---|---|---|---|---|---|
| 付款人 | 户名 | 浙江阳光服饰有限责任公司 | 收款人 | 户名 | 杭州广丰服饰批发公司 |
| | 账号 | 1202021518090325917 | | 账号 | 1202232412490104116 |
| | 开户银行 | 中国工商银行杭州钱江支行 | | 开户银行 | 中国工商银行杭州江城支行 |
| 金额 | | 人民币玖拾万零肆仟元整　¥904 000.00 | | | |
| 摘要 | | 支付供应商购货款 | 业务（产品）种类 | | 汇划发报 |
| 用途 | | 货款结算 | | | |
| 交易流水号 | | 1489780311 | 时间戳 | | 2023-12-19　10:25 |
| | | 备注：略 | | | |
| | | 验证码：BV4612316KJ08 | | | |
| 记账网点 | 中国工商银行杭州钱江支行 | 记账柜员 10 | | 记账日期 | 2023年12月19日 |

（印章：中国工商银行 电子回单专用章）

打印日期：2023年12月19日

重要提示：

1. 如果您是收款方，请到工行网站 www.icbc.com.cn 电子回单验证处进行回单验证。
2. 本回单不作为收款方发货依据，并请勿重复记账。
3. 您可以选择发送邮件，将此电子回单发送给指定的接收人。

附件 4-2-18

## 贷款凭证（3）（收账通知）

2023年12月21日

| 贷款单位 | 浙江阳光服饰有限责任公司 | 种类 | 短期 | 贷款户账号 | 1202021252395180903 |
|---|---|---|---|---|---|
| | | | | 存款户账号 | 12020372151180903259 |
| 金额 | 人民币（大写）伍拾万元整 | 千 百 十 万 千 百 十 元 角 分 | | | ¥ 5 0 0 0 0 0 0 |
| 用途 | 资金周转 | 单位申请期限 | | | 自2023年12月21日起至2024年12月21日 |
| | | 银行核定 | | | 自2023年12月21日起至2024年12月21日 |

上述贷款已核准发放，并已划入你单位账号

月利率0.46%

银行盖章　2023年12月21日

（印章：交通银行 杭州西湖支行 2023.12.21 业务清讫（1））

单位会计分录

收入

付出

复核　　记账

主管　　会计

附件 4-2-19

## 借款借据

贷款合同编号：202312116

| | | | | | | | | | | | | | |
|---|---|---|---|---|---|---|---|---|---|---|---|---|---|
| 借款人名称 | 浙江阳光服饰有限责任公司 | | 借款用途 | | | | | | 资金周转 | | | | |
| 开户银行 | 交通银行杭州西湖支行 | | 借款种类 | | | | | | 短期 | | | | |
| 账号 | 1202021252395180903 | | | | | | | | | | | | |
| 借款金额（大写） | 人民币（大写）伍拾万元整 | | 小写 | 千 | 百 | 十 | 万 | 千 | 百 | 十 | 元 | 角 | 分 |
| | | | | | ¥ | 5 | 0 | 0 | 0 | 0 | 0 | 0 | 0 |
| 起息日 | 2023 年 12 月 21 日 | 到期日 | 2024 年 12 月 21 日 | | | | 利率 | | 0.46%（月） | | | | |

借款单位（人）印章：浙江阳光服饰有限责任公司

借款人签名（或印章）：冯勇印

债权人签名（或印章）：交通银行 杭州西湖支行 2023.12.21 业务清讫（1）

| 偿还记录 | 年 | 月 | 日 | 偿还金额 | 余额 | 备注 |
|---|---|---|---|---|---|---|
| | | | | | | |
| | | | | | | |
| | | | | | | |
| | | | | | | |
| | | | | | | |

附件 4-2-20

委邮

## 委托收款凭证（收账通知）

4 第 125 号

委托日期 2023 年 12 月 15 日　　委托号码：2023120933

付款期限 2023 年 12 月 25 日

| | | | | | |
|---|---|---|---|---|---|
| 付款人 | 全称 | 杭州星星服饰公司 | 收款人 | 全称 | 浙江阳光服饰有限责任公司 |
| | 账号或地址 | 1202405800132543891 | | 账号 | 1236021259475180909 |
| | 开户银行 | 中国工商银行杭州鼓楼支行 | | 开户银行 | 杭州银行杭州秋涛支行　行号 6335 |

| 委收金额 | 人民币（大写） | 千 | 百 | 十 | 万 | 千 | 百 | 十 | 元 | 角 | 分 |
|---|---|---|---|---|---|---|---|---|---|---|---|
| | 肆拾叁万零贰佰元整 | | ¥ | 4 | 3 | 0 | 2 | 0 | 0 | 0 | 0 |

| 款项内容 | 销货款 | 委托收款凭据名称 | 增值税专用发票等 | 附寄单证张数 | 4 |
|---|---|---|---|---|---|

| 备注 | 上列款项已全部或回收入你方账户 |
|---|---|
| | 杭州银行 杭州秋涛支行 2023.12.15 业务清讫（1） |
| | 收款人开户银行盖章 2023 年 12 月 25 日 |

单位主管 商玛茵　会计 颜文文　复核 李航　记账 张明　付款人开户银行收到日期 2023 年 12 月 25 日　支付日期 2023 年 12 月 25 日

此联是付款人开户银行在款项收妥后给收款人的收账通知

附件 4-2-21

## 付款申请书

年　月　日

| 用途 | 金额 | | | | | | | | | | | 收款单位（个人）： |
|---|---|---|---|---|---|---|---|---|---|---|---|---|
| | 亿 | 千 | 百 | 十 | 万 | 千 | 百 | 十 | 元 | 角 | 分 | 账号： |
| | | | | | | | | | | | | 开户行： |
| 金额（大写）合计 | | | | | | | 电汇☐　信汇☐　汇票☐　转账☐　其他☐ | | | | | |

| 总经理 | | 财务部门 | 经理 | | 业务部门 | 经理 | |
|---|---|---|---|---|---|---|---|
| | | | 出纳 | | | 经办人 | |

附件4-2-22

中国工商银行
INDUSTRIAL AND COMMERCIAL BANK OF CHINA

# 业务委托书

委托日期　　年　　月　　日　　　　0298546

| | | | | | |
|---|---|---|---|---|---|
| 银行打印 | 略... | | | | |
| 业务类型 | □电汇　□信汇　□汇票申请书　□本票申请书　□其他 | | | 汇款方式 | □普通　□加急 |
| 委托人 | 全称 | | 收款人 | 全称 | |
| | 账号或地址 | | | 账号或地址 | |
| | 开户行名称 | | | 开户行名称 | |
| | 开户银行 | 省　市 | | 开户银行 | 省　市 |
| 金额 | 人民币（大写） | | 亿千百十万千百十元角分 | | |
| 支付密码 | ****** | | 上列款项及相关费用请从我账户内支付： | | |
| 加急汇款签字 | | | | | |
| 用途 | | | | | |
| 附加信息及用途： | | | 委托人签章 | | |

客户填写

第一联　记账联

事后监督：　　会计主管：　　复核：　　记账：

附件4-2-23

# 电子发票（增值税专用发票）

发票号码：23311003003428716201
开票日期：2023年12月28日

| | | | |
|---|---|---|---|
| 购买方信息 | 名称：浙江阳光服饰有限责任公司<br>统一社会信用代码/纳税人识别号：92110019651283321H | 销售方信息 | 名称：杭州水务控股集团有限公司<br>统一社会信用代码/纳税人识别号：91330148112901193A |

| 项目名称 | 规格型号 | 单位 | 数量 | 单价 | 金额 | 税率/征收率 | 税额 |
|---|---|---|---|---|---|---|---|
| *水冰雪*水费 | | 吨 | 790 | 4.00 | 3 160.00 | 9% | 284.40 |
| 合　计 | | | | | ¥3 160.00 | | ¥284.40 |
| 价税合计（大写） | ⊗叁仟肆佰肆拾肆元肆角整 | | | | （小写）¥3 444.40 | | |
| 备注 | | | | | | | |

开票人：郭小溪

附件 4-2-24

## "一户通"系统同城特约委托收款凭证（付款通知）2　编号：

付款日期 2023 年 12 月 28 日

| | | | | | |
|---|---|---|---|---|---|
| 付款人 | 全称 | 浙江阳光服饰有限责任公司 | 收款人 | 全称 | 杭州水务控股集团有限公司 |
| | 账号 | 1202021518090325917 | | 账号 | 120140107387012582 |
| | 开户银行 | 中国工商银行杭州钱江支行 | | 开户银行 | 中国建设银行杭州清泰支行 |
| 金额 | 人民币（大写） | 叁仟肆佰肆拾肆元肆角整 | | 人民币（小写） | ¥ 3 444.40 |
| 款项内容 | | 水费 | | 协议号码 | hz290116 |
| | | | | 付款人开户银行签章：中国工商银行 杭州钱江支行 2023.12.28 业务清讫（3）<br>2023 年 12 月 28 日 | |

此联是付款人开户银行给付款人的付款通知

附件 4-3-1

## 付款申请书

年　月　日

| 用途 | 金额 | | | | | | | | | | | 收款单位（个人）： | | |
|---|---|---|---|---|---|---|---|---|---|---|---|---|---|---|
| | 亿 | 千 | 百 | 十 | 万 | 千 | 百 | 十 | 元 | 角 | 分 | 账号： | | |
| | | | | | | | | | | | | 开户行： | | |
| 金额（大写）合计 | | | | | | | | | | | | 电汇□　信汇□　汇票□　转账□　其他□ | | |
| 总经理 | | 财务部门 | | 经理 | | | | 业务部门 | | 经理 | | | | |
| | | | | 出纳 | | | | | | 经办人 | | | | |

附件 4-3-2

**中国工商银行**
INDUSTRIAL AND COMMERCIAL BANK OF CHINA

## 业务委托书

委托日期　　年　　月　　日　　　　02985464

| | | | | | | |
|---|---|---|---|---|---|---|
| 银行打印 | 略... | | | | | |
| 客户填写 | 业务类型 | □ 电汇　□ 信汇　□ 汇票申请书　□ 本票申请书　□ 其他 | | | 汇款方式 | □ 普通　□ 加急 |
| | 委托人 全称 | | 收款人 | 全称 | | |
| | 账号或地址 | | | 账号或地址 | | |
| | 开户行名称 | | | 开户行名称 | | |
| | 开户银行 | 省　　市 | | 开户银行 | 省　　市 | |
| | 金额 人民币（大写） | | | | 亿 千 百 十 万 千 百 十 元 角 分 | |
| | 支付密码 | ****** | 上列款项及相关费用请从我账户内支付： | | | |
| | 加急汇款签字 | | | | | |
| | 用途 | | | | | |
| | 附加信息及用途： | | 委托人签章 | | | |

第一联 记账联

事后监督：　　会计主管：　　复核：　　记账：

附件 4-3-3

付款期限
壹个月

**中国工商银行**
**银行汇票** 2

地
名

出票日期（大写）贰零贰叁 年 壹拾贰 月 零伍 日

代理付款行：中国工商银行杭州钱江支行 行号：2988

收款人：浙江阳光服饰有限责任公司 账号：1202021518090325917

出票金额 人民币（大写）贰拾陆万元整

实际结算金额 人民币（大写）

| 千 | 百 | 十 | 万 | 千 | 百 | 十 | 元 | 角 | 分 |
| --- | --- | --- | --- | --- | --- | --- | --- | --- | --- |
| | | | | | | | | | |

申请人：苏州星光有限责任公司 账号：4202167011809764589

出票行：中国工商银行苏州劳动支行 行号：113307

备 注：购货款

凭票付款

出票行签章

（印章：中国工商银行 3111155111311 汇票专用章）

密押：

多余金额

| 千 | 百 | 十 | 万 | 千 | 百 | 十 | 元 | 角 | 分 |
| --- | --- | --- | --- | --- | --- | --- | --- | --- | --- |
| | | | | | | | | | |

复核 记账

此联代理付款行付款后作联行往账借方凭证附件

附件 4-3-4

付款期限
壹个月

**中国工商银行**
**银行汇票**

（解讫通知）3

地 名 B A 00000000 0 1

出票日期（大写）贰零贰叁 年 壹拾贰 月 零伍 日

代理付款银行：中国工商银行杭州钱江支行 行号：2988

收款人：浙江阳光服饰有限责任公司 账号：1202021518090325917

出票金额 人民币（大写）贰拾陆万元整

实际结算金额 人民币（大写）

| 千 | 百 | 十 | 万 | 千 | 百 | 十 | 元 | 角 | 分 |
| --- | --- | --- | --- | --- | --- | --- | --- | --- | --- |
| | | | | | | | | | |

申请人：苏州星光有限责任公司 账号：4202167011809764589

出票行：中国工商银行苏州劳动支行 行号：113307

备 注：购货款

代理付款行签章

（印章：中国工商银行 3111155111311 汇票专用章）

复核 经办

密押：

多余金额

| 千 | 百 | 十 | 万 | 千 | 百 | 十 | 元 | 角 | 分 |
| --- | --- | --- | --- | --- | --- | --- | --- | --- | --- |
| | | | | | | | | | |

复核 记账

此联代理付款行兑付后随报单寄出票行由出票行作多余款贷方凭证

附件 4-3-5

中国工商银行 进账单

年 月 日

| | | |
| --- | --- | --- |
| 出票人 | 全 称 | |
| | 账 号 | |
| | 开户银行 | |
| 金额 | 人民币（小写） | 亿 千 百 十 万 千 百 十 元 角 分 |
| 收款人 | 全 称 | |
| | 账 号 | |
| | 开户银行 | |
| 票据种类 | | 票据张数 |
| 票据号码 | | |

深圳光华印制有限公司印制 中国人民银行杭州中心支行监制

**中国工商银行** 进账单 （回 单） 1

年 月 日

| | | | | | |
| --- | --- | --- | --- | --- | --- |
| 出票人 | 全 称 | | 收款人 | 全 称 | |
| | 账 号 | | | 账 号 | |
| | 开户银行 | | | 开户银行 | |
| 金额 | 人民币（大写） | | | | 亿 千 百 十 万 千 百 十 元 角 分 |
| 票据种类 | | 票据张数 | | | |
| 票据号码 | | | | | |
| 复核： 记账： | | | | 受理银行签章 | |

此联是受理银行交给持（出）票人的回单

注意：本回单不作进账提货的证明，不作账务处理的依据，仅供查询用。

附件 4-3-6

# 付款申请书

年　月　日

| 用途 | 金额 | | | | | | | | | | | 收款单位（个人）： |
|---|---|---|---|---|---|---|---|---|---|---|---|---|
| | 亿 | 千 | 百 | 十 | 万 | 千 | 百 | 十 | 元 | 角 | 分 | 账号： |
| | | | | | | | | | | | | 开户行： |
| 金额（大写）合计 | | | | | | 电汇□　信汇□　汇票□　转账□　其他□ | | | | | | |
| 总经理 | | 财务部门 | 经理 | | 业务部门 | 经理 | | | | | | |
| | | | 出纳 | | | 经办人 | | | | | | |

附件 4-3-7

中国工商银行
INDUSTRIAL AND COMMERCIAL BANK OF CHINA

## 业务委托书

委托日期　　年　　月　　日　　　　02985465

| | | | | | | |
|---|---|---|---|---|---|---|
| 银行打印 | 略... | | | | | |
| 客户填写 | 业务类型 | □电汇　□信汇　□汇票申请书　□本票申请书　□其他 | | | 汇款方式 | □普通　□加急 |
| | 委托人 | 全称 | | 收款人 | 全称 | |
| | | 账号或地址 | | | 账号或地址 | |
| | | 开户行名称 | | | 开户行名称 | |
| | | 开户银行 | 省　市 | | 开户银行 | 省　市 |
| | 金额 | 人民币（大写） | | | 亿 千 百 十 万 千 百 十 元 角 分 | |
| | 支付密码 | ****** | | 上列款项及相关费用请从我账户内支付： | | |
| | 加急汇款签字 | | | | | |
| | 用途 | | | | | |
| | 附加信息及用途： | | | 委托人签章 | | |

第一联　记账联

事后监督：　　会计主管：　　复核：　　记账：

附件 4-3-8

# 付款申请书

年　月　日

| 用途 | 金额 | | | | | | | | | | | 收款单位（个人）： |
|---|---|---|---|---|---|---|---|---|---|---|---|---|
| | 亿 | 千 | 百 | 十 | 万 | 千 | 百 | 十 | 元 | 角 | 分 | 账号： |
| | | | | | | | | | | | | 开户行： |
| 金额（大写）合计 | | | | | | 电汇□　信汇□　汇票□　转账□　其他□ | | | | | | |
| 总经理 | | 财务部门 | 经理 | | 业务部门 | 经理 | | | | | | |
| | | | 出纳 | | | 经办人 | | | | | | |

附件 4-3-9

中国工商银行
转账支票存根
10203310
22343502

附加信息

出票日期　　年　　月　　日

| | |
|---|---|
| 收款人： | |
| 金　额： | |
| 用　途： | |

单位主管　　会计

**中国工商银行　转账支票**　　10203310　22343502

付款期限自出票之日起十天

出票日期（大写）　　年　　月　　日　　付款行名称：

收款人：　　出票人账号：

| 人民币（大写） | 亿 | 千 | 百 | 十 | 万 | 千 | 百 | 十 | 元 | 角 | 分 |
|---|---|---|---|---|---|---|---|---|---|---|---|
| | | | | | | | | | | | |

用途　　密码

上列款项请从　　行号

我账户内支付

出票人签章　　复核　　记账

⑈84316 ⑆571022123⑆ 2120990007742⑈ 01

| 附加信息： | 被背书人 | 被背书人 |
|---|---|---|
| | 背书人签章<br>年　月　日 | 背书人签章<br>年　月　日 |

贴粘单处

根据《中华人民共和国票据法》等法律法规的规定，签发空头支票由中国人民银行处以票面金额5%但不低于1 000元的罚款。

附件 4-3-10

中国工商银行　　进账单

年　　月　　日

| | | |
|---|---|---|
| 出票人 | 全　称 | |
| | 账　号 | |
| | 开户银行 | |
| 金额 | 人民币（小写） | 亿 千 百 十 万 千 百 十 元 角 分 |
| 收款人 | 全　称 | |
| | 账　号 | |
| | 开户银行 | |
| 票据种类 | | 票据张数 |
| 票据号码 | | |

深圳光华印制有限公司印制　中国人民银行杭州中心支行监制

**中国工商银行　进账单**（回　单）　　1

年　　月　　日

| | | | | | |
|---|---|---|---|---|---|
| 出票人 | 全　称 | | 收款人 | 全　称 | |
| | 账　号 | | | 账　号 | |
| | 开户银行 | | | 开户银行 | |
| 金额 | 人民币（大写） | | | 亿 千 百 十 万 千 百 十 元 角 分 | |
| 票据种类 | | 票据张数 | | | |
| 票据号码 | | | | | |
| 复核：　记账： | | | 受理银行签章 | | |

此联是受理银行交给持（出）票人的回单

注意：本回单不作进账提货的证明，不作账务处理的依据，仅供查询用。

附件 4-3-11

付款期限
壹个月

**中国工商银行**（多余款收账通知）
**银行汇票**　　4　　汇票号码　0037743

出票日期（大写）　贰零贰叁　年　壹拾壹　月　贰拾伍　日

代理付款行　中国工商银行三亚红星支行　行号：400496

收款人：海南服饰机械集团公司　　账号：6987340152010509198

出票金额　人民币（大写）　肆拾柒万元整

| 实际结算金额 | 人民币（大写）肆拾陆万伍仟叁佰壹拾叁元伍角整 | 千 | 百 | 十 | 万 | 千 | 百 | 十 | 元 | 角 | 分 |
|---|---|---|---|---|---|---|---|---|---|---|---|
| | | | ¥ | 4 | 6 | 5 | 3 | 1 | 3 | 5 | 0 |

申请人　浙江阳光服饰有限责任公司　　账号：12020215180903259１7

出票行　中国工商银行杭州钱江支行　行号　2988

密押：3001465021

备　注：　设备购货款

凭票付款

出票行签章

（印章：中国工商银行　1245573310981　汇票专用章）

| 多余金额 | | | | | | | | | |
|---|---|---|---|---|---|---|---|---|---|
| 千 | 百 | 十 | 万 | 千 | 百 | 十 | 元 | 角 | 分 |
| | | | ¥ | 4 | 6 | 8 | 6 | 5 | 0 |

（印章：中国工商银行杭州钱江支行　2023.12.19　业务清讫（3））

此联出票行结清多余款后交申请人

附件 4-3-12

# 费 用 报 销 单

报销日期：2023年12月23日

| 费用项目 | 类别 | 金额 | 负责人（签章） | 冯勇 |
| --- | --- | --- | --- | --- |
| 公司经费 | 业务招待费 | 1 650.00 | | |
| | | | 审查意见 | 同意报销。张一山 |
| | | | 报销人 | 张丹 |
| 报销金额合计 | | ¥1 650.00 | 支付方式 | 信用卡 |
| 核实金额（大写）：壹仟陆佰伍拾元整 | | | | |
| 借款数：— | | 应退数：— | | 应补金额：— |

审核人：徐敏　　复核人：黄莹莹　　出纳：张晓霞

附件 4-3-13

# 电子发票（普通发票）

发票号码：23311003003438113826

开票日期：2023年12月23日

| 购买方信息 | 名称：浙江阳光服饰有限责任公司<br>统一社会信用代码/纳税人识别号：<br>92110019651283321H | 销售方信息 | 名称：杭州大红鹰餐饮集团<br>统一社会信用代码/纳税人识别号：<br>913301982865322106 |
| --- | --- | --- | --- |

| 项目名称 | 规格型号 | 单位 | 数量 | 单价 | 金额 | 税率/征收率 | 税额 |
| --- | --- | --- | --- | --- | --- | --- | --- |
| *餐饮服务*餐费 | | | | | 1 556.60 | 6% | 93.40 |
| 合　计 | | | | | ¥1 556.60 | | ¥93.40 |
| 价税合计（大写） | ⊗ 壹仟陆佰伍拾元整 | | | | （小写）¥1 650.00 | | |
| 备注 | | | | | | | |

开票人：杨红娟

附件 4-3-14

# 中国建设银行
# 本　票

付款期限 壹 个 月

2　　地名 E/0 B/3 00000000

出票日期（大写） 贰零贰叁 年 壹拾贰 月 贰拾伍 日

| 收款人：浙江阳光服饰有限公司 | | 申请人：杭州美星服饰公司 |
| --- | --- | --- |
| 凭票即付 人民币（大写） 壹拾壹万柒仟元整 | | ¥117 000.00 |
| 转账 ☑　现金 ☐ | 出票行签章 | 出纳　复核　经办 |
| 备注： | | |

此联出票行结清本票时作借方凭证

注意事项

一、本票在指定的城市范围使用。

二、本票经背书人可以转让

| 被背书人 | 被背书人 | 被背书人 |
| --- | --- | --- |
| 背书人签章<br>年 月 日 | 背书人签章<br>年 月 日 | 背书人签章<br>年 月 日 |

## 附件 4-3-15

中国工商银行 进账单

年 月 日

| | | |
|---|---|---|
| 出票人 | 全 称 | |
| | 账 号 | |
| | 开户银行 | |
| 金额 | 人民币（小写） | 亿 千 百 十 万 千 百 十 元 角 分 |
| 收款人 | 全 称 | |
| | 账 号 | |
| | 开户银行 | |
| 票据种类 | | 票据张数 |
| 票据号码 | | |

深圳未华印刷有限公司印制 中国人民银行杭州中心支行监制

# 中国工商银行 进账单（回 单） 1

年 月 日

| | | | | | |
|---|---|---|---|---|---|
| 出票人 | 全 称 | | 收款人 | 全 称 | |
| | 账 号 | | | 账 号 | |
| | 开户银行 | | | 开户银行 | |
| 金额 | 人民币（大写） | | | | 亿 千 百 十 万 千 百 十 元 角 分 |
| 票据种类 | | 票据张数 | | | |
| 票据号码 | | | | | |
| 复核： 记账： | | | 受理银行签章 | | |

此联是受理银行交给持（出）票人的回单

注意：本回单不作进账提货的证明，不作账务处理的依据，仅供查询用。

## 附件 4-3-16

# 付款申请书

年 月 日

| 用途 | 金额 | | | | | | | | | | | 收款单位（个人）： |
|---|---|---|---|---|---|---|---|---|---|---|---|---|
| | 亿 | 千 | 百 | 十 | 万 | 千 | 百 | 十 | 元 | 角 | 分 | 账号： |
| | | | | | | | | | | | | 开户行： |
| 金额（大写）合计 | | | | | | 电汇□ 信汇□ 汇票□ 转账□ 其他□ | | | | | | |
| 总经理 | | 财务部门 | 经理 | | 业务部门 | 经理 | | | | | | |
| | | | 出纳 | | | 经办人 | | | | | | |

## 附件 4-3-17

中国工商银行
转账支票存根
10203310
22343503

附加信息

出票日期 年 月 日

收款人：

金 额：

用 途：

单位主管 会计

中国工商银行 转账支票 10203310 22343503

出票日期（大写） 年 月 日 付款行名称：

收款人： 出票人账号：

付款期限自出票之日起十天

| 人民币（大写） | 亿 | 千 | 百 | 十 | 万 | 千 | 百 | 十 | 元 | 角 | 分 |
|---|---|---|---|---|---|---|---|---|---|---|---|
| | | | | | | | | | | | |

用途 密码

上列款项请从 行号

我账户内支付

出票人签章 复核 记账

⑈84316 ⑆5710221231⑆ 21209900077422⑈ 01

| 附加信息： | 被背书人 | 被背书人 |
|---|---|---|
| | 背书人签章<br>年 月 日 | 背书人签章<br>年 月 日 |

贴粘单处

根据《中华人民共和国票据法》等法律法规的规定，签发空头支票由中国人民银行处以票面金额5%但不低于1 000元的罚款。

附件 4-3-18

中国工商银行　进账单

年　月　日

| | | | |
|---|---|---|---|
| 出票人 | 全称 | | |
| | 账号 | | |
| | 开户银行 | | |
| 金额 | 人民币（小写） | 亿 千 百 十 万 千 百 十 元 角 分 | |
| 收款人 | 全称 | | |
| | 账号 | | |
| | 开户银行 | | |
| 票据种类 | | 票据张数 | |
| 票据号码 | | | |

深圳光华印刷有限公司印制　中国人民银行杭州中心支行监制

## 中国工商银行　进账单（回单）　1

年　月　日

| | | | | | |
|---|---|---|---|---|---|
| 出票人 | 全称 | | 收款人 | 全称 | |
| | 账号 | | | 账号 | |
| | 开户银行 | | | 开户银行 | |
| 金额 | 人民币（大写） | | | | 亿 千 百 十 万 千 百 十 元 角 分 |
| 票据种类 | | 票据张数 | | | |
| 票据号码 | | | | | |
| 复核：　记账： | | | 受理银行签章 | | |

此联是受理银行交给持（出）票人的回单

注意：本回单不作进账提货的证明，不作账务处理的依据，仅供查询用。

附件 5-1-1

## 付款申请书

年　月　日

| | | | | | | | | | | | | | | | |
|---|---|---|---|---|---|---|---|---|---|---|---|---|---|---|---|
| 用途 | 金额 | | | | | | | | | | | 收款单位（个人）： | | | |
| | 亿 | 千 | 百 | 十 | 万 | 千 | 百 | 十 | 元 | 角 | 分 | 账号： | | | |
| | | | | | | | | | | | | 开户行： | | | |
| 金额（大写）合计 | | | | | | 电汇□　信汇□　汇票□　转账□　其他□ | | | | | | | | | |
| 总经理 | | 财务部门 | 经理 | | | | | | | | | 业务部门 | 经理 | | |
| | | | 出纳 | | | | | | | | | | 经办人 | | |

附件 5-1-2

中国工商银行
转账支票存根
10203310
22343504

附加信息

出票日期　年　月　日

收款人：

金　额：

用　途：

单位主管　会计

## 中国工商银行　转账支票

10203310
22343504

付款期限自出票之日起十天

出票日期（大写）　年　月　日　付款行名称：

收款人：　出票人账号：

| 人民币（大写） | 亿 | 千 | 百 | 十 | 万 | 千 | 百 | 十 | 元 | 角 | 分 |
|---|---|---|---|---|---|---|---|---|---|---|---|

用途　密码

上列款项请从　行号

我账户内支付

出票人签章　复核　记账

84316　571022123　2120990007742 2　01

附件5-1-3

## 电子发票（增值税专用发票）

发票号码：23311003003423134546

开票日期：2023年12月02日

| 购买方信息 | 名称：浙江阳光服饰有限责任公司<br>统一社会信用代码/纳税人识别号：<br>92110019651283321H | 销售方信息 | 名称：浙江美华服装面料公司<br>统一社会信用代码/纳税人识别号：<br>916100654126446532 |
|---|---|---|---|

| 项目名称 | 规格型号 | 单位 | 数量 | 单价 | 金额 | 税率/征收率 | 税额 |
|---|---|---|---|---|---|---|---|
| *纺织产品*男士西服面料 | | 米 | 1 475 | 32.50 | 47 937.50 | 13% | 6 231.88 |
| 合　计 | | | | | ¥47 937.50 | | ¥6 231.88 |
| 价税合计（大写） | ⊗伍万肆仟壹佰陆拾玖元叁角捌分 | | | | （小写）¥54 169.38 | | |
| 备注 | | | | | | | |

开票人：李达华

附件5-1-4

## 电子发票（增值税专用发票）

发票号码：23311003003449345327

开票日期：2023年12月04日

| 购买方信息 | 名称：浙江阳光服饰有限责任公司<br>统一社会信用代码/纳税人识别号：<br>92110019651283321H | 销售方信息 | 名称：江苏正和服装面料公司<br>统一社会信用代码/纳税人识别号：<br>918202644653166541 |
|---|---|---|---|

| 项目名称 | 规格型号 | 单位 | 数量 | 单价 | 金额 | 税率/征收率 | 税额 |
|---|---|---|---|---|---|---|---|
| *纺织产品*女士西服面料 | | 米 | 1 350 | 27.05 | 37 125.00 | 13% | 4 826.25 |
| 合　计 | | | | | ¥37 125.00 | | ¥4 826.25 |
| 价税合计（大写） | ⊗肆万壹仟玖佰伍拾壹元贰角伍分 | | | | （小写）¥41 951.25 | | |
| 备注 | | | | | | | |

开票人：宋琦

附件5-1-5

## 付款申请书

年　月　日

| 用途 | 金额 | | | | | | | | | | | 收款单位（个人）： |
|---|---|---|---|---|---|---|---|---|---|---|---|---|
| | 亿 | 千 | 百 | 十 | 万 | 千 | 百 | 十 | 元 | 角 | 分 | 账号： |
| | | | | | | | | | | | | 开户行： |
| 金额（大写）合计 | | | | | | | | | | | | 电汇□　信汇□　汇票□　转账□　其他□ |

| 总经理 | | 财务部门 | 经理 | | 业务部门 | 经理 | |
|---|---|---|---|---|---|---|---|
| | | | 出纳 | | | 经办人 | |

附件5-1-6

中国工商银行
INDUSTRIAL AND COMMERCIAL BANK OF CHINA

**业务委托书**

委托日期　　年　　月　　日　　　　02985466

| | | | | | | |
|---|---|---|---|---|---|---|
| 银行打印 | 略... | | | | | |
| 客户填写 | 业务类型 | □电汇 □信汇 □汇票申请书 □本票申请书 □其他 | | | 汇款方式 | □普通 □加急 |
| | 委托人 | 全称 | | 收款人 | 全称 | |
| | | 账号或地址 | | | 账号或地址 | |
| | | 开户行名称 | | | 开户行名称 | |
| | | 开户银行 | 省　市 | | 开户银行 | 省　市 |
| | 金额 | 人民币（大写） | | 亿千百十万千百十元角分 | | |
| | 支付密码 | ****** | | 上列款项及相关费用请从我账户内支付： | | |
| | 加急汇款签字 | | | | | |
| | 用途 | | | | | |
| | 附加信息及用途： | | | 委托人签章 | | |

第一联 记账联

事后监督：　　会计主管：　　复核：　　记账：

附件5-1-7

**电子发票（增值税专用发票）**

发票号码：23311003003434756431
开票日期：2023年12月07日

| | |
|---|---|
| 购买方信息 名称：浙江阳光服饰有限责任公司<br>统一社会信用代码/纳税人识别号：<br>92110019651283321H | 销售方信息 名称：上海广利服装辅料公司<br>统一社会信用代码/纳税人识别号：<br>911101005695244636 |

| 项目名称 | 规格型号 | 单位 | 数量 | 单价 | 金额 | 税率/征收率 | 税额 |
|---|---|---|---|---|---|---|---|
| *纸制品*包装盒 | | 个 | 500 | 3.00 | 1 500.00 | 13% | 195.00 |
| 合　计 | | | | | ¥1 500.00 | | ¥195.00 |
| 价税合计（大写） | ⊗壹仟陆佰玖拾伍元整 | | | | （小写）¥1 695.00 | | |
| 备注 | | | | | | | |

开票人：陈晓敏

附件5-1-8

**产品入库单**

2023年12月7日

| 产品编号 | 产品名称 | 计量单位 | 实收数量 | 单位成本 | 总成本 | 备注 |
|---|---|---|---|---|---|---|
| 7 | 包装盒 | 个 | 500 | 3.00 | 1 500.00 | 周转材料 |
| | | | | | | |
| | | | | | | |

主管：姜红　　保管：左明明　　交库：王洪亮　　会计：曹珊珊

附件 5-1-9

## 电子发票（增值税专用发票）

发票号码：23311003003434756851
开票日期：2023 年 12 月 12 日

| 购买方信息 | 名称：浙江阳光服饰有限责任公司<br>统一社会信用代码/纳税人识别号：<br>92110019651283321H | 销售方信息 | 名称：上海广利服装辅料公司<br>统一社会信用代码/纳税人识别号：<br>911101005695244636 |
|---|---|---|---|

| 项目名称 | 规格型号 | 单位 | 数量 | 单价 | 金额 | 税率/征收率 | 税额 |
|---|---|---|---|---|---|---|---|
| *日用杂品*拉链 | | 米 | 6 000 | 5.00 | 30 000.00 | 13% | 3 900.00 |
| *日用杂品*纽扣 | | 个 | 6 000 | 5.00 | 30 000.00 | 13% | 3 900.00 |
| *纺织产品*里料缝纫线 | | 千克 | 112.5 | 33.50 | 3 768.75 | 13% | 489.94 |
| *纺织产品*面料缝纫线 | | 千克 | 112.5 | 111.50 | 12 543.75 | 13% | 1 630.69 |
| 合 计 | | | | | ¥76 312.50 | | ¥9 920.63 |
| 价税合计（大写） | ⊗ 捌万陆仟贰佰叁拾叁元壹角叁分 | | | | （小写）¥86 233.13 | | |
| 备注 | | | | | | | |

开票人：陈晓敏

附件 5-1-10

## 付款申请书

年 月 日

| 用途 | 金额 | | | | | | | | | | | 收款单位（个人）： |
|---|---|---|---|---|---|---|---|---|---|---|---|---|
| | 亿 | 千 | 百 | 十 | 万 | 千 | 百 | 十 | 元 | 角 | 分 | 账号： |
| | | | | | | | | | | | | 开户行： |
| 金额（大写）合计 | | | | | | 电汇☐ 信汇☐ 汇票☐ 转账☐ 其他☐ | | | | | | |
| 总经理 | | 财务部门 | 经理 | | 业务部门 | 经理 | | | | | | |
| | | | 出纳 | | | 经办人 | | | | | | |

附件 5-1-11

## 中国工商银行 网上银行电子回单

回单号码：62120911162290

| 付款人 | 户名 | 浙江阳光服饰有限责任公司 | 收款人 | 户名 | 浙江蓝天服饰有限公司 |
|---|---|---|---|---|---|
| | 账号 | 1202021518090325917 | | 账号 | 2134651518090235467 |
| | 开户银行 | 中国工商银行杭州钱江支行 | | 开户银行 | 中国工商银行杭州西溪支行 |
| 金额 | | 人民币壹仟壹佰叁拾元整 ¥1 130.00 | | | |
| 摘要 | | 支付加工费 | 业务（产品）种类 | | 汇划发报 |
| 用途 | | 款项结算 | | | |
| 交易流水号 | | 2489803001 | 时间戳 | | 2023-12-18 11:25 |
| | | 备注：略 | | | |
| | | 验证码：ML5618916PJ01 | | | |
| 记账网点 | 中国工商银行杭州钱江支行 | 记账柜员 | 6 | 记账日期 | 2023 年 12 月 18 日 |

打印日期：2023 年 12 月 18 日

重要提示：

1. 如果您是收款方，请到工行网站 www.icbc.com.cn 电子回单验证处进行回单验证。
2. 本回单不作为收款方发货依据，并请勿重复记账。
3. 您可以选择发送邮件，将此电子回单发送给指定的接收人。

附件 5-1-12

## 电子发票（增值税专用发票）

发票号码：23311000003003411289363
开票日期：2023 年 12 月 18 日

| 购买方信息 | 名称：浙江阳光服饰有限责任公司<br>统一社会信用代码/纳税人识别号：<br>92110019651283321H | 销售方信息 | 名称：浙江蓝天服饰有限公司<br>统一社会信用代码/纳税人识别号：<br>912239100435446535 |
|---|---|---|---|

| 项目名称 | 规格型号 | 单位 | 数量 | 单价 | 金额 | 税率/征收率 | 税额 |
|---|---|---|---|---|---|---|---|
| *劳务*定型加工费 | | 米 | 100 | 10.00 | 1 000.00 | 13% | 130.00 |
| 合　计 | | | | | ¥1 000.00 | | ¥130.00 |
| 价税合计（大写） | ⊗壹仟壹佰叁拾元整 | | | | （小写）¥1 130.00 | | |
| 备注 | | | | | | | |

开票人：张丹丹

附件 5-1-13

## 产品入库单

2023 年 12 月 18 日

| 产品编号 | 产品名称 | 计量单位 | 实收数量 | 单位成本 | 总成本 | 备注 |
|---|---|---|---|---|---|---|
| 8 | 男式西服面料 | 米 | 100 | 10.00 | 1 000.00 | 原材料 |
| | | | | | | |
| | | | | | | |

主管：姜红　　保管：左明明　　交库：陈丽　　会计：曹珊珊

附件 5-1-14

## 领料单

仓库：材料仓库　　2023 年 12 月 21 日

| 编号 | 类别 | 材料名称 | 规格 | 单位 | 数量 | | 实际价格 | |
|---|---|---|---|---|---|---|---|---|
| | | | | | 请领 | 实发 | 单价 | 金额 |
| 02 | 周转材料 | 包装盒 | | 个 | 100 | 100 | 3.00 | 300.00 |
| | | | | | | | | |
| 合计 | | | | | | | | |
| 用途 | 装文印资料 | | 领料部门 | | 发料部门 | | 财务部门 | |
| | | | 负责人 | 领料人 | 核准人 | 发料人 | 审核 | 会计 |
| | | | 张一山 | 张丹 | 姜红 | 左明明 | 黄莹莹 | 曹珊珊 |

会计记账联

附件 5-1-15

## 收料凭证汇总表

填制单位：浙江阳光服饰有限责任公司　　2023 年 12 月 31 日　　金额单位：元

| 材料名称 | 入库单位 | 入库数量 | 计划单价 | 计划总成本 |
|---|---|---|---|---|
| 男式西服面料 | 米 | 1 475 | 30.00 | 44 250.00 |
| 女式西服面料 | 米 | 1 350 | 25.00 | 33 750.00 |
| 拉链 | 米 | 6 000 | 4.50 | 27 000.00 |
| 纽扣 | 个 | 6 000 | 5.00 | 30 000.00 |
| 里料缝纫线 | 千克 | 112.50 | 30.00 | 3 375.00 |
| 面料缝纫线 | 千克 | 112.50 | 110.00 | 12 375.00 |
| 合计 | — | — | — | 150 750.00 |

审核：黄莹莹　　制单：曹珊珊

附件 5-1-16

## 入库材料成本差异计算表

编制单位：浙江阳光服饰有限责任公司　　2023年12月31日　　单位：元

| 材料名称 | 计划总成本 | 实际总成本 | 材料成本差异 |
|---|---|---|---|
| 男式西服面料 | 44 250.00 | 47 937.50 | 3 687.50 |
| 女式西服面料 | 33 750.00 | 37 125.00 | 3 375.00 |
| 拉链 | 27 000.00 | 30 000.00 | 3 000.00 |
| 纽扣 | 30 000.00 | 30 000.00 | 0.00 |
| 里料缝纫线 | 3 375.00 | 3 768.75 | 393.75 |
| 面料缝纫线 | 12 375.00 | 12 543.75 | 168.75 |
| 合计 | 150 750.00 | 161 375.00 | 10 625.00 |

审核：黄莹莹　　制单：曹珊珊

附件 5-1-17

## 存货盘点报告

企业名称：浙江阳光服饰有限责任公司　　2023年12月31日　　金额单位：元

| 存货名称 | 计量单位 | 单价 | 数量 | | 盘盈 | | 盘亏 | | 差异原因 |
|---|---|---|---|---|---|---|---|---|---|
| | | | 账存 | 实存 | 数量 | 金额 | 数量 | 金额 | |
| 纽扣 | 个 | 5 | 500 | 360 | | | 140 | 700.00 | 待查 |
| | | | | | | | | | |
| | | | | | | | | | |
| 合计 | | | | | | | | ¥700.00 | |

会计：黄莹莹　　盘点人：姜红　　保管人：左明明

附件 5-1-18

## 存货盘盈／亏处理报告表

企业名称：浙江阳光服饰有限责任公司　　2023年12月31日　　金额单位：元

| 存货名称 | 计量单位 | 单价 | 数量 | | 盘盈 | | 盘亏 | | 差异原因 |
|---|---|---|---|---|---|---|---|---|---|
| | | | 账存 | 实存 | 数量 | 金额 | 数量 | 金额 | |
| 纽扣 | 个 | 5 | 500 | 360 | | | 140 | 700.00 | 管理不善 |
| | | | | | | | | | |
| | | | | | | | | | |
| 财务部门建议处理意见 | 经查明为仓库管理人员管理不善所致。盘亏金额（¥700.00）及进项税额转出（¥91.00）列入管理费用　徐敏　2023.12.31 | | | | | | | | |
| 单位主管部门批复处理意见 | 同意财务部意见　冯勇　2023.12.31 | | | | | | | | |

附件 5-2-1

## 付款申请书

年　月　日

| 用途 | 金额 | | | | | | | | | | | 收款单位（个人）： | |
|---|---|---|---|---|---|---|---|---|---|---|---|---|---|
| | 亿 | 千 | 百 | 十 | 万 | 千 | 百 | 十 | 元 | 角 | 分 | 账号： | |
| | | | | | | | | | | | | 开户行： | |
| 金额（大写）合计 | | | | | | | 电汇☐　信汇☐　汇票☐　转账☐　其他☐ | | | | | | |
| 总经理 | | 财务部门 | 经理 | | | | | 业务部门 | 经理 | | | | |
| | | | 出纳 | | | | | | 经办人 | | | | |

附件 5-2-2

**中国工商银行转账支票存根**

10203310
22343505

附加信息

出票日期　　年　　月　　日

收款人：

金　额：

用　途：

单位主管　　　会计

**中国工商银行　转账支票**　　10203310　22343505

出票日期（大写）　　年　　月　　日　　付款行名称：

收款人：　　出票人账号：

付款期限自出票之日起十天

| 人民币（大写） | 亿 | 千 | 百 | 十 | 万 | 千 | 百 | 十 | 元 | 角 | 分 |
|---|---|---|---|---|---|---|---|---|---|---|---|
| | | | | | | | | | | | |

用途　　　　密码

上列款项请从　　行号

我账户内支付

出票人签章　　　复核　　记账

84316 57102223 21209900077422 01

| 附加信息： | 被背书人 | 被背书人 |
|---|---|---|
| | 背书人签章<br>年　月　日 | 背书人签章<br>年　月　日 |

贴粘单处

根据《中华人民共和国票据法》等法律法规的规定，签发空头支票由中国人民银行处以票面金额5%但不低于1 000元的罚款。

附件 5-2-3

**电子发票（增值税专用发票）**

发票号码：23311003003469361183

开票日期：2023年12月01日

| 购买方信息 | 名称：浙江阳光服饰有限责任公司<br>统一社会信用代码/纳税人识别号：<br>92110019651283321H | 销售方信息 | 名称：浙江红光机械有限责任公司<br>统一社会信用代码/纳税人识别号：<br>913012354465352397 |
|---|---|---|---|

| 项目名称 | 规格型号 | 单位 | 数量 | 单价 | 金额 | 税率/征收率 | 税额 |
|---|---|---|---|---|---|---|---|
| *服装加工机械*缝纫机 | | 台 | 2 | 75 000.00 | 150 000.00 | 13% | 19 500.00 |
| 合　计 | | | | | ¥150 000.00 | | ¥19 500.00 |
| 价税合计（大写） | ⊗壹拾陆万玖仟伍佰元整 | | | | （小写）¥169 500.00 | | |
| 备注 | | | | | | | |

开票人：陈霞

附件 5-2-4

**付款申请书**

年　月　日

| 用途 | 金额 | | | | | | | | | | | 收款单位（个人）： |
|---|---|---|---|---|---|---|---|---|---|---|---|---|
| | 亿 | 千 | 百 | 十 | 万 | 千 | 百 | 十 | 元 | 角 | 分 | 账号： |
| | | | | | | | | | | | | 开户行： |
| 金额（大写）合计 | | | | | | | | 电汇□　信汇□　汇票□　转账□　其他□ | | | | |

| 总经理 | | 财务部门 | 经理 | | 业务部门 | 经理 | |
|---|---|---|---|---|---|---|---|
| | | | 出纳 | | | 经办人 | |

## 附件 5-2-5

# 中国工商银行 网上银行电子回单

回单号码：32151291630165

| | | | | | |
|---|---|---|---|---|---|
| 付款人 | 户名 | 浙江阳光服饰有限责任公司 | 收款人 | 户名 | 杭州德利建筑公司 |
| | 账号 | 1202021518090325917 | | 账号 | 1202128675445305432 |
| | 开户银行 | 中国工商银行杭州钱江支行 | | 开户银行 | 中国建设银行杭州文辉支行 |
| 金额 | | 人民币肆拾叁万陆仟元整 ¥436 000.00 | | | |
| 摘要 | | 支付工程款 | 业务（产品）种类 | | 跨行发报 |
| 用途 | | 款项结算 | | | |
| 交易流水号 | | 2171465303 | 时间戳 | | 2023-12-5 11:25 |
| 电子回单专用章 | | 备注：略 | | | |
| | | 验证码：23113890SNM4823 | | | |
| 记账网点 | | 中国工商银行杭州钱江支行 | 记账柜员 5 | 记账日期 | 2023年12月5日 |

打印日期：2023年12月5日

重要提示：
1. 如果您是收款方，请到工行网站www.icbc.com.cn电子回单验证处进行回单验证。
2. 本回单不作为收款方发货依据，并请勿重复记账。
3. 您可以选择发送邮件，将此电子回单发送给指定的接收人。

## 附件 5-2-6

# 电子发票（增值税专用发票）

发票号码：23311003003423712925

开票日期：2023年12月05日

| | |
|---|---|
| 购买方信息 名称：浙江阳光服饰有限责任公司<br>统一社会信用代码/纳税人识别号：<br>92110019651283321H | 销售方信息 名称：杭州德利建筑公司<br>统一社会信用代码/纳税人识别号：<br>913100435754646541 |

| 项目名称 | 规格型号 | 单位 | 数量 | 单价 | 金额 | 税率/征收率 | 税额 |
|---|---|---|---|---|---|---|---|
| *劳务*工程款 | | 项 | 1 | 400 000.00 | 400 000.00 | 9% | 36 000.00 |
| 合 计 | | | | | ¥400 000.00 | | ¥36 000.00 |
| 价税合计（大写） | ⊗肆拾叁万陆仟元整 | | | | （小写）¥436 000.00 | | |
| 备注 | | | | | | | |

开票人：陈青青

## 附件 5-2-7

# 固定资产验收单

2023年12月8日　　编号：gd0012

| 名称 | 规格型号 | 来源 | | 数量 | 购（造）价 | 使用年限 | 预计残值 |
|---|---|---|---|---|---|---|---|
| 服装加工生产线 | — | 自建 | | 1 | ¥1 230 000.00 | 20年 | ¥49 200.00 |
| 安全费 | 月折旧率 | 建造单位 | | | 交工日期 | | 附件 |
| — | 0.40% | 浙江长城器械有限责任公司 | | | 2023年12月8日 | | 增值税专用发票等 |
| 验收部门 | 生产部 | 验收人员 | 黄梦达 | 管理部门 | 生产部 | 管理人员 | 宋刚 |
| 备注 | | | | — | | | |

审核：黄莹莹　　制单：曹珊珊

附件 5-2-8

## 电子发票（增值税专用发票）

发票号码：23311003003429361365

开票日期：2023年12月15日

| 购买方信息 | | 销售方信息 | |
|---|---|---|---|
| 名称： | 浙江阳光服饰有限责任公司 | 名称： | 浙江亚光服饰机械修理公司 |
| 统一社会信用代码/纳税人识别号： | 92110019651283321H | 统一社会信用代码/纳税人识别号： | 916039153527231129 |

| 项目名称 | 规格型号 | 单位 | 数量 | 单价 | 金额 | 税率/征收率 | 税额 |
|---|---|---|---|---|---|---|---|
| *劳务*修理费 | | 项 | 1 | 500.00 | 500.00 | 13% | 65.00 |
| 合　计 | | | | | ¥500.00 | | ¥65.00 |
| 价税合计（大写） | ⊗伍佰陆拾伍元整 | | | | （小写）¥565.00 | | |
| 备注 | | | | | | | |

开票人：陆佰权

附件 5-2-9

## 固定资产报废单

2023年12月20日　　　　凭证编号：15402

| 固定资产名称 | 规格型号 | 单位 | 数量 | 购买日期 | 已计提折旧月数 | 原始价值 | 已提折旧 | 备注 |
|---|---|---|---|---|---|---|---|---|
| 蒸烫机 | X-11 | 台 | 1 | 2019.12 | 48 | 155 000.00 | 119 040.00 | |
| 固定资产状况及报废原因 | 设备老化，工作效率低，消耗大于生产，维修成本太高，建议出售。 | | | | | | | |

| 处理意见 | 设备使用部门 | 固定资产管理部门 | 财务部门 | 领导审批 |
|---|---|---|---|---|
| | 同意<br>黄梦达<br>2023.12.20 | 同意<br>姜红<br>2023.12.20 | 同意<br>徐敏<br>2023.12.20 | 同意<br>冯勇<br>2023.12.20 |

附件 5-2-10

## 电子发票（增值税专用发票）

发票号码：23311003003434864531

开票日期：2023年12月25日

| 购买方信息 | | 销售方信息 | |
|---|---|---|---|
| 名称： | 浙江阳光服饰有限责任公司 | 名称： | 浙江环球机械有限责任公司 |
| 统一社会信用代码/纳税人识别号： | 92110019651283321H | 统一社会信用代码/纳税人识别号： | 912204359646446543 |

| 项目名称 | 规格型号 | 单位 | 数量 | 单价 | 金额 | 税率/征收率 | 税额 |
|---|---|---|---|---|---|---|---|
| *劳务*机器设备拆装劳务 | | 项 | 1 | 2 000.00 | 2 000.00 | 6% | 120.00 |
| 合　计 | | | | | ¥2 000.00 | | ¥120.00 |
| 价税合计（大写） | ⊗贰仟壹佰贰拾元整 | | | | （小写）¥2 120.00 | | |
| 备注 | | | | | | | |

开票人：陈其霞

附件 5-2-11

# 付款申请书

年 月 日

| 用途 | 金额 | | | | | | | | | | | 收款单位（个人）： |
|---|---|---|---|---|---|---|---|---|---|---|---|---|
| | 亿 | 千 | 百 | 十 | 万 | 千 | 百 | 十 | 元 | 角 | 分 | 账号： |
| | | | | | | | | | | | | 开户行： |
| 金额（大写）合计 | | | | | | | 电汇☐ 信汇☐ 汇票☐ 转账☐ 其他☐ | | | | | |

| 总经理 | | 财务部门 | 经理 | | 业务部门 | 经理 | |
|---|---|---|---|---|---|---|---|
| | | | 出纳 | | | 经办人 | |

附件 5-2-12

# 中国工商银行 网上银行电子回单

回单号码：32186753295116

| 付款人 | 户名 | 浙江阳光服饰有限责任公司 | 收款人 | 户名 | 浙江环球机械有限责任公司 |
|---|---|---|---|---|---|
| | 账号 | 1202021518090325917 | | 账号 | 102128675445307962 |
| | 开户银行 | 中国工商银行杭州钱江支行 | | 开户银行 | 中国建设银行杭州天水支行 |
| 金额 | | 人民币贰仟壹佰贰拾元整 ￥2 120.00 | | | |
| 摘要 | | 支付清理费用 | 业务（产品）种类 | | 跨行发报 |
| 用途 | | 款项结算 | | | |
| 交易流水号 | | 3165303716 | 时间戳 | | 2023-12-25 10:25 |
| | | 备注：略 | | | |
| | | 验证码：36773APL1212304 | | | |
| 记账网点 | 中国工商银行杭州钱江支行 | 记账柜员 | 5 | 记账日期 | 2023年12月25日 |

打印日期：2023年12月25日

重要提示：
1. 如果您是收款方，请到工行网站www.icbc.com.cn电子回单验证处进行回单验证。
2. 本回单不作为收款方发货依据，并请勿重复记账。
3. 您可以选择发送邮件，将此电子回单发送给指定的接收人。

附件 5-2-13

# 电子发票（增值税专用发票）

（印章：全国统一发票监制章 国家税务总局 浙江省税务局）

发票号码：23311003003441252221

开票日期：

| 购买方信息 | 名称：<br>统一社会信用代码/纳税人识别号： | 销售方信息 | 名称：<br>统一社会信用代码/纳税人识别号： |
|---|---|---|---|

| 项目名称 | 规格型号 | 单位 | 数量 | 单价 | 金额 | 税率/征收率 | 税额 |
|---|---|---|---|---|---|---|---|
| 合　计 | | | | | | | |
| 价税合计（大写） | ⊗ | | | | （小写） | | |
| 备注 | | | | | | | |

开票人：

附件 5-2-14

## 中国工商银行 进账单（收账通知） 3

2023 年 12 月 28 日

| | | | | | |
|---|---|---|---|---|---|
| 出票人 | 全称 | 杭州胜利服饰机械公司 | 收款人 | 全称 | 浙江阳光服饰有限责任公司 |
| | 账号 | 1202021518060324321 | | 账号 | 1202021518090325917 |
| | 开户银行 | 中国银行杭州下沙支行 | | 开户银行 | 中国工商银行杭州钱江支行 |
| 金额 | 人民币（大写） | 肆万壹仟捌佰壹拾元整 | | 千百十万千百十元角分 | ¥ 4 1 8 1 0 0 0 |
| 票据种类 | 转账支票 | 票据张数 | 1 | | |
| 票据号码 | 22098123 | | | | |
| | 复核 徐颖 | 记账 郭丹 | | 收款人开户银行盖章 | 中国工商银行 杭州钱江支行 2023.12.28 业务清讫（2） |

此联是收款人开户银行交给收款人的收账通知

附件 5-2-15

## 固定资产清理损益计算表

2023 年 12 月 28 日

| 清理项目 | 蒸烫机 | 清理原因 | 设备老化 |
|---|---|---|---|
| 固定资产清理借方发生额 | | 固定资产清理贷方发生额 | |
| 清理支出内容 | 金额 | 清理收入内容 | 金额 |
| 固定资产净值 | 35 960.00 | 出售固定资产价款 | 37 000.00 |
| 清理费用 | 2 000.00 | | |
| | | | |
| 借方合计 | 37 960.00 | 贷方合计 | 37 000.00 |
| 固定资产清理 | ~~净收益~~ 净损失 | 金额：960.00 | |

审核：黄莹莹 制单：曹珊珊

附件 5-2-16

## 固定资产盘盈盘亏报告表

2023 年 12 月 31 日 单位：元

| 固定资产编号 | 固定资产名称 | 盘盈 | | | | 盘亏 | | | | |
|---|---|---|---|---|---|---|---|---|---|---|
| | | 数量 | 原价 | 估计折旧额 | 估计净值 | 数量 | 原价 | 已提折旧额 | 已提减值准备 | 净值 |
| 001 | 断布机 | | | | | 1 | 12 000.00 | 5 760.00 | — | 6 240.00 |
| | | | | | | | | | | |
| | | | | | | | | | | |
| 合计 | | | | | | 1 | 12 000.00 | 5 760.00 | — | 6 240.00 |
| 差异原因 | | 财产清查盘亏设备 | | | | | | | | |
| 财务部门建议处理意见 | | 批准盘亏，作为营业外支出处理 徐敏 2023.12.31 | | | | | | | | |
| 资产管理部门建议处理意见 | | 同意盘亏处理 姜红 2023.12.31 | | | | | | | | |
| 单位主管领导批复处理意见 | | 同意盘亏处理 冯勇 2023.12.31 | | | | | | | | |

附件 5-2-17

## 固定资产减值准备计提表

项目：衬衫生产线

编制单位：浙江阳光服饰有限责任公司 2023 年 12 月 31 日 单位：元

| 减值原因 | “固定资产”账面价值 | “固定资产”可收回金额 |
|---|---|---|
| 生产线贬值 | 1 126 000.00 | 1 123 000.00 |
| 应确认减值损失 | “固定资产减值准备”累计余额 | 本期应计提减值准备 |
| 3 000.00 | 1 000.00 | 2 000.00 |

审核：黄莹莹 制单：曹珊珊

附件 5-3-1

# 付款申请书

年　月　日

| 用途 | 金额 | | | | | | | | | | | 收款单位（个人）： |
|---|---|---|---|---|---|---|---|---|---|---|---|---|
| | 亿 | 千 | 百 | 十 | 万 | 千 | 百 | 十 | 元 | 角 | 分 | 账号： |
| | | | | | | | | | | | | 开户行： |
| 金额（大写）合计 | | | | | | 电汇□　信汇□　汇票□　转账□　其他□ | | | | | | |
| 总经理 | | 财务部门 | 经理 | | | | 业务部门 | 经理 | | | | |
| | | | 出纳 | | | | | 经办人 | | | | |

附件 5-3-2

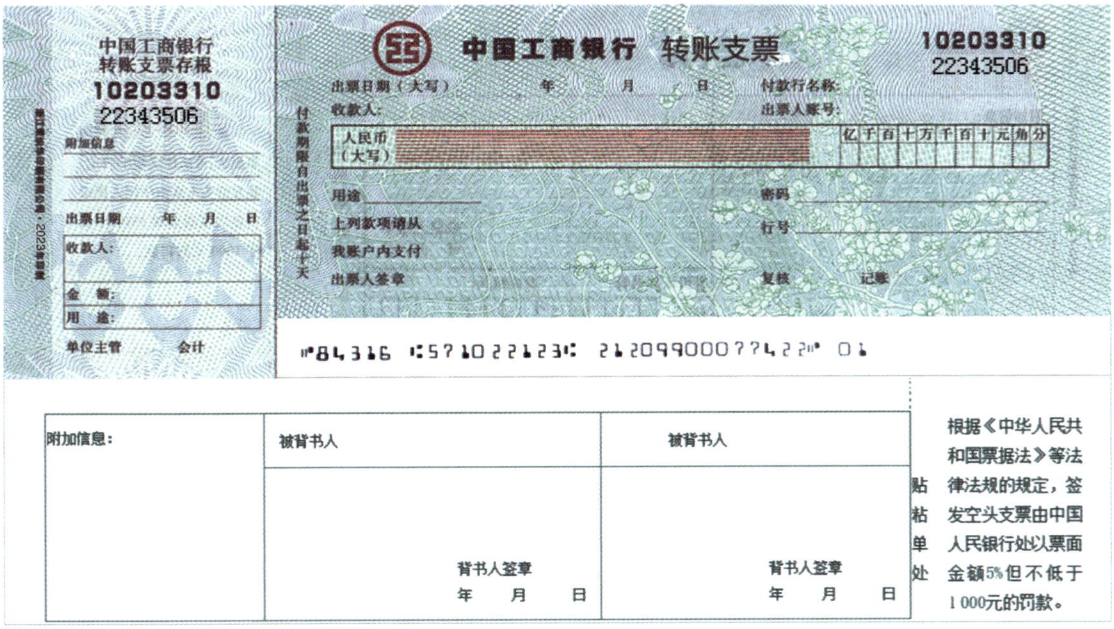
中国工商银行
转账支票存根
10203310
22343506
附加信息
出票日期　年　月　日
收款人：
金　额：
用　途：
单位主管　会计

中国工商银行　转账支票　10203310　22343506
出票日期（大写）　年　月　日　付款行名称：
收款人：　出票人账号：
人民币（大写）　亿 千 百 十 万 千 百 十 元 角 分
付款期限自出票之日起十天
用途　密码
上列款项请从　行号
我账户内支付
出票人签章　复核　记账

附加信息：
被背书人　背书人签章　年　月　日
被背书人　背书人签章　年　月　日
粘贴单处
根据《中华人民共和国票据法》等法律法规的规定，签发空头支票由中国人民银行处以票面金额5%但不低于1 000元的罚款。

附件 5-3-3

# 国家知识产权局商标收费收据

NO21130773

2023年12月3日

| | |
|---|---|
| 缴款单位 | 浙江阳光服饰有限责任公司 |
| 项目 | 商标权注册费用 |
| 金额 | 人民币贰万肆仟元整（¥ 24 000.00） |
| 付款方式 | □现金　☑支票　□邮局　□银行 |
| 备注 | 1. 申请号　IS375766<br>2. 交费日期　2023年12月3日 |

国家知识产权局杭州市商标局 财务收费专用章

收款人：刘丽利　　　　盖章：

附件 5-3-4

# 付款申请书

年 月 日

| 用途 | 金额 | | | | | | | | | | | 收款单位（个人）： |
|---|---|---|---|---|---|---|---|---|---|---|---|---|
| | 亿 | 千 | 百 | 十 | 万 | 千 | 百 | 十 | 元 | 角 | 分 | 账号： |
| | | | | | | | | | | | | 开户行： |
| 金额（大写）合计 | | | | | | 电汇□ 信汇□ 汇票□ 转账□ 其他□ | | | | | | |

| 总经理 | | 财务部门 | 经理 | | 业务部门 | 经理 | |
|---|---|---|---|---|---|---|---|
| | | | 出纳 | | | 经办人 | |

---

附件 5-3-5

# 中国工商银行 网上银行电子回单

回单号码：51189533667539

| 付款人 | 户名 | 浙江阳光服饰有限责任公司 | 收款人 | 户名 | 杭州金点子科技有限公司 |
|---|---|---|---|---|---|
| | 账号 | 1202021518090325917 | | 账号 | 1202518867402158231 |
| | 开户银行 | 中国工商银行杭州钱江支行 | | 开户银行 | 中国银行杭州朝晖支行 |
| 金额 | | 人民币陆万壹仟肆佰捌拾元整 ¥ 61 480.00 | | | |
| 摘要 | | 支付技术研发费用 | 业务（产品）种类 | | 跨行发报 |
| 用途 | | 款项结算 | | | |
| 交易流水号 | | 37161283531 | 时间戳 | | 2023-12-05 9:25 |
| 电子回单专用章 | | 备注：略 | | | |
| | | 验证码：BV31073L1M12326 | | | |
| 记账网点 | 中国工商银行杭州钱江支行 | 记账柜员 | 5 | 记账日期 | 2023年12月5日 |

（印章：中国工商银行 电子回单专用章）

打印日期：2023年12月5日

重要提示：

1. 如果您是收款方，请到工行网站 www.icbc.com.cn 电子回单验证处进行回单验证。
2. 本回单不作为收款方发货依据，并请勿重复记账。
3. 您可以选择发送邮件，将此电子回单发送给指定的接收人。

---

附件 5-3-6

# 电子发票（增值税专用发票）

（印章：全国统一发票监制章 国家税务总局 浙江省税务局）

发票号码：23311003003434532451

开票日期：2023年12月05日

| 购买方信息 | 名称：浙江阳光服饰有限责任公司<br>统一社会信用代码/纳税人识别号：<br>92110019651283321H | 销售方信息 | 名称：杭州金点子科技有限公司<br>统一社会信用代码/纳税人识别号：<br>912100234546446763 |
|---|---|---|---|

| 项目名称 | 规格型号 | 单位 | 数量 | 单价 | 金额 | 税率/征收率 | 税额 |
|---|---|---|---|---|---|---|---|
| *劳务*技术研发费用 | | 项 | 1 | 58 000.00 | 58 000.00 | 6% | 3 480.00 |
| 合 计 | | | | | ¥58 000.00 | | ¥3 480.00 |
| 价税合计（大写） | ⊗陆万壹仟肆佰捌拾元整 | | | | （小写）¥61 480.00 | | |
| 备注 | | | | | | | |

开票人：马小龙

附件 5-3-7

# 付款申请书

年 月 日

| 用途 | 金额 | | | | | | | | | | | 收款单位（个人）： |
|---|---|---|---|---|---|---|---|---|---|---|---|---|
| | 亿 | 千 | 百 | 十 | 万 | 千 | 百 | 十 | 元 | 角 | 分 | 账号： |
| | | | | | | | | | | | | 开户行： |
| 金额（大写）合计 | | | | | | 电汇□ 信汇□ 汇票□ 转账□ 其他□ | | | | | | |
| 总经理 | | 财务部门 | 经理 | | 业务部门 | 经理 | | | | | | |
| | | | 出纳 | | | 经办人 | | | | | | |

附件 5-3-8

**中国工商银行**

INDUSTRIAL AND COMMERCIAL BANK OF CHINA

**业务委托书**

委托日期 年 月 日

**02985467**

| | | | | | |
|---|---|---|---|---|---|
| 银行打印 | 略... | | | | |
| 客户填写 | 业务类型 □电汇 □信汇 □汇票申请书 □本票申请书 □其他 | | | 汇款方式 □普通 □加急 | |
| | 委托人 | 全称 | | 收款人 | 全称 | |
| | | 账号或地址 | | | 账号或地址 | |
| | | 开户行名称 | | | 开户行名称 | |
| | | 开户银行 | 省 市 | | 开户银行 | 省 市 |
| | 金额 | 人民币（大写） | | 亿 千 百 十 万 千 百 十 元 角 分 | |
| | 支付密码 | ****** | | 上列款项及相关费用请从我账户内支付： | |
| | 加急汇款签字 | | | | |
| | 用途 | | | | |
| | 附加信息及用途： | | | 委托人签章 | |

第一联 记账联

事后监督： 会计主管： 复核： 记账：

附件 5-3-9

# 国家知识产权局专利收费收据

NO207286542

2023 年 12 月 11 日

| | |
|---|---|
| 缴款单位 | 浙江阳光服饰有限责任公司 |
| 项目 | 专利权申请费用 |
| 金额 | 人民币贰万伍仟元整（¥ 25 000.00） |
| 付款方式 | □现金 □支票 □邮局 ☑银行 |
| 备注 | 1. 申请号 ZL167652<br>2. 交费日期 2023 年 12 月 11 日 |

收款人：贾玲芳 盖章：

国家知识产权局杭州市专利局 财务收费专用章

附件 5-3-10

## 无形资产价值明细表

项目名称：西服生产线升级新技术　　2023年12月15日　　单位：元

| 序号 | 费用项目 | 金额 |
|---|---|---|
| 1 | 开发支出——工资费用 | 41 000.00 |
| 2 | 开发支出——材料费用 | 30 860.00 |
| 3 | 开发支出——技术咨询费用 | 58 000.00 |
| 4 | 开发支出——专利注册费 | 25 000.00 |
| 合计 | | 154 860.00 |

审核：黄莹莹　　制表：曹珊珊

附件 5-3-11

## 中国工商银行　进账单（收账通知）　3

2023 年 12 月 21 日

| | | | | | |
|---|---|---|---|---|---|
| 出票人 | 全　称 | 绍兴红梅服饰公司 | 收款人 | 全　称 | 浙江阳光服饰有限责任公司 |
| | 账　号 | 1502537621259251887 | | 账　号 | 1202021518090325917 |
| | 开户银行 | 中国银行绍兴平水支行 | | 开户银行 | 中国工商银行杭州钱江支行 |

| 金额 | 人民币（大写） | 千 | 百 | 十 | 万 | 千 | 百 | 十 | 元 | 角 | 分 |
|---|---|---|---|---|---|---|---|---|---|---|---|
| | 肆拾贰万肆仟元整 | | ¥ | 4 | 2 | 4 | 0 | 0 | 0 | 0 | 0 |

| | | | |
|---|---|---|---|
| 票据种类 | 转账支票 | 票据张数 | 1 |
| 票据号码 | 略 | | |

复核　王丽　　记账　刘伟

中国工商银行 杭州钱江支行 2023.12.21 业务清讫（2）

收款人开户银行盖章

此联是收款人开户银行交给收款人的收账通知

附件 5-3-12

## 无形资产处置单

2023年12月21日

| 项目 | 女式衬衫商标权 | 购买方信息 | |
|---|---|---|---|
| 价值明细 | 金额（元） | 名称 | 绍兴红梅服饰公司 |
| 无形资产原值 | 500 000.00 | 纳税识别号 | 351235381178965117 |
| 累计摊销 | 220 000.00 | 地址/电话 | 绍兴市平水路82号/0575-83548901 |
| 减值准备 | — | 开户行 | 中国银行绍兴平水支行 |
| 无形资产价值 | 280 000.00 | 账号 | 1502537621259251887 |

审核：黄莹莹　　制表：曹珊珊

附件 5-3-13

# 电子发票（增值税专用发票）

国家税务总局 浙江省税务局

发票号码：23311003003441252222

开票日期：

| 购买方信息 | 名称：<br>统一社会信用代码/纳税人识别号： | 销售方信息 | 名称：<br>统一社会信用代码/纳税人识别号： |
|---|---|---|---|

| 项目名称 | 规格型号 | 单位 | 数量 | 单价 | 金额 | 税率/征收率 | 税额 |
|---|---|---|---|---|---|---|---|
| 合　计 | | | | | | | |
| 价税合计（大写） | ⊗ | | | | （小写） | | |
| 备注 | | | | | | | |

开票人：

附件 5-3-14

# 无形资产处置单

2023年12月26日

| 项目 | 棉布染色专利 | 购买方信息 | |
|---|---|---|---|
| 价值明细 | 金额（元） | 名称 | 湖州达昌服饰公司 |
| 无形资产原值 | 300 000.00 | 纳税识别号 | 331281353896511915 |
| 累计摊销 | 160 000.00 | 地址/电话 | 湖州市鸿丰路112号/0572-2081190 |
| 减值准备 | 10 000.00 | 开户行 | 交通银行湖州鸿丰支行 |
| 无形资产价值 | 130 000.00 | 账号 | 1203621512536325921 |

审核：黄莹莹　　　　制表：曹珊珊

附件 5-3-15

# 电子发票（增值税专用发票）

国家税务总局 浙江省税务局

发票号码：23311003003441252223

开票日期：

| 购买方信息 | 名称：<br>统一社会信用代码/纳税人识别号： | 销售方信息 | 名称：<br>统一社会信用代码/纳税人识别号： |
|---|---|---|---|

| 项目名称 | 规格型号 | 单位 | 数量 | 单价 | 金额 | 税率/征收率 | 税额 |
|---|---|---|---|---|---|---|---|
| 合　计 | | | | | | | |
| 价税合计（大写） | ⊗ | | | | （小写） | | |
| 备注 | | | | | | | |

开票人：

附件5-3-16

## 无形资产摊销表

编制单位：浙江阳光服饰有限责任公司　2023年12月31日　　　单位：元

| 项目 | 会计科目 | 原值 | 摊销期限 | 本月摊销额 | 累计摊销额 |
|---|---|---|---|---|---|
| 西服生产线技术专利权 | 管理费用 | 154 860.00 | 2023年12月至2033年11月 | 1 290.50 | 1 290.50 |

审核：黄莹莹　　　　制表：曹珊珊

附件5-3-17

## 无形资产减值准备计提表

单位：元

编制单位：浙江阳光服饰有限责任公司　2023年12月31日　　　项目：面料防水处理专利技术

| 减值原因 | "无形资产"账面价值 | "无形资产"可收回金额 |
|---|---|---|
| 面料防水处理专利技术贬值 | 2 136 000.00 | 2 106 000.00 |
| 应确认减值损失 | "无形资产减值准备"累计余额 | 本期应计提减值准备 |
| 30 000.00 | 0 | 30 000.00 |

审核：黄莹莹　　　　制表：曹珊珊

附件5-4-1

## 董事会决议

公司因1#办公楼交付使用，经董事会协商决议，将办公场所整体搬迁至新建楼房（1#），原2#办公楼停止使用，并将其对外出租。

附：出租办公楼（2#）的账面价值明细表

**出租办公楼（2#）账面价值明细表**

复印件与原件核对无误

金额单位：元

类别：办公楼　　　制单日期：2023年12月10日　　　资产名称：2#办公楼

| 使用日期 | 年限 | 净残值率 | 单价 | 数量 |
|---|---|---|---|---|
| 2022-01-01 | 20 | 4% | 1 195 000 | 1 |
| 原值 | 年折旧率 | 月折旧额 | 累计折旧 | 期末净值 |
| 1 195 000 | 4.80% | 4 780 | 109 940 | 1 085 060 |

浙江阳光服饰有限责任公司

董事：李振华　张宏光　黄晓敏

法定代表人：冯勇

2023年12月10日

附件5-4-2

## 办公楼出租合同

出租人（甲方）：浙江阳光服饰有限责任公司

承租方（乙方）：杭州光明会计咨询服务公司

甲方决定将2#办公楼出租给乙方使用，经甲乙双方协商签订合同如下：

一、租赁期限

2#办公楼租赁期限为1年，自2023年12月10日起至2024年12月10日止，租赁期届满时，双方如有意向修改或续签合同，至少应当在期限届满前90日提出协商，并在期满前60日签订新的租赁合同。双方如在本合同租赁期或租赁延长期满前60日内未就争议达成一致或签订新的租赁合同，本合同到期即行终止。

二、租金及支付方式

乙方于每月支付甲方月租金捌仟柒佰贰拾元整（含税）。

乙方月租金的支付期限为每月25日以前，支付方式为银行转账，增值税税率为9%。

……

十一、合同争议的解决方式

本合同在履行过程中发生的争议，由甲乙双方协商解决；协商不成的，依法向人民法院提起诉讼。

十二、本合同未尽事宜双方另行协商解决。

本合同经双方签字盖章后生效，一式四份，甲乙双方各执两份。

出租人：浙江阳光服饰有限责任公司　　　承租方：杭州光明会计咨询服务公司

法定代表人：冯勇　　　法定代表人：夏茁

日期：2023年12月10日　　　日期：2023年12月10日

复印件与原件核对无误

附件5-4-3

### 中国工商银行　进账单（收账通知）　3

2023年12月15日

| | | | | | |
|---|---|---|---|---|---|
| 出票人 | 全称 | 杭州光大租赁有限公司 | 收款人 | 全称 | 浙江阳光服饰有限责任公司 |
| | 账号 | 120302151654456735 | | 账号 | 1202021518090325917 |
| | 开户银行 | 中国农业银行杭州西溪支行 | | 开户银行 | 中国工商银行杭州钱江支行 |
| 金额 | 人民币（大写）壹佰陆拾叁万伍仟元整 | | | | 千百十万千百十元角分：¥163500000 |
| 票据种类 | 转账支票 | 票据张数 | 1 | | |
| 票据号码 | 35160824 | | | | |
| 复核 杨爽　记账 郑晓文 | | | | | 中国工商银行 杭州钱江支行 2023.12.15 业务清讫（2） 收款人开户银行盖章 |

此联是收款人开户银行交给收款人的收账通知

附件5-4-4

### 电子发票（增值税专用发票）

发票号码：23311003003441252224

开票日期：

| | | | | | | | |
|---|---|---|---|---|---|---|---|
| 购买方信息 | 名称：<br>统一社会信用代码/纳税人识别号： | | | 销售方信息 | 名称：<br>统一社会信用代码/纳税人识别号： | | |
| 项目名称 | 规格型号 | 单位 | 数量 | 单价 | 金额 | 税率/征收率 | 税额 |
| 合计 | | | | | | | |
| 价税合计（大写） | ⊗ | | | | （小写） | | |
| 备注 | | | | | | | |

开票人：

附件 5-4-5

# 投资性房地产处置损益计算表

2023年12月15日　　　　单位：元

| 项目 | 仓库 | 处置原因 | 盘活长期资产 |
| --- | --- | --- | --- |
| 投资性房地产处置支出内容 | 金额 | 投资性房地产收入内容 | 金额 |
| 投资性房地产原值 | 1 400 000.00 | 出售投资性房地产价款 | 1 500 000.00 |
| 减：累计折旧 | 201 600.00 | | |
| 投资性房地产净值 | 1 198 400.00 | | |
| 投资性房地产处置 | ☑处置净收益　金额：301 600.00元<br>□处置净损失　金额：　元 | | |
| 客户信息 | 名　　称：杭州光大租赁有限公司<br>纳税人识别号：206500675589572847<br>地址/电话：浙江省杭州市西溪路35号 0571-85676678<br>开户行/账号：中国农业银行杭州西溪支行 120302151654456735 | | |

审核：黄莹莹　　　　制表：曹珊珊

附件 5-4-6

## 电子发票（增值税专用发票）

国家税务总局 浙江省税务局

发票号码：23311003003441252225

开票日期：

| 购买方信息 | 名称：<br>统一社会信用代码/纳税人识别号： | 销售方信息 | 名称：<br>统一社会信用代码/纳税人识别号： |
| --- | --- | --- | --- |

| 项目名称 | 规格型号 | 单位 | 数量 | 单价 | 金额 | 税率/征收率 | 税额 |
| --- | --- | --- | --- | --- | --- | --- | --- |
| | | | | | | | |
| 合　计 | | | | | | | |
| 价税合计（大写） | ⊗ | | | | （小写） | | |
| 备注 | | | | | | | |

开票人：

附件 5-4-7

## 中国工商银行　进账单（收账通知）　3

2023年12月25日

| 出票人 | | | 收款人 | | |
| --- | --- | --- | --- | --- | --- |
| | 全　称 | 杭州光明会计咨询服务公司 | | 全　称 | 浙江阳光服饰有限责任公司 |
| | 账　号 | 1206437965981720245 | | 账　号 | 1202021518090325917 |
| | 开户银行 | 中国农业银行杭州西溪支行 | | 开户银行 | 中国工商银行杭州钱江支行 |
| 金额 | 人民币（大写） | 捌仟柒佰贰拾元整 | | 千百十万千百十元角分 | ¥872000 |
| 票据种类 | 转账支票 | 票据张数 | 1 | | |
| 票据号码 | 20966421 | | | | |
| 复核 刘涛　记账 李军 | | | | 收款人开户银行盖章 | 中国工商银行 杭州钱江支行 2023.12.25 业务清讫（2） |

此联是收款人开户银行交给收款人的收账通知

附件5-4-8

## 投资性房地产折旧计算表

编制单位：浙江阳光服饰有限责任公司 2023年12月31日 金额单位：元

| 项目 | 会计科目 | 原值 | 年折旧率 | 本月摊销额 |
|---|---|---|---|---|
| 2#办公楼 | 其他业务成本 | 1 195 000.00 | 4.80% | 4 780.00 |

审核：黄莹莹 制表：曹珊珊

附件5-4-9

## 投资性房地产减值准备计提表

单位：元

编制单位：浙江阳光服饰有限责任公司 2023年12月31日 项目：厂房（3#）

| 减值原因 | 投资性房地产账面价值 | 投资性房地产可收回金额 |
|---|---|---|
| 资产贬值 | 2 100 000.00 | 2 075 000.00 |
| 应确认减值损失 | “投资性房地产减值准备”累计余额 | 本期应计提减值准备 |
| 25 000.00 | 0 | 25 000.00 |

审核：黄莹莹 制表：曹珊珊

附件6-1-1

## 银行承兑汇票

2 CA/01 00000000

出票日期（大写）贰零贰叁年壹拾贰月零壹日

| | | | | |
|---|---|---|---|---|
| 出票人全称 | 浙江英泰服饰有限公司 | 收款人 | 全称 | 浙江阳光服饰有限责任公司 |
| 出票人账号 | 1202032591715180603 | | 账号 | 1202021518090325917 |
| 付款行全称 | 中国工商银行杭州春晖支行 | | 开户银行 | 中国工商银行杭州钱江支行 |
| 出票金额 | 人民币（大写）贰拾叁万肆仟元整 | | 亿千百十万千百十元角分 | ¥23400000 |
| 汇票到期日（大写） | 贰零贰肆年零贰月零壹日 | 付款行 | 行号 | 14529 |
| 承兑协议编号 | YH1256489 | | 地址 | 杭州滨江区春晖路66号 |
| 本汇票请你行承兑，到期无条件付款。<br>（印章：浙江英泰服饰有限公司 财务专用章）（印章：潘鸣印子）<br>出票人签章 | | 本汇票已经承兑，到期由本行付款汇款<br>（印章：中国工商银行 汇票专用章）（印章：陈敏印）<br>承兑行签章<br>承兑日期：2023年12月1日<br>备注： | | 复核 记账 |

此联收款人开户行随托收凭证寄付款行作借方凭证附件

复印件与原件核对无误

| 被背书人 | 被背书人 | 被背书人 |
|---|---|---|
| 背书人签章<br>年 月 日 | 背书人签章<br>年 月 日 | 背书人签章<br>年 月 日 |

粘贴处

持票人向银行提示付款签章：

身份证件名称：
号码：
发证机关：

附件 6-1-2

# ICBC 中国工商银行 托收凭证（受理回单） 1

委托日期　　年　　月　　日

| | | | | | | | | | | | | | | | | |
|---|---|---|---|---|---|---|---|---|---|---|---|---|---|---|---|---|
| 业务类型 | 委托收款（□ 邮划、□ 电划） | | | 托收承付（□ 邮划、□ 电划） | | | | | | | | | | | | |
| 付款人 | 全称 | | | 收款人 | 全称 | | | | | | | | | | | |
| | 账号 | | | | 账号 | | | | | | | | | | | |
| | 地址 | 省　市县 | 开户行 | | 地址 | 省　市县 | 开户行 | | | | | | | | | |
| 金额 | 人民币（大写） | | | | | 亿 | 千 | 百 | 十 | 万 | 千 | 百 | 十 | 元 | 角 | 分 |
| 款项内容 | | 托收凭据名称 | | 附寄单证张数 | | | | | | | | | | | | |
| 商品发运情况 | | 合同名称号码 | | | | | | | | | | | | | | |
| 备注：<br>复核　记账 | | 款项收妥日期<br>年　月　日 | | 付款人开户银行签章：<br>年　月　日 | | | | | | | | | | | | |

此联作收款人开户银行给收款人的受理回单

附件 6-1-3

# 商业承兑汇票　2　AB 01　00354729

出票日期（大写）贰零贰叁 年零玖 月零伍 日

| | | | | | |
|---|---|---|---|---|---|
| 付款人 | 全称 | 上海三元服饰集团 | 收款人 | 全称 | 浙江阳光服饰有限责任公司 |
| | 账号 | 1202021518090321906 | | 账号 | 1202021518090325917 |
| | 开户银行 | 中国工商银行上海浦东支行 | | 开户银行 | 中国工商银行杭州钱江支行 |
| 出票金额 | 人民币（大写） | 壹拾柒万伍仟伍佰元整 | | 亿千百十万千百十元角分 | ¥17550000 |
| 汇票到期日（大写） | | 贰零贰叁年壹拾贰月零伍日 | 付款行 | 行号 | 201566 |
| 交易合同号码 | | 购销合同20230905 | | 地址 | 上海浦东新区 |
| 本汇票已经承兑，到期无条件支付票款<br>承兑人签章：<br>承兑日期：2023 年09 月05 日 | | | 本汇票请予以承兑，并于到期日汇款<br>出票人签章： | | |

（印章：上海三元服饰集团 财务专用章；李东印城）

此联收款人开户行随托收凭证寄付款行作借方凭证附件

注意事项
一、本票在指定的城市范围使用。
二、本票经背书可以转让。

| 被背书人 | 被背书人 | 被背书人 |
|---|---|---|
| 背书人签章<br>年　月　日 | 背书人签章<br>年　月　日 | 背书人签章<br>年　月　日 |

附件 6-1-4

## 贴现凭证（收账通知） 5

填写日期：2023 年 12 月 10 日　　　　第 5 号

| | | | | | | | | |
|---|---|---|---|---|---|---|---|---|
| 贴现汇票 | 种类 | 银行承兑汇票 | 号码 | YH232164 | 申请人 | 全称 | 浙江阳光服饰有限责任公司 | |
| | 出票日 | 2023 年 10 月 10 日 | | | | 账号 | 1202021518090325917 | |
| | 到期日 | 2024 年 01 月 10 日 | | | | 开户银行 | 中国工商银行杭州钱江支行 | |
| 汇票承兑人（或银行） | 名称 | 上海利达服饰集团 | | | 账号 | 201516 | 开户银行 | 中国工商银行上海浦东支行 |
| 汇票金额 | 人民币（大写）贰拾万元整 | | | | | | | ¥200000.00 |
| 贴现率 | 10% | 贴现利息 | ¥16666.67 | | | | 实付贴现金额 | ¥183333.33 |
| 上述款项已入你单位账户　此致　银行盖章　2023 年 12 月 10 日 | | | | | 备注： | | | |

中国工商银行 上海浦东支行 2023.12.10 业务清讫（1）

复核：黄阳　　　　记账：陈达达

此联银行给贴现申请人的收账通知

附件 6-1-5

## 中国工商银行 进账单（收账通知） 3

2023 年 12 月 12 日

| | | | | | |
|---|---|---|---|---|---|
| 出票人 | 全称 | 浙江英泰服饰有限公司 | 收款人 | 全称 | 浙江阳光服饰有限责任公司 |
| | 账号 | 1202032591715180603 | | 账号 | 1202021518090325917 |
| | 开户银行 | 中国工商银行杭州春晖支行 | | 开户银行 | 中国工商银行杭州钱江支行 |
| 金额 | 人民币（大写）伍万壹仟元整 | | | | ¥51000.00 |
| 票据种类 | 转账支票 | 票据张数 | 1 | | |
| 票据号码 | 23991002 | | | | |
| 复核 李项阳　记账 王艳 | | | | 收款人开户银行盖章 | |

中国工商银行 杭州钱江支行 2023.12.12 业务清讫（1）

此联是收款人开户银行交给收款人的收账通知

附件 6-1-6

## 付款申请书

年 月 日

| | | | | | | | | | | | | |
|---|---|---|---|---|---|---|---|---|---|---|---|---|
| 用途 | 金额 | | | | | | | | | | | 收款单位（个人）： |
| | 亿 | 千 | 百 | 十 | 万 | 千 | 百 | 十 | 元 | 角 | 分 | 账号： |
| | | | | | | | | | | | | 开户行： |
| 金额（大写）合计 | | | | | | 电汇□ 信汇□ 汇票□ 转账□ 其他□ | | | | | | |
| 总经理 | | 财务部门 | 经理 | | | 业务部门 | 经理 | | | | | |
| | | | 出纳 | | | | 经办人 | | | | | |

附件6-1-7

中国工商银行
转账支票存根
10203310
22343507
附加信息

出票日期　　年　　月　　日
收款人:
金　额:
用　途:
单位主管　　会计

中国工商银行　转账支票　10203310 22343507

付款期限自出票之日起十天

出票日期（大写）　　年　　月　　日　付款行名称:
收款人:　出票人账号:
人民币（大写）　亿 千 百 十 万 千 百 十 元 角 分
用途　密码
上列款项请从　行号
我账户内支付
出票人签章　复核　记账

⑈84316 ⑆571022123⑆ 212099000774221⑈ 01

| 附加信息: | 被背书人 | 被背书人 |
|---|---|---|
| | 背书人签章<br>年　月　日 | 背书人签章<br>年　月　日 |

贴粘单处

根据《中华人民共和国票据法》等法律法规的规定，签发空头支票由中国人民银行处以票面金额5%但不低于1 000元的罚款。

附件6-1-8

## 借　款　单

2023年12月15日

| 部门 | 销售部 | 借款人 | 张云 |
|---|---|---|---|
| 借款理由 | 出差预借差旅费 | | |
| 金额 | 大写：人民币肆仟元整 | 小写：¥4 000.00 | |
| 领导批示：同意　冯勇 | | 财务主管：同意　徐敏 | |
| 部门主管：任星星 | 出纳：张晓霞 | 领款人签收：张云 | |

浙江阳光服饰有限责任公司 财务专用章

附件6-1-9

## 差旅费报销单

事由：出差　　2023年12月21日　　单据张数：3张

部门：销售部　　姓名：张云　　职务：销售员　　预借款：4 000元

| 起止时间 | | | | 起止地点 | 车船费 | 办公邮电费 | 住宿费 | 税金 | 市内交通 | 伙食补贴 | | 合计 |
|---|---|---|---|---|---|---|---|---|---|---|---|---|
| 月 | 日 | 月 | 日 | | | | | | | 天数 | 金额 | |
| 12 | 16 | 12 | 16 | 杭州—北京 | 580.00 | | | | | | | 580.00 |
| 12 | 16 | 12 | 20 | 北京 | | | 2 540.00 | 152.40 | | | | 2 692.40 |
| 12 | 21 | 12 | 21 | 北京—杭州 | 580.00 | | | | | | | 580.00 |
| | | | | | | | | | | | | |
| | | | | | | | | | | | | |
| 合计 | | | | | 1 160.00 | | 2 540.00 | 152.40 | | | | 3 852.40 |
| 人民币（大写）叁仟捌佰伍拾贰元肆角整 | | | | | | 应退（补）：147.60元 | | | | | | |

现金收讫

部门主管：任星星　财务主管：徐敏　会计：陈瑞刚　出纳：张晓霞　付款人：张云

附件 6-1-10

**电子发票（增值税专用发票）**

发票号码：23311003003432210136

开票日期：2023年12月21日

| 购买方信息 | | 销售方信息 | |
|---|---|---|---|
| 购买方信息 | 名称：浙江阳光服饰有限责任公司<br>统一社会信用代码/纳税人识别号：<br>92110019651283321H | 销售方信息 | 名称：北京永和宾馆<br>统一社会信用代码/纳税人识别号：<br>914562558582323123 |

| 项目名称 | 规格型号 | 单位 | 数量 | 单价 | 金额 | 税率/征收率 | 税额 |
|---|---|---|---|---|---|---|---|
| *生活服务*住宿费 | | 天 | 5 | 508.00 | 2 540.00 | 6% | 152.40 |
| 合　计 | | | | | ¥2 540.00 | | ¥152.40 |
| 价税合计（大写） | ⊗ 贰仟陆佰玖拾贰元肆角整 | | | | （小写）¥2 692.40 | | |
| 备注 | | | | | | | |

开票人：王利

附件 6-1-11

Y0632123　检票口18

杭　州站　T701　北　京站

Hangzhou　Beijing

2023年12月16日09:45开　14车25号

¥ 580.00　网　二等座

限乘当日当次车

3102121980****9110 张云

买票请到12306 发货请到95306
中国铁路祝你旅途愉快

10010000820825C007496 杭州售

附件 6-1-12

Y0632423　检票口18

北　京站　T603　杭　州站

Beijing　Hangzhou

2023年12月21日11:45开　16车15号

¥ 580.00　网　二等座

限乘当日当次车

3102121980****9110 张云

买票请到12306 发货请到95306
中国铁路祝你旅途愉快

10010000820825C007324 北京售

附件 6-1-13

**收款收据**

No

年　月　日

| |
|---|
| 今收到 |
| |
| 金额（大写）　佰　拾　万　仟　佰　拾　元　角　分 |
| （小写）¥　　　　（单位盖章） |

存根（白）　记账（黄）

核准　会计　记账　出纳　经手人

附件 6-1-14

## 坏账损失报告单

2023 年 12 月 26 日

| 客户名称 | 款项内容 | 账面金额 | 发生时间 |
|---|---|---|---|
| 浙江长虹有限责任公司 | 货款 | 35 000.00 元 | 2020 年 5 月 25 日 |
| 申请核销原因 | 客户公司破产，资不抵债，账款无法收回 | | |
| 领导审批条件 | 同意转作坏账损失核销<br>冯勇 2023.12.26 | | |

附件 6-1-15

## 托收凭证（收款通知） 4

委托日期：2023 年 12 月 5 日

| | | | | | |
|---|---|---|---|---|---|
| 业务类型 | 委托收款（□ 邮划、□ 电划） | | 托收承付（□ 邮划、□ 电划） | | |
| 付款人 全称 | 上海三元服饰集团 | | 收款人 全称 | 浙江阳光服饰有限责任公司 | |
| 付款人 账号 | 1202021518090321906 | | 收款人 账号 | 1202021518090325917 | |
| 付款人 地址 | 省 上海 市县 | 开户行 中国工商银行上海浦东支行 | 收款人 地址 | 浙江 省 杭州 市县 | 开户行 中国工商银行杭州钱江支行 |
| 金额 | 人民币（大写）壹拾柒万伍仟伍佰元整 | | | 千百十万千百十元角分 | ¥ 1 7 5 5 0 0 0 0 |
| 款项内容 | 货款 | 托收凭据名称 | 商业承兑汇票 | 附寄单证张数 | 1 |
| 商品发运情况 | 已发运 | 合同名称号码 | 20230905 | | |
| 备注：<br>复核 记账 | | 款项收妥日期<br>2023 年 12 月 28 日 | | 收款人开户银行签章<br>2023 年 12 月 28 日 | 中国工商银行<br>杭州钱江支行<br>2023.12.28<br>业务清讫（1） |

此联付款人开户行凭以汇款或收款人开户行作收账通知

附件 6-1-16

## 坏账准备计提表

编制单位：浙江阳光服饰有限责任公司 2023 年 12 月 31 日 单位：元

| 期初坏账准备余额 | 本期坏账准备发生额 | 坏账准备余额（计提损失前） |
|---|---|---|
| 34 320.00 | -35 000.00 | -680.00 |
| 应收账款余额 | 计提比例 | 期末"坏账准备"应有金额 |
| 129 000.00 | 4% | 5 160.00 |
| 应计提坏账准备 | 5 840.00 | |

审核：黄莹莹 制表：曹珊珊

附件6-2-1

# 托收凭证(付款通知)　　5

委托日期:2023 年12 月5 日

| | | | | | | | |
|---|---|---|---|---|---|---|---|
| 业务类型 | 委托收款(□邮划、☑电划) | | | 托收承付(□邮划、□电划) | | | |
| 付款人 | 全称 | 浙江阳光服饰有限责任公司 | | 收款人 | 全称 | 浙江美华服装面料公司 | |
| | 账号 | 1202021518090325917 | | | 账号 | 1202021518090326849 | |
| | 地址 | 浙江 省 杭州 市县 | 开户行：中国工商银行杭州钱江支行 | | 地址 | 浙江 省 杭州 市县 | 开户行：中国工商银行杭州紫金支行 |
| 金额 | 人民币(大写) | 玖万伍仟捌佰元整 | | | 千百十万千百十元角分 | ¥ 9 5 8 0 0 0 0 | |
| 款项内容 | 货款 | 托收凭据名称 | 商业承兑汇票 | 附寄单证张数 | 1 | | |
| 商品发运情况 | 已发送 | 合同名称号码 | 20230805 | | | | |
| 备注： | | 款项收妥日期 | | 收款人开户银行签章 | | | |
| 复核　记账 | | 2023 年12 月5 日 | | 2023 年12 月5 日 | | | |

中国工商银行
杭州紫金支行
2023.12.05
业务清讫（1）

此联是付款人开户银行给付款人按期付款的通知

附件6-2-2

# 商业承兑汇票　　2　AB 01　00254726

出票日期(大写)贰零贰叁 年零捌 月零伍 日

| | | | | | |
|---|---|---|---|---|---|
| 付款人 | 全称 | 浙江阳光服饰有限责任公司 | 收款人 | 全称 | 浙江美华服装面料公司 |
| | 账号 | 1202021518090325917 | | 账号 | 1202021518090326849 |
| | 开户银行 | 中国工商银行杭州钱江支行 | | 开户银行 | 中国工商银行杭州紫金支行 |
| 出票金额 | 人民币(大写) | 玖万伍仟捌佰元整 | | 亿千百十万千百十元角分 | ¥ 9 5 8 0 0 0 0 |
| 汇票到期日(大写) | | 贰零贰叁年壹拾贰月零伍日 | 付款行 | 行号 | 2988 |
| 交易合同号码 | | 20230805 | | 地址 | 浙江省杭州市钱塘路118号 |
| 本汇票已经承兑,到期无条件支付票款。承兑人签章　承兑日期:2023 年 8 月 5 日 | | | 本汇票请予以承兑,并于到期日付款。出票人签章: | | |

复印件与原件核对无误

浙江阳光服饰有限责任公司 财务专用章

浙江美华服装面料公司 财务专用章

此联收款人开户行随托收凭证寄付款行作借方凭证附件

附件6-2-3

# 付款申请书

年 月 日

| | | | | | | | | | | | | |
|---|---|---|---|---|---|---|---|---|---|---|---|---|
| 用途 | 金额 | | | | | | | | | | | 收款单位(个人): |
| | 亿 | 千 | 百 | 十 | 万 | 千 | 百 | 十 | 元 | 角 | 分 | 账号: |
| | | | | | | | | | | | | 开户行: |
| 金额(大写)合计 | | | | | | | | | | | | 电汇□ 信汇□ 汇票□ 转账□ 其他□ |
| 总经理 | | 财务部门 | 经理 | | 业务部门 | 经理 | | | | | | |
| | | | 出纳 | | | 经办人 | | | | | | |

附件 6-2-4

# 银行承兑汇票协议

编号：0689035

收款人全称：江苏正和服装面料公司

开户银行：中国工商银行苏州唐西支行

账号：120202154980903261

付款人全称：浙江阳光服饰有限责任公司

开户银行：中国工商银行杭州钱江支行

账号：120202151809032 5917

银行承兑汇票号码：08777207　　汇票金额（大写）：人民币柒万捌仟伍佰贰拾元整

签发日期：2023 年 12 月 7 日　　到期日期：2024 年 5 月 7 日

以上汇票经承兑银行承兑，承兑申请人（下称申请人）愿遵守《支付结算办法》的规定及下列条款：

1. 申请人于到期日期将应付票据足额交存承兑银行。

2. 承兑手续费按票面金额万分之（五）计算，在银行承兑时一次付清。

3. 承兑汇票如发生任何交易纠纷，均由收付双方自行处理。票款于到期前仍按第一条办理不误。

4. 承兑汇票到期日，承兑银行凭票无条件支付票款。如到期日之前申请人不能足额交付票款时，承兑银行对不足支付部分的票款转作承兑申请人逾期贷款，并按照有关规定计收罚息。

5. 承兑汇票付清后，本协议自动失效。本协议第一、二联分别由承兑银行信贷部门和承兑申请人存执，协议副本由银行会计部门存查。

复印件与原件核对无误

承兑银行（公章）：中国工商银行杭州钱江支行

法定代表人（或授权代理人）：马晨印

承兑申请人（公章）：浙江阳光服饰有限责任公司

法定代表人（或授权代理人）：冯勇印

签订日期：2023 年 12 月 7 日

附件 6-2-5

# 中国工商银行（杭州钱江支行）付款通知书

日期：2023 年 12 月 7 日

机构号：103100061423　　交易代码：773345

| | |
|---|---|
| 单位名称：浙江阳光服饰有限责任公司 | |
| 账号：120202151809032 5917 | |
| 摘要<br>手续费：39.26<br>金额合计：¥ 39.26 | 中国工商银行<br>杭州钱江支行<br>2023.12.07<br>业务清讫（1） |
| 金额合计（大写） | 人民币叁拾玖元贰角陆分 |

第二联 回单

注：付款通知单加盖我行业务公章方有效。

流水号：1227007006　　经办：01

附件 6-2-6

## 电子发票（增值税专用发票）

国家税务总局
浙江省税务局

发票号码：23311003003432136782

开票日期：2023 年 12 月 11 日

| | |
|---|---|
| 购买方信息<br>名称：浙江阳光服饰有限责任公司<br>统一社会信用代码/纳税人识别号：92110019651283321H | 销售方信息<br>名称：浙江电网公司杭州供电局<br>统一社会信用代码/纳税人识别号：911127856122580585 |

| 项目名称 | 规格型号 | 单位 | 数量 | 单价 | 金额 | 税率/征收率 | 税额 |
|---|---|---|---|---|---|---|---|
| *供电*电费 | | 度 | 2 000 | 5.00 | 10 000.00 | 13% | 1 300.00 |
| 合　计 | | | | | ¥10 000.00 | | ¥1 300.00 |
| 价税合计（大写） | ⊗ 壹万壹仟叁佰元整 | | | | （小写）¥11 300.00 | | |
| 备注 | | | | | | | |

开票人：王勤

附件 6-2-7

## 托收凭证（付款通知）　5

委托日期：2023 年 12 月 11 日

| | | | |
|---|---|---|---|
| 业务类型 | 委托收款（□ 邮划、☑ 电划） | 托收承付（□ 邮划、□ 电划） | |
| 付款人 全称 | 浙江阳光服饰有限责任公司 | 收款人 全称 | 浙江电网公司杭州供电局 |
| 账号 | 1202021518090325917 | 账号 | 1211630220424124066 |
| 地址 | 浙江 省 杭州 市/县　开户行 中国工商银行杭州钱江支行 | 地址 | 浙江 省 杭州 市/县　开户行 中国工商银行杭州秋涛支行 |

| 金额 人民币（大写） | 千 | 百 | 十 | 万 | 千 | 百 | 十 | 元 | 角 | 分 |
|---|---|---|---|---|---|---|---|---|---|---|
| 壹万壹仟叁佰元整 | | | ¥ | 1 | 1 | 3 | 0 | 0 | 0 | 0 |

| | | | | | |
|---|---|---|---|---|---|
| 款项内容 | 电费 | 托收凭据名称 | 增值税专用发票 | 附寄单证张数 | 1 |
| 商品发运情况 | 已发送 | | 合同名称号码 | 2865026 | |
| 备注：<br>复核　　记账 | | 款项收妥日期<br>年　月　日 | | 收款人开户银行签章<br>2023 年 12 月 11 日 | |

中国工商银行
杭州秋涛支行
2023.12.11
业务清讫（1）

此联是付款人开户银行给付款人按期付款的通知

附件 6-2-8

# 付款申请书

年　月　日

<table>
<tr><td rowspan="3">用途</td><td colspan="11">金额</td><td>收款单位（个人）：</td></tr>
<tr><td>亿</td><td>千</td><td>百</td><td>十</td><td>万</td><td>千</td><td>百</td><td>十</td><td>元</td><td>角</td><td>分</td><td>账号：</td></tr>
<tr><td></td><td></td><td></td><td></td><td></td><td></td><td></td><td></td><td></td><td></td><td></td><td>开户行：</td></tr>
<tr><td>金额（大写）合计</td><td colspan="11"></td><td>电汇□　信汇□　汇票□　转账□　其他□</td></tr>
</table>

<table>
<tr><td rowspan="2">总经理</td><td rowspan="2"></td><td rowspan="2">财务部门</td><td>经理</td><td></td><td rowspan="2">业务部门</td><td>经理</td><td></td></tr>
<tr><td>出纳</td><td></td><td>经办人</td><td></td></tr>
</table>

附件 6-2-9

中国工商银行
转账支票存根
10203310
22343508
附加信息
出票日期　年　月　日
收款人：
金　额：
用　途：
单位主管　会计

中国工商银行　转账支票　10203310　22343508

出票日期（大写）　年　月　日　付款行名称：
收款人：　出票人账号：

| 人民币（大写） | 亿 | 千 | 百 | 十 | 万 | 千 | 百 | 十 | 元 | 角 | 分 |
|---|---|---|---|---|---|---|---|---|---|---|---|
| | | | | | | | | | | | |

付款期限自出票之日起十天

用途　密码
上列款项请从　行号
我账户内支付
出票人签章　复核　记账

84316 5710221231 21209900077422 01

| 附加信息： | 被背书人 | 被背书人 |
|---|---|---|
| | 背书人签章<br>年　月　日 | 背书人签章<br>年　月　日 |

贴粘单处

根据《中华人民共和国票据法》等法律法规的规定，签发空头支票由中国人民银行处以票面金额5%但不低于1 000元的罚款。

附件 6-2-10

## 中国工商银行　进账单（收账通知）　3

2023 年 12 月 18 日

<table>
<tr><td rowspan="3">出票人</td><td>全　称</td><td>江苏方辉服饰公司</td><td rowspan="3">收款人</td><td>全　称</td><td colspan="10">浙江阳光服饰有限责任公司</td></tr>
<tr><td>账　号</td><td>1032209591720215180</td><td>账　号</td><td colspan="10">1202021518090325917</td></tr>
<tr><td>开户银行</td><td>中国工商银行南京解放支行</td><td>开户银行</td><td colspan="10">中国工商银行杭州钱江支行</td></tr>
<tr><td rowspan="2">金额</td><td rowspan="2">人民币（大写）</td><td colspan="3" rowspan="2">壹万伍仟元整</td><td>千</td><td>百</td><td>十</td><td>万</td><td>千</td><td>百</td><td>十</td><td>元</td><td>角</td><td>分</td></tr>
<tr><td></td><td></td><td>¥</td><td>1</td><td>5</td><td>0</td><td>0</td><td>0</td><td>0</td><td>0</td></tr>
<tr><td colspan="2">票据种类</td><td>转账支票</td><td>票据张数</td><td>1</td><td colspan="10" rowspan="3">中国工商银行<br>杭州钱江支行<br>2023.12.18<br>业务清讫（2）<br>收款人开户银行盖章</td></tr>
<tr><td colspan="2">票据号码</td><td colspan="3">略</td></tr>
<tr><td colspan="5">复核　冯晓明　　记账　江韵苑</td></tr>
</table>

此联是收款人开户银行交给收款人的收账通知

附件6-2-11

# 付款申请书

年　月　日

| 用途 | 金额 | | | | | | | | | | | 收款单位(个人)： |
|---|---|---|---|---|---|---|---|---|---|---|---|---|
| | 亿 | 千 | 百 | 十 | 万 | 千 | 百 | 十 | 元 | 角 | 分 | 账号： |
| | | | | | | | | | | | | 开户行： |
| 金额(大写)合计 | | | | | | | | 电汇□　信汇□　汇票□　转账□　其他□ | | | | |
| 总经理 | | 财务部门 | 经理 | | | | | 业务部门 | 经理 | | | |
| | | | 出纳 | | | | | | 经办人 | | | |

附件6-2-12

## 中国工商银行　网上银行电子回单

回单号码：30911164161517

| 付款人 | 户名 | 浙江阳光服饰有限责任公司 | 收款人 | 户名 | 江苏方辉服饰公司 |
|---|---|---|---|---|---|
| | 账号 | 1202021518090325917 | | 账号 | 1032209591720215180 |
| | 开户银行 | 中国工商银行杭州钱江支行 | | 开户银行 | 中国工商银行南京解放支行 |
| 金额 | | 人民币叁仟元整　　¥ 3 000.00 | | | |
| 摘要 | | 退回多余预付款 | 业务（产品）种类 | | 汇划发报 |
| 用途 | | 货款结算 | | | |
| 交易流水号 | | 2803117146 | 时间戳 | | 2023-12-27　15:25 |
| 中国工商银行 电子回单 专用章 | | 备注：略 | | | |
| | | 验证码：908748231611UKP | | | |
| 记账网点 | 中国工商银行杭州钱江支行 | 记账柜员 | 8 | 记账日期 | 2023年12月27日 |

打印日期：2023年12月27日

重要提示：

1. 如果您是收款方，请到工行网站www.icbc.com.cn电子回单验证处进行回单验证。
2. 本回单不作为收款方发货依据，并请勿重复记账。
3. 您可以选择发送邮件，将此电子回单发送给指定的接收人。

附件6-2-13

# 付款申请书

年　月　日

| 用途 | 金额 | | | | | | | | | | | 收款单位(个人)： |
|---|---|---|---|---|---|---|---|---|---|---|---|---|
| | 亿 | 千 | 百 | 十 | 万 | 千 | 百 | 十 | 元 | 角 | 分 | 账号： |
| | | | | | | | | | | | | 开户行： |
| 金额(大写)合计 | | | | | | | | 电汇□　信汇□　汇票□　转账□　其他□ | | | | |
| 总经理 | | 财务部门 | 经理 | | | | | 业务部门 | 经理 | | | |
| | | | 出纳 | | | | | | 经办人 | | | |

附件6-2-14

中国工商银行转账支票存根
10203310
22343509
附加信息

出票日期　年　月　日
收款人：
金　额：
用　途：
单位主管　会计

中国工商银行　转账支票　10203310
22343509

付款期限自出票之日起十天

出票日期（大写）　年　月　日　付款行名称：
收款人：　出票人账号：
人民币（大写）　亿 千 百 十 万 千 百 十 元 角 分
用途　密码
上列款项请从　行号
我账户内支付
出票人签章　复核　记账

84316 571022123 212099000774221 01

| 附加信息： | 被背书人 | 被背书人 |
| --- | --- | --- |
| | 背书人签章<br>年　月　日 | 背书人签章<br>年　月　日 |

贴粘单处

根据《中华人民共和国票据法》等法律法规的规定，签发空头支票由中国人民银行处以票面金额5%但不低于1 000元的罚款。

附件6-2-15

## 电子发票（增值税专用发票）

发票号码：23311003003412881902
开票日期：2023年12月29日

购买方信息
名称：浙江阳光服饰有限责任公司
统一社会信用代码/纳税人识别号：92110019651283321H

销售方信息
名称：浙江梅恒服饰器械租赁公司
统一社会信用代码/纳税人识别号：91229651283331711A

| 项目名称 | 规格型号 | 单位 | 数量 | 单价 | 金额 | 税率/征收率 | 税额 |
| --- | --- | --- | --- | --- | --- | --- | --- |
| *租赁服务*租入办公设备 | | 台 | 1 | 1 000.00 | 1 000.00 | 13% | 130.00 |
| 合　计 | | | | | ¥1 000.00 | | ¥130.00 |
| 价税合计（大写） | ⊗ 壹仟壹佰叁拾元整 | | | | （小写）¥1 130.00 | | |
| 备注 | | | | | | | |

开票人：邱刚

附件6-3-1　中国工商银行杭州钱江支行批量代付清单

机构代码：4512　入账日期：2023年12月3日
账号：1202021518090325917　机构名称：中国工商银行杭州钱江支行

| 账号 | 姓名 | 金额（元） |
| --- | --- | --- |
| 6222024100018696306 | 黄梦达 | 3 988.00 |
| 6227001935260700504 | 陈丽 | 3 715.00 |
| 6222024100018696793 | 宋刚 | 3 130.00 |
| ⋮ | ⋮ | ⋮ |
| 6222024100018385082 | 王亚芬 | 3 206.60 |
| 合计 | | 88 983.04 |

附件6-3-2

# 付款申请书

年　月　日

| 用途 | 金额 | | | | | | | | | | | 收款单位(个人)： |
|---|---|---|---|---|---|---|---|---|---|---|---|---|
| | 亿 | 千 | 百 | 十 | 万 | 千 | 百 | 十 | 元 | 角 | 分 | 账号： |
| | | | | | | | | | | | | 开户行： |
| 金额(大写)合计 | | | | | | | | 电汇□　信汇□　汇票□　转账□　其他□ | | | | |
| 总经理 | | 财务部门 | 经理 | | | 业务部门 | 经理 | | | | | |
| | | | 出纳 | | | | 经办人 | | | | | |

附件6-3-3

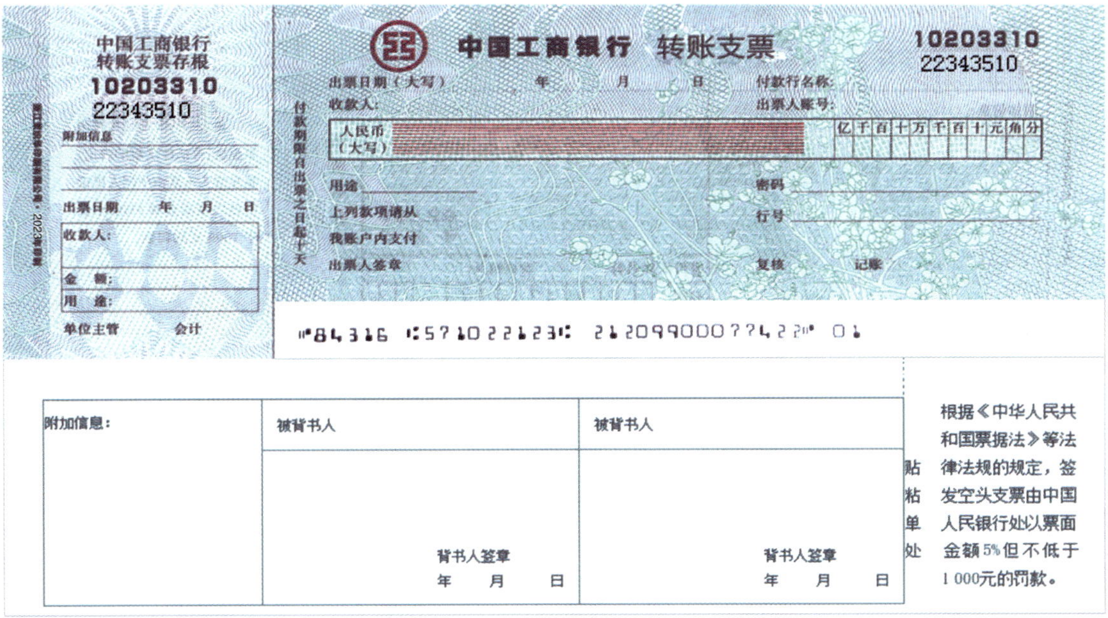
中国工商银行
转账支票存根
10203310
22343510
附加信息
出票日期　年　月　日
收款人：
金　额：
用　途：
单位主管　会计
2023

中国工商银行　转账支票　10203310　22343510
出票日期（大写）　年　月　日　付款行名称：
收款人：　出票人账号：
人民币（大写）
| 亿 | 千 | 百 | 十 | 万 | 千 | 百 | 十 | 元 | 角 | 分 |
|---|---|---|---|---|---|---|---|---|---|---|
| | | | | | | | | | | |

付款期限自出票之日起十天
用途　密码
上列款项请从　行号
我账户内支付
出票人签章　复核　记账

| 附加信息： | 被背书人 | 被背书人 |
|---|---|---|
| | 背书人签章 年 月 日 | 背书人签章 年 月 日 |

粘贴单处

根据《中华人民共和国票据法》等法律法规的规定，签发空头支票由中国人民银行处以票面金额5%但不低于1 000元的罚款。

附件6-3-4

# 付款申请书

年　月　日

| 用途 | 金额 | | | | | | | | | | | 收款单位(个人)： |
|---|---|---|---|---|---|---|---|---|---|---|---|---|
| | 亿 | 千 | 百 | 十 | 万 | 千 | 百 | 十 | 元 | 角 | 分 | 账号： |
| | | | | | | | | | | | | 开户行： |
| 金额(大写)合计 | | | | | | | | 电汇□　信汇□　汇票□　转账□　其他□ | | | | |
| 总经理 | | 财务部门 | 经理 | | | 业务部门 | 经理 | | | | | |
| | | | 出纳 | | | | 经办人 | | | | | |

附件 6-3-5

**中国工商银行 转账支票存根**

10203310
22343511

附加信息

出票日期 年 月 日

收款人:

金 额:

用 途:

单位主管 会计

**中国工商银行 转账支票** 10203310 22343511

出票日期（大写） 年 月 日 付款行名称:

收款人: 出票人账号:

付款期限自出票之日起十天

| 人民币（大写） | 亿 | 千 | 百 | 十 | 万 | 千 | 百 | 十 | 元 | 角 | 分 |
|---|---|---|---|---|---|---|---|---|---|---|---|
| | | | | | | | | | | | |

用途 密码

上列款项请从 行号

我账户内支付

出票人签章 复核 记账

| 附加信息: | 被背书人 | 被背书人 |
|---|---|---|
| | 背书人签章<br>年 月 日 | 背书人签章<br>年 月 日 |

粘贴单处

根据《中华人民共和国票据法》等法律法规的规定，签发空头支票由中国人民银行处以票面金额5%但不低于1 000元的罚款。

附件 6-3-6

**电子发票（增值税专用发票）**

发票号码：23311003003412881903

开票日期：2023年12月05日

| 购买方信息 | 名称：浙江阳光服饰有限责任公司<br>统一社会信用代码/纳税人识别号：<br>92110019651283321H | 销售方信息 | 名称：杭州华丰房屋租赁公司<br>统一社会信用代码/纳税人识别号：<br>912296171100331512 |
|---|---|---|---|

| 项目名称 | 规格型号 | 单位 | 数量 | 单价 | 金额 | 税率/征收率 | 税额 |
|---|---|---|---|---|---|---|---|
| *租赁服务*租入房屋租金 | | 套 | 1 | 3 000.00 | 3 000.00 | 9% | 270.00 |
| 合 计 | | | | | ¥3 000.00 | | ¥270.00 |
| 价税合计（大写） | ⊗ 叁仟贰佰柒拾元整 | | | | （小写）¥3 270.00 | | |
| 备注 | | | | | | | |

开票人：袁青青

附件 6-3-7

**付款申请书**

年 月 日

| 用途 | 金额 | | | | | | | | | | | 收款单位(个人)： |
|---|---|---|---|---|---|---|---|---|---|---|---|---|
| | 亿 | 千 | 百 | 十 | 万 | 千 | 百 | 十 | 元 | 角 | 分 | 账号： |
| | | | | | | | | | | | | 开户行： |
| 金额(大写)合计 | | | | | | | 电汇□ 信汇□ 汇票□ 转账□ 其他□ | | | | | |

| 总经理 | | 财务部门 | 经理 | | 业务部门 | 经理 | |
|---|---|---|---|---|---|---|---|
| | | | 出纳 | | | 经办人 | |

## 附件6-3-8　住房公积金汇缴书

2023年12月9日　　附：变更清册　1　张

| 单位名称（公章） | 浙江阳光服饰有限责任公司 | | |
|---|---|---|---|
| 单位登记号 | 1120345682 | 资金来源　□财政统发　☑非财政统发 | 汇缴2023年11月份 |

| 汇缴金额（大写） | 千 | 百 | 十 | 万 | 千 | 百 | 十 | 元 | 角 | 分 |
|---|---|---|---|---|---|---|---|---|---|---|
| 人民币壹万壹仟叁佰叁拾元整 | | | ¥ | 1 | 1 | 3 | 3 | 0 | 0 | 0 |

| | 上月汇缴 | 本月增加 | 本月减少 | 本月汇缴 |
|---|---|---|---|---|
| 人数 | 23 | 0 | 0 | 23 |
| 金额 | 11 330.00 | | | 11 330.00 |
| 缴款方式 | ☑支票　□委托收款　□现金送款簿　□汇款 | | | |
| 票据号码 | 12239062 | 备注： | | |
| 付款银行 | 中国工商银行杭州钱江支行 | | | |
| 付款账户 | 1202021518090325917 | | | |

单位财务主管签名（盖章）：徐敏　　复核：李晓芳　　制单：张晓霞

## 附件6-3-9　电子银行转账凭证（付款）

2023年12月9日

| 付款人名称 | 浙江阳光服饰有限责任公司 | 收款人名称 | 浙江阳光服饰有限责任公司 |
|---|---|---|---|
| 付款人账号 | 1202021518090325917 | 收款人账号 | 1202021809032591769 |
| 付款行名 | 中国工商银行杭州钱江支行 | 收款行名 | 中国工商银行杭州钱江支行 |
| 人民币 | 壹万壹仟叁佰叁拾元整 | | ¥11 330.00 |
| 用途 | 支付住房公积金 | 业务类型 | 代理业务 |
| 备注 | | | |

已打印001次　　打印时间：2023-12-09

## 附件6-3-10　付款申请书

年　月　日

| 用途 | 金额 | | | | | | | | | | | 收款单位（个人）： |
|---|---|---|---|---|---|---|---|---|---|---|---|---|
| | 亿 | 千 | 百 | 十 | 万 | 千 | 百 | 十 | 元 | 角 | 分 | 账号： |
| | | | | | | | | | | | | 开户行： |
| 金额（大写）合计 | | | | | | | | | | | | 电汇□　信汇□　汇票□　转账□　其他□ |

| 总经理 | | 财务部门 | 经理 | | 业务部门 | 经理 | |
|---|---|---|---|---|---|---|---|
| | | | 出纳 | | | 经办人 | |

附件 6-3-11

## 社会保险费缴费申报表

编码：1127853566　　税款所属日期：2023 年 11 月 1 日至 2023 年 11 月 30 日　　金额单位：元（列至角分）

| 缴费单位名称 | 浙江阳光服饰有限责任公司 | 单位地址 | 浙江省杭州市钱塘路118号 | 联系电话 | 0571—86736598 |
|---|---|---|---|---|---|
| 缴费银行 | 中国工商银行杭州钱江支行 | 缴费账号 | 1202021518090325917 | 登记注册类型 | 有限责任公司 |

| 费种 | 征收品目 | 缴费基数 | 费率 | 应缴税额 | 抵缴税额 | 本期应交税额 | 缴费人数 |
|---|---|---|---|---|---|---|---|
| 1 | 2 | 3 | 4 | 5=3*4 | 6 | 7=5-6 | 8 |
| 社会保险费 | 养老保险费 | 113 300.00 | 16% | 18 128.00 | 0 | 18 128.00 | 23 |
| | | | | | | | |
| | | | | | | | |
| | | | | | | | |
| | | | | | | | |
| | | | | | | | |
| | | | | | | | |
| | | | | | | | |
| | | | | | | | |
| | | | | | | | |
| | | | | | | | |
| 合计 | | — | — | 18 128.00 | | 18 128.00 | |
| 销售（营业）收入 | | 本期实发工资额 | | 88 983.04 | 职工人数 | | 23 |

| 缴费人申明 | 授权人申明 | 代理人申明 |
|---|---|---|
| 本单位（公司、个人）所申报的社会保险费款真实、准确，如有虚假内容，愿承担法律责任。<br>法人代表（业主）签名：冯勇<br>2023 年 12 月 11 日 | 我（单位）现授权________为本缴费人的代理申报人，任何与申报有关的往来文件，都可寄此代理机构。<br>委托代理合同号：<br>授权人：<br>年 月 日 | 本申报表是按照社会保险费有关规定填报，我确认其真实、合法。<br>代理人（签章）：<br>经办人：<br>年 月 日 |
| 税务机关受理人： | 受理日期： 年 月 日 | 备注： |

填表人签名：张晓霞　　填表日期：2023-12-11　　打印鉴证码：29378NGB11202

附件 6-3-12

## 电子银行转账凭证（付款）

2023 年 12 月 11 日

| 付款人名称 | 浙江阳光服饰有限责任公司 | 收款人名称 | 杭州人力资源和社会保障局 |
|---|---|---|---|
| 付款人账号 | 1202021518090325917 | 收款人账号 | 1202026119172151809 |
| 付款行名 | 中国工商银行杭州钱江支行 | 收款行名 | 中国工商银行杭州秋涛支行 |
| 人民币 | 壹万捌仟壹佰贰拾捌元整 | | ¥18 128.00 |
| 用途 | 支付养老保险金 | 业务类型 | 代理业务 |
| 备注 | | | |

（印章：中国工商银行 电子回单专用章）

已打印001次　　打印时间：2023-12-11

附件 6-3-13

## 付款申请书

年 月 日

<table>
<tr><td rowspan="3">用途</td><td colspan="11">金额</td><td>收款单位（个人）：</td></tr>
<tr><td>亿</td><td>千</td><td>百</td><td>十</td><td>万</td><td>千</td><td>百</td><td>十</td><td>元</td><td>角</td><td>分</td><td>账号：</td></tr>
<tr><td></td><td></td><td></td><td></td><td></td><td></td><td></td><td></td><td></td><td></td><td></td><td>开户行：</td></tr>
<tr><td colspan="2">金额（大写）合计</td><td colspan="11">电汇□　信汇□　汇票□　转账□　其他□</td></tr>
<tr><td>总经理</td><td></td><td>财务部门</td><td>经理<br>出纳</td><td></td><td>业务部门</td><td>经理<br>经办人</td><td></td></tr>
</table>

附件6-3-14

# 社会保险费缴费申报表

编码：2127566853　　税款所属日期：2023 年 11 月 1 日至 2023 年 11 月 30 日　　金额单位：元（列至角分）

| 缴费单位名称 | 浙江阳光服饰有限责任公司 | 单位地址 | 浙江省杭州市钱塘路118号 | 联系电话 | 0571—86736598 |
|---|---|---|---|---|---|
| 缴费银行 | 中国工商银行杭州钱江支行 | 缴费账号 | 1202021518090325917 | 登记注册类型 | 有限责任公司 |

| 费种 | 征收品目 | 缴费基数 | 费率 | 应缴税额 | 抵缴税额 | 本期应交税额 | 缴费人数 |
|---|---|---|---|---|---|---|---|
| 1 | 2 | 3 | 4 | 5=3*4 | 6 | 7=5−6 | 8 |
| 社会保险 | 医疗保险费 | 113 300.00 | 8.3% | 9 403.90 | 0 | 9 403.90 | 23 |
| | | | | | | | |
| | | | | | | | |
| | | | | | | | |
| | | | | | | | |
| | | | | | | | |
| | | | | | | | |
| | | | | | | | |
| | | | | | | | |
| | | | | | | | |
| | | | | | | | |
| 合计 | — | — | — | 9 403.90 | | 9 403.90 | |
| 销售（营业）收入 | | 本期实发工资额 | | 88 983.04 | 职工人数 | | 23 |

| | | |
|---|---|---|
| 缴费人申明：本单位（公司、个人）所申报的社会保险费款真实、准确，如有虚假内容，愿承担法律责任。<br>法人代表（业主）签名：冯勇<br>2023 年12 月11 日 | 授权人申明：我（单位）现授权______为本缴费人的代理申报人，任何与申报有关的往来文件，都可寄此代理机构。<br>委托代理合同号：<br>授权人：<br>年 月 日 | 代理人申明：本申报表是按照社会保险费有关规定填报，我确认其真实、合法。<br>代理人（签章）：<br>经办人：<br>年 月 日 |
| 税务机关受理人： | 受理日期： 年 月 日 | 备注： |

填表人签名：张晓霞　　填表日期：2023-12-11　　打印鉴证码：374189HSMN112

附件6-3-15

# 电子银行转账凭证（付款）

2023 年 12 月 11 日

| 付款人名称 | 浙江阳光服饰有限责任公司 | 收款人名称 | 杭州人力资源和社会保障局 |
|---|---|---|---|
| 付款人账号 | 1202021518090325917 | 收款人账号 | 1202026119172151809 |
| 付款行名 | 中国工商银行杭州钱江支行 | 收款行名 | 中国工商银行杭州秋涛支行 |
| 人民币 | 玖仟肆佰零叁元玖角整 | | ¥9 403.90 |
| 用途 | 支付医疗保险金 | 业务类型 | 代理业务 |
| 备注 | | | |

（印章：中国工商银行 电子回单专用章）

已打印001次　　打印时间：2023-12-11

附件6-3-16

# 付款申请书

年 月 日

<table>
<tr><td rowspan="3">用途</td><td colspan="11">金额</td><td>收款单位（个人）：</td></tr>
<tr><td>亿</td><td>千</td><td>百</td><td>十</td><td>万</td><td>千</td><td>百</td><td>十</td><td>元</td><td>角</td><td>分</td><td>账号：</td></tr>
<tr><td></td><td></td><td></td><td></td><td></td><td></td><td></td><td></td><td></td><td></td><td></td><td>开户行：</td></tr>
<tr><td colspan="6">金额（大写）合计</td><td colspan="6">电汇□ 信汇□ 汇票□ 转账□ 其他□</td><td></td></tr>
<tr><td rowspan="2">总经理</td><td rowspan="2"></td><td rowspan="2">财务部门</td><td>经理</td><td></td><td rowspan="2">业务部门</td><td>经理</td><td></td></tr>
<tr><td>出纳</td><td></td><td>经办人</td><td></td></tr>
</table>

附件6-3-17

## 社会保险费缴费申报表

编码：3785359167　　税款所属日期：2023 年 11 月 1 日至 2023 年 11 月 30 日　　金额单位：元（列至角分）

| 缴费单位名称 | 浙江阳光服饰有限责任公司 | | 单位地址 | 浙江省杭州市钱塘路118号 | 联系电话 | 0571－86736598 | |
|---|---|---|---|---|---|---|---|
| 缴费银行 | 中国工商银行杭州钱江支行 | | 缴费账号 | 1202021518090325917 | 登记注册类型 | 有限责任公司 | |
| 费种 | 征收品目 | 缴费基数 | 费率 | 应缴税额 | 抵缴税额 | 本期应交税额 | 缴费人数 |
| 1 | 2 | 3 | 4 | 5=3*4 | 6 | 7=5-6 | 8 |
| 社会保险费 | 失业保险费 | 113 300.00 | 1.5% | 1 699.50 | 0 | 1 699.50 | 23 |
| | | | | | | | |
| | | | | | | | |
| | | | | | | | |
| | | | | | | | |
| | | | | | | | |
| | | | | | | | |
| 合计 | — | — | — | 1 699.50 | | 1 699.50 | |
| 销售（营业）收入 | | 本期实发工资额 | | 88 983.04 | 职工人数 | 23 | |
| 缴费人申明 | 本单位（公司、个人）所申报的社会保险费款真实、准确，如有虚假内容，愿承担法律责任。<br>法人代表（业主）签名：冯勇<br>2023 年 12 月 11 日 | 授权人申明 | 我（单位）现授权＿＿＿＿＿＿为本缴费人的代理申报人，任何与申报有关的往来文件，都可寄此代理机构。<br>委托代理合同号：<br>授权人：<br>年 月 日 | | 代理人申明 | 本申报表是按照社会保险费有关规定填报，我确认其真实、合法。<br>代理人（签章）：<br>经办人：<br>年 月 日 | |
| 税务机关受理人： | | 受理日期： 年 月 日 | | | 备注： | | |

填表人签名：张晓霞　　填表日期：2023-12-11　　打印鉴证码：126543AVC981

附件6-3-18

## 电子银行转账凭证（付款）

2023 年 12 月 11 日

| 付款人名称 | 浙江阳光服饰有限责任公司 | 收款人名称 | 杭州人力资源和社会保障局 |
|---|---|---|---|
| 付款人账号 | 1202021518090325917 | 收款人账号 | 1202026119172151809 |
| 付款行名 | 中国工商银行杭州钱江支行 | 收款行名 | 中国工商银行杭州秋涛支行 |
| 人民币 | 壹仟陆佰玖拾玖元伍角整 | | ¥1 699.50 |
| 用途 | 支付失业保险金 | 业务类型 | 代理业务 |
| 备注 | | | |

（印章：中国工商银行 电子回单专用章）

已打印001次　　打印时间：2023-12-11

附件6-3-19

## 付款申请书

年 月 日

| 用途 | 金额 | | | | | | | | | | | 收款单位（个人）： |
|---|---|---|---|---|---|---|---|---|---|---|---|---|
| | 亿 | 千 | 百 | 十 | 万 | 千 | 百 | 十 | 元 | 角 | 分 | 账号： |
| | | | | | | | | | | | | 开户行： |
| 金额（大写）合计 | | | | | | | 电汇□ 信汇□ 汇票□ 转账□ 其他□ | | | | | |

| 总经理 | | 财务部门 | 经理 | | 业务部门 | 经理 | |
|---|---|---|---|---|---|---|---|
| | | | 出纳 | | | 经办人 | |

附件 6-3-20

# 行政拨交工会经费缴款书

缴款单位电话 0571-86736598　　缴款日期 2023 年 12 月 13 日　　字第 4 号

| 所属月份 | 11 | 职工人数 | 23 | 本月工资总额 | 113 300.00 | 按 2% 计应拨交经费 | 2 266.00 |
|---|---|---|---|---|---|---|---|

| 收入基层工会工作费户 | | 上解上级工会工作费户 | | 缴款单位 | |
|---|---|---|---|---|---|
| 户名 | 浙江阳光服饰有限责任公司 | 户名 | 杭州市工会委员会 | 户名 | 浙江阳光服饰有限责任公司 |
| 账号 | 1202022377525917362 | 账号 | 1202331518090326866 | 账号 | 1202021518090325917 |
| 开户行 | 中国工商银行杭州钱江支行 | 开户行 | 中国工商银行杭州武林支行 | 开户行 | 中国工商银行杭州钱江支行 |

| 比例 | 万 | 千 | 百 | 十 | 元 | 角 | 分 | 比例 | 万 | 千 | 百 | 十 | 元 | 角 | 分 | 合计 | 十 | 万 | 千 | 百 | 十 | 元 | 角 | 分 |
|---|---|---|---|---|---|---|---|---|---|---|---|---|---|---|---|---|---|---|---|---|---|---|---|---|
| 60% | ¥ | 1 | 3 | 5 | 9 | 6 | 0 | 40% | | ¥ | 9 | 0 | 6 | 4 | 0 | | | ¥ | 2 | 2 | 6 | 6 | 0 | 0 |

| | | |
|---|---|---|
| 合计金额人民币（大写）贰仟贰佰陆拾陆元整 | | 上列款项已划转有关工会账户<br>银行盖章<br>中国工商银行 杭州钱江支行 2023.12.13 业务清讫（3） |
| 缴款单位盖章：<br>浙江阳光服饰有限责任公司 财务专用章　冯勇印<br>2023 年 12 月 13 日 | 工会委员会盖章：<br>杭州市工会委员会<br>2023 年 12 月 13 日 | |

第一联　由银行退缴款单位作回单

附件 6-3-21

# 付款申请书

年　月　日

| 用途 | 金额 | | | | | | | | | | | 收款单位（个人）： |
|---|---|---|---|---|---|---|---|---|---|---|---|---|
| | 亿 | 千 | 百 | 十 | 万 | 千 | 百 | 十 | 元 | 角 | 分 | 账号： |
| | | | | | | | | | | | | 开户行： |
| 金额（大写）合计 | | | | | | | | | | | | 电汇□　信汇□　汇票□　转账□　其他□ |

| 总经理 | | 财务部门 | 经理 | | 业务部门 | 经理 | |
|---|---|---|---|---|---|---|---|
| | | | 出纳 | | | 经办人 | |

附件 6-3-22

# 中国工商银行　电子缴税付款凭证

转账日期：2023-12-15　　凭证字号：26521739

纳税人全称及纳税人识别号：浙江阳光服饰有限责任公司92110019651283321H

| | | | |
|---|---|---|---|
| 付款人全称： | 浙江阳光服饰有限责任公司 | | |
| 付款人账号： | 1202021518090325917 | 征收机关名称： | 杭州市税务局江干分局 |
| 付款人开户银行： | 中国工商银行杭州钱江支行 | 收款国库（银行）名称： | 国家金库杭州市江干区支库 |
| 小写（合计金额）： | ¥24 316.96 | 缴款书交易流水号： | 20231215087633146328 |
| 大写（合计金额）： | 贰万肆仟叁佰壹拾陆元玖角陆分 | 税票号码： | 3509292185 |
| 税、费 税号： | 92110019651283321H | | |
| 税款属期： | 2023-11-01至2023-11-30 | | |
| 税（费）种名称 | | 实缴金额 | |
| 个人所得税 | | 24 316.96 | |

中国工商银行 杭州钱江支行 2023.12.15 业务清讫（1）

第1　次打印　　打印日期：2023-12-15

附件 6-3-23

## 业务报销单

填报日期：2023 年 12 月 25 日　　附件共 1 张

| 姓名 | 曹珊珊 | 所属部门 | 财务部 | 报销形式 | 现金 |
|---|---|---|---|---|---|
| | | | | 支票号码 | — |
| 报销项目 | 摘要 | 金额 | 备注 | | |
| 职工教育培训 | 员工培训 | 848.00 | 增值税 48 元 | | |
| | | | | | |
| | | | | | |
| | | | | | |
| 合计 | | ¥848.00 | | | |
| 金额大写：拾　万⊗仟捌佰肆拾捌元零角零分 | | 原借款：/ 元 | 应借款：　元<br>应补款：848.00 元 | | |

总经理：冯勇　财务经理：徐敏　部门经理：徐敏　会计：陈瑞刚　出纳：张晓霞　领款人：曹珊珊

现金付讫

附件 6-3-24

## 电子发票（增值税专用发票）

全国统一发票监制章 国家税务总局 浙江省税务局

发票号码：23311003003433091125
开票日期：2023 年 12 月 25 日

| 购买方信息 | 名称：浙江阳光服饰有限责任公司<br>统一社会信用代码/纳税人识别号：<br>92110019651283321H | 销售方信息 | 名称：杭州新星教育培训机构<br>统一社会信用代码/纳税人识别号：<br>919211001995028332 |
|---|---|---|---|

| 项目名称 | 规格型号 | 单位 | 数量 | 单价 | 金额 | 税率/征收率 | 税额 |
|---|---|---|---|---|---|---|---|
| *非学历教育服务*培训费 | | | | | 800.00 | 6% | 48.00 |
| 合　计 | | | | | ¥800.00 | | ¥48.00 |
| 价税合计（大写） | ⊗ 捌佰肆拾捌元整 | | | | （小写）¥848.00 | | |
| 备注 | | | | | | | |

开票人：周奕

附件 6-3-25

## 优秀工作者奖金发放表

单位：浙江阳光服饰有限责任公司

| 姓名 | 部门 | 补助金额 | 领款人签字 |
|---|---|---|---|
| 黄莹莹 | 财务部 | 1 000.00 | 黄莹莹 |
| 王洪亮 | 采购部 | 1 000.00 | 王洪亮 |
| 宋刚 | 生产部 | 1 000.00 | 宋刚 |
| | | | |
| 合计 | | 3 000.00 | |

现金付讫

审核：冯勇　复核：徐敏　出纳：张晓霞　制单：梁悦

附件 7-1-1

## 中国工商银行 进账单（收账通知） 3

2023 年 12 月 1 日

| | | | | | |
|---|---|---|---|---|---|
| 出票人 | 全　称 | 正信证券股份有限公司 | 收款人 | 全　称 | 浙江阳光服饰有限责任公司 |
| | 账　号 | 1202021518090330222 | | 账　号 | 1202021518090325917 |
| | 开户银行 | 中国建设银行杭州下沙支行 | | 开户银行 | 中国工商银行杭州钱江支行 |

| 金额 | 人民币（大写） | 千 | 百 | 十 | 万 | 千 | 百 | 十 | 元 | 角 | 分 |
|---|---|---|---|---|---|---|---|---|---|---|---|
| | 壹拾万零肆仟叁佰贰拾柒元整 | | ¥ | 1 | 0 | 4 | 3 | 2 | 7 | 0 | 0 |

| | | | |
|---|---|---|---|
| 票据种类 | 转账支票 | 票据张数 | 1 |
| 票据号码 | 略 | | |

复核 巩强　　记账 陈静瑶

中国工商银行 杭州钱江支行 2023.12.01 业务清讫（2）

收款人开户银行盖章

此联是收款人开户银行交给收款人的收账通知

附件 7-1-2

## 企业发行债券项目明细表

| | | | |
|---|---|---|---|
| 委托发行代售公司 | 正信证券股份有限公司 | | |
| 票面发行总额 | 债券票面利率 | 实际到款金额 | 债券市场利率 |
| 100 000.00 | 6% | 104 327.00 | 5% |
| 发行日期 | 2023-11-01 至 2023-12-01 | 发行期限 | 5 年 |
| 还本付息方式 | 一次还本，分期付息，每月月末支付 | | |
| 其他事项 | 款项用于新建车间工程项目 | | |

附件 7-1-3

## 中国工商银行 进账单（收账通知） 3

2023 年 12 月 1 日

| | | | | | |
|---|---|---|---|---|---|
| 出票人 | 全　称 | 华阳证券股份有限公司 | 收款人 | 全　称 | 浙江阳光服饰有限责任公司 |
| | 账　号 | 1202037057672151809 | | 账　号 | 1202021518090325917 |
| | 开户银行 | 中国建设银行杭州武林支行 | | 开户银行 | 中国工商银行杭州钱江支行 |

| 金额 | 人民币（大写） | 千 | 百 | 十 | 万 | 千 | 百 | 十 | 元 | 角 | 分 |
|---|---|---|---|---|---|---|---|---|---|---|---|
| | 壹拾壹万贰仟零肆拾柒元整 | | ¥ | 1 | 1 | 2 | 0 | 4 | 7 | 0 | 0 |

| | | | |
|---|---|---|---|
| 票据种类 | 转账支票 | 票据张数 | 1 |
| 票据号码 | 略 | | |

复核 李颖　　记账 孙晓波

中国工商银行 杭州钱江支行 2023.12.01 业务清讫（2）

收款人开户银行盖章

此联是收款人开户银行交给收款人的收账通知

附件 7-1-4

## 企业发行债券项目明细表

| | | | |
|---|---|---|---|
| 委托发行代售公司 | 华阳证券股份有限公司 | | |
| 票面发行总额 | 债券票面利率 | 实际到款金额 | 债券市场利率 |
| 120 000.00 | 6% | 112 047.00 | 8% |
| 发行日期 | 2023-11-01 至 2023-12-01 | 发行期限 | 4 年 |
| 还本付息方式 | 一次还本，分期付息，每月月末支付 | | |
| 其他事项 | 款项用于新建生产线工程项目 | | |

附件 7-1-5

## 中国工商银行 进账单（收账通知） 3

2023 年 12 月 1 日

| | | | | | |
|---|---|---|---|---|---|
| 出票人 | 全称 | 星河证券股份有限公司 | 收款人 | 全称 | 浙江阳光服饰有限责任公司 |
| | 账号 | 1202615182141705762 | | 账号 | 1202021518090325917 |
| | 开户银行 | 中国农业银行杭州双林支行 | | 开户银行 | 中国工商银行杭州钱江支行 |

| 金额 | 人民币（大写）贰拾万元整 | 千 | 百 | 十 | 万 | 千 | 百 | 十 | 元 | 角 | 分 |
|---|---|---|---|---|---|---|---|---|---|---|---|
| | | | ¥ | 2 | 0 | 0 | 0 | 0 | 0 | 0 | 0 |

| | | | |
|---|---|---|---|
| 票据种类 | 转账支票 | 票据张数 | 1 |
| 票据号码 | 略 | | |

复核 张亮　　记账 明和兴

中国工商银行 杭州钱江支行 2023.12.01 业务清讫（2）

收款人开户银行盖章

此联是收款人开户银行交给收款人的收账通知

附件 7-1-6

## 企业发行债券项目明细表

| | | | |
|---|---|---|---|
| 委托发行代售公司 | 星河证券股份有限公司 | | |
| 票面发行总额 | 债券票面利率 | 实际到款金额 | 债券市场利率 |
| 200 000.00 | 6% | 200 000.00 | 6% |
| 发行日期 | 2023-11-01 至 2023-12-01 | 发行期限 | 3 年 |
| 还本付息方式 | 一次还本付息 | | |
| 其他事项 | 款项用于支付新购的专利技术项目 | | |

附件 7-1-7

## 借款借据

贷款合同编号：20231212206

| 借款人名称 | 浙江阳光服饰有限责任公司 | 借款用途 | 资金周转 |
|---|---|---|---|
| 开户银行 | 中国工商银行杭州钱江支行 | 借款种类 | 短期 |
| 账号 | 1202021252395180903 | | |

| 借款金额 | 人民币（大写）叁万元 | 小写 | 千 | 百 | 十 | 万 | 千 | 百 | 十 | 元 | 角 | 分 |
|---|---|---|---|---|---|---|---|---|---|---|---|---|
| | | | | | ¥ | 3 | 0 | 0 | 0 | 0 | 0 | 0 |

| 起息日 | 2023年12月3日 | 到期日 | 2024年6月3日 | 利率 | 4.35%（年） |
|---|---|---|---|---|---|

借款单位（人）印章　　浙江阳光服饰有限责任公司　　印 冯勇

借款人签名（或印章）：

债权人签名（或印章）：　　中国工商银行杭州钱江支行

| 偿还记录 | 年 | 月 | 日 | 偿还金额 | 余额 | 备注 |
|---|---|---|---|---|---|---|
| | | | | | | |
| | | | | | | |
| | | | | | | |

附件 7-1-8

## 贷款凭证（3）（收账通知）

2023年12月3日

| 贷款单位 | 浙江阳光服饰有限责任公司 | 种类 | 短期 | 贷款户账号 | 1202021252395180903 |
|---|---|---|---|---|---|
| | | | | 存款户账号 | 1202021518090325917 |

| 金额 | 人民币（大写）叁万元整 | 千 | 百 | 十 | 万 | 千 | 百 | 十 | 元 | 角 | 分 |
|---|---|---|---|---|---|---|---|---|---|---|---|
| | | | | ¥ | 3 | 0 | 0 | 0 | 0 | 0 | 0 |

| 用途 | 资金周转 | 单位申请期限 | 自2023年12月3日起至2024年6月3日 |
|---|---|---|---|
| | | 银行核定期限 | 自2023年12月3日起至2024年6月3日 |

上述贷款已核准发放，并已列入你单位账号。

中国工商银行
杭州钱江支行
2023.12.03
业务清讫（2）

年利率4.35%

银行盖章　　2023年12月3日

单位会计分录
收入
付出
复核　　记账
主管　　会计

附件 7-1-9

## 短期借款利息计算明细表

2023年12月5日

| 借款种类 | 借款本金 | 月利率 | 月利息额 |
|---|---|---|---|
| 短期借款 | 50 000.00 | 0.36% | 180.00 |
| | | | |
| 合计 | 50 000.00 | — | 180.00 |

审核：黄莹莹　　制表：曹珊珊

附件 7-1-10

## 贷款还息凭证

打印日期2023年 12 月 5 日

客户号：29011862　　机构代码 265582

借款单位：浙江阳光服饰有限责任公司

| 产生利息账号 | 还息金额 | 现有余额 | 备注 |
|---|---|---|---|
| 1503548856239162876 | 180.00 | 720.00 | 交通银行 杭州庆春支行 2023.12.05 业务清讫（2） |

金额合计　（大写）人民币壹佰捌拾元整
（小写）¥180.00

付款账号：1203328162876856239
合同编号：2023129916
交易业务号：10219908

开票 张红　　记账 杨阳洋　　复核 冯晓晓　　盖章

## 附件 7-1-11

# 付款申请书

年　月　日

<table>
<tr><td>用途</td><td colspan="11">金额</td><td>收款单位（个人）：</td></tr>
<tr><td rowspan="2"></td><td>亿</td><td>千</td><td>百</td><td>十</td><td>万</td><td>千</td><td>百</td><td>十</td><td>元</td><td>角</td><td>分</td><td>账号：</td></tr>
<tr><td></td><td></td><td></td><td></td><td></td><td></td><td></td><td></td><td></td><td></td><td></td><td>开户行：</td></tr>
<tr><td>金额（大写）合计</td><td colspan="8"></td><td colspan="4">电汇□　信汇□　汇票□　转账□　其他□</td></tr>
</table>

<table>
<tr><td rowspan="2">总经理</td><td rowspan="2"></td><td rowspan="2">财务部门</td><td>经理</td><td></td><td rowspan="2">业务部门</td><td>经理</td><td></td></tr>
<tr><td>出纳</td><td></td><td>经办人</td><td></td></tr>
</table>

## 附件 7-1-12

# 贷款还款凭证

交易日期：2023 年 12 月 6 日　　序号：3864752

客户名称：浙江阳光服饰有限责任公司

贷款账号：1202025917218156231

还款金额：CNY30 108.00

还本金额：CNY30 000.00

还息金额：CNY108.00

还款账号：1203815623128259172

附言：

打印时间：2023/12/6

核准：94126　经办：94081　交易流水号：058537096　机构号：03508

中国工商银行
杭州武林支行
2023.12.06
业务清讫（2）

## 附件 7-1-13

# 付款申请书

年　月　日

<table>
<tr><td>用途</td><td colspan="11">金额</td><td>收款单位（个人）：</td></tr>
<tr><td rowspan="2"></td><td>亿</td><td>千</td><td>百</td><td>十</td><td>万</td><td>千</td><td>百</td><td>十</td><td>元</td><td>角</td><td>分</td><td>账号：</td></tr>
<tr><td></td><td></td><td></td><td></td><td></td><td></td><td></td><td></td><td></td><td></td><td></td><td>开户行：</td></tr>
<tr><td>金额（大写）合计</td><td colspan="8"></td><td colspan="4">电汇□　信汇□　汇票□　转账□　其他□</td></tr>
</table>

<table>
<tr><td rowspan="2">总经理</td><td rowspan="2"></td><td rowspan="2">财务部门</td><td>经理</td><td></td><td rowspan="2">业务部门</td><td>经理</td><td></td></tr>
<tr><td>出纳</td><td></td><td>经办人</td><td></td></tr>
</table>

## 附件 7-1-14

# 贷款还款凭证

交易日期：2023 年 12 月 8 日　　序号：12864167

客户名称：浙江阳光服饰有限责任公司

贷款账号：1202028156238602618

还款金额：CNY301 187.50

还本金额：CNY300 000.00

还息金额：CNY1 187.50

还款账号：1273861120280562619

附言：

打印时间：2023/12/8

核准：34130　经办：219071　交易流水号：370915589　机构号：08026

中国建设银行
杭州南山支行
2023.12.08
业务清讫（2）

附件 7-1-15

## 付款申请书

年 月 日

| 用途 | 金额 | | | | | | | | | | | 收款单位（个人）： |
|---|---|---|---|---|---|---|---|---|---|---|---|---|
| | 亿 | 千 | 百 | 十 | 万 | 千 | 百 | 十 | 元 | 角 | 分 | 账号： |
| | | | | | | | | | | | | 开户行： |
| 金额（大写）合计 | | | | | | | 电汇□ 信汇□ 汇票□ 转账□ 其他□ | | | | | |
| 总经理 | | 财务部门 | 经理 | | | | 业务部门 | | 经理 | | | |
| | | | 出纳 | | | | | | 经办人 | | | |

附件 7-1-16

## 贷款还款凭证

| | |
|---|---|
| 交易日期：2023 年 12 月 9 日 | 序号：512864 |
| 客户名称：浙江阳光服饰有限责任公司 | |
| 贷款账号：1202023811761893732 | |
| 还款金额：CNY219 000.00 | 中国银行 |
| 还本金额：CNY200 000.00 | 杭州新塘支行 |
| 还息金额：CNY19 000.00 | 2023.12.09 |
| 还款账号：1215610212393732819 | 业务清讫（2） |
| 附言： | |
| 打印时间：2023/12/9 | |
| 核准：26752　经办：28992 | 交易流水号：517637093　机构号：05116 |

附件 7-1-17

## 付款申请书

年 月 日

| 用途 | 金额 | | | | | | | | | | | 收款单位（个人）： |
|---|---|---|---|---|---|---|---|---|---|---|---|---|
| | 亿 | 千 | 百 | 十 | 万 | 千 | 百 | 十 | 元 | 角 | 分 | 账号： |
| | | | | | | | | | | | | 开户行： |
| 金额（大写）合计 | | | | | | | 电汇□ 信汇□ 汇票□ 转账□ 其他□ | | | | | |
| 总经理 | | 财务部门 | 经理 | | | | 业务部门 | | 经理 | | | |
| | | | 出纳 | | | | | | 经办人 | | | |

附件 7-1-18

## 电子银行转账凭证（付款）

2023 年 12 月 22 日

| 付款人名称 | 浙江阳光服饰有限责任公司 | 收款人名称 | 正信证券股份有限公司 |
|---|---|---|---|
| 付款人账号 | 1202021518090325917 | 收款人账号 | 1202021518090330222 |
| 付款行名 | 中国工商银行杭州钱江支行 | 收款行名 | 中国建设银行杭州下沙支行 |
| 人民币 | 叁拾叁万陆仟元整 | | ¥ 336 000.00 |
| 用途 | 企业债券到期还本付息 | 业务类型 | 跨行发报 |
| 备注 | | | |

中国工商银行
电子回单
专用章

已打印001次　　打印时间：2023-12-22

附件 7-1-19

## 借款借据

贷款合同编号：202310176812

| | | | |
|---|---|---|---|
| 借款人名称 | 浙江阳光服饰有限责任公司 | 借款用途 | 购买设备 |
| 开户银行 | 杭州银行杭州北山支行 | 借款种类 | 长期 |
| 账号 | 120259809032O212526 | | |
| 借款金额 | 人民币（大写）伍拾万元整 | 小写 | 千 百 十 万 千 百 十 元 角 分<br>¥ 5 0 0 0 0 0 0 0 |
| 起息日 | 2023 年 12 月 25 日 | 到期日 | 2026 年 12 月 25 日　利率 4.75%（年） |
| 借款单位（人）印章：<br>借款人签名（或印章）： | | 债权人签名（或印章）： | |

| 偿还记录 | 年 | 月 | 日 | 偿还金额 | 余额 | 备注 |
|---|---|---|---|---|---|---|
| | | | | | | |
| | | | | | | |
| | | | | | | |
| | | | | | | |

附件 7-1-20

## 贷款凭证（3）（收账通知）

2023 年 12 月 25 日

| | | | | | |
|---|---|---|---|---|---|
| 贷款单位 | 浙江阳光服饰有限责任公司 | 种类 | 长期 | 贷款户账号 | 120259809032O212526 |
| | | | | 存款户账号 | 1202097593415180906 |
| 金额 | 人民币（大写）伍拾万元整 | | | 千 百 十 万 千 百 十 元 角 分 | ¥ 5 0 0 0 0 0 0 0 |
| 用途 | 购买设备 | 单位申请期限 | | 自 2023 年 12 月 25 日起至 2026 年 12 月 25 日 | |
| | | 银行核定 | | 自 2023 年 12 月 25 日起至 2026 年 12 月 25 日 | |
| 上述贷款已核准发放，并已列入你单位账号<br>年利率 4.75%<br>银行盖章　2023 年 12 月 25 日 | | | | 单位会计分录<br>收入<br>付出<br>复核　记账<br>主管　会计 | |

杭州银行
杭州北山支行
2023.12.25
业务清讫（2）

附件 7-1-21

## 长期借款利息计算明细表

2023 年 12 月 26 日

金额单位：元

| 借款种类 | 借款本金 | 月利率 | 月利息额 | 季利息额 |
|---|---|---|---|---|
| 长期借款 | 300 000.00 | 0.42% | 1 260.00 | 3 780.00 |
| | | | | |
| 合计 | — | — | 1 260.00 | 3 780.00 |

审核：黄莹莹　　制表：曹珊珊

附件 7-1-22

## 贷款还息凭证

打印日期2023 年 12 月 26 日

客户号：20118348　　机构代码 258265

借款单位：浙江阳光服饰有限责任公司

| 产生利息账号 | 还息金额 | 现有余额 | 备注 |
|---|---|---|---|
| 12983132187O2167385 | 3 780.00 | 11 340.00 | |

金额合计（大写）人民币叁仟柒佰捌拾元整
（小写）¥3 780.00

付款账号：1232187023831146738
合同编号：20231637876
交易业务号：102097321

中国工商银行
杭州钱江支行
2023.12.26
业务清讫（2）

开票 李毅　记账 王丹艳　复核 何伟丽　盖章

## 附件7-1-23　债券溢价摊销表（实际利率法）

委托发行公司：正信证券股份有限公司　　单位：元

| 计息日 | 应付利息 | 实际利息费用 | 利息调整摊销额 | 债券摊余成本 |
|---|---|---|---|---|
| 2023年12月1日 | | | | 104 327.00 |
| 2023年12月31日 | 500.00 | 434.70 | 65.30 | 104 261.70 |
| | | | | |
| 合计 | 500.00 | 434.70 | 65.30 | 104 261.70 |

审核：黄莹莹　　制表：曹珊珊

## 附件7-1-24　债券折价摊销表（实际利率法）

委托发行公司：华阳证券股份有限公司　　单位：元

| 计息日 | 应付利息 | 实际利息费用 | 利息调整摊销额 | 债券摊余成本 |
|---|---|---|---|---|
| 2023年12月1日 | | | | 112 047.00 |
| 2023年12月31日 | 600.00 | 746.98 | 146.98 | 112 193.98 |
| | | | | |
| 合计 | 600.00 | 746.98 | 146.98 | 112 193.98 |

审核：黄莹莹　　制表：曹珊珊

## 附件7-1-25　应付债券（面值）利息计算明细表

2023年12月31日

| 借款种类 | 借款本金 | 年利率 | 年利息额 | 月利息额 |
|---|---|---|---|---|
| 企业债券 | 200 000.00 | 6% | 12 000.00 | 1 000.00 |
| | | | | |
| 合计 | — | — | 12 000.00 | 1 000.00 |

审核：黄莹莹　　制表：曹珊珊

## 附件7-2-1　国债交易记录（记账式国债）

买卖类别：买入
账户代码：12263546725
资金账号：1201617826354672126
债券名称：国债（010107）
成交号码：0655678
成交数量：10 000
成交价格：10.00
手续费：0.00
过户费：0.00
收付金额：100 000.00
本次余额：350 000.00

成交日期：2023.12.1
户名：浙江阳光服饰有限责任公司
合同号码：57199025
委托日期：2023.12.1
成交时间：2023.12.1
本次易所：30 000.00
成交金额：100 000.00
印花税：0.00
其他收费：0.00
上次余额：450 000.00

中信证券交易所下沙营业部 业务公章

备注：报价单位：人民币元/每10元面额

附件7-2-2

## 交割单

营业部名：兴业证券交易所庆春营业部

股东姓名：浙江阳光服饰有限责任公司

资金账户：1202015169171512275

当前币种：人民币

| 成交日期 | 交易类别 | 证券名称 | 成交价格 | 成交数量 | 成交金额 | 结算价 | 实收佣金 | 印花税 | 应付金额 |
|---|---|---|---|---|---|---|---|---|---|
| 2023-12-05 | 股票购入 | 万达股份 | 5.00 | 2 000 | 10 000.00 | 10 000.00 | 490.00 | 10.00 | 10 500.00 |

（印章：兴业证券交易所庆春营业部 业务公章）

附件7-2-3

## 交割单

营业部名：兴业证券交易所庆春营业部

股东姓名：浙江阳光服饰有限责任公司

资金账户：1202015169171512275

当前币种：人民币

| 成交日期 | 交易类别 | 证券名称 | 成交价格 | 成交数量 | 成交金额 | 结算价 | 实收佣金 | 印花税 | 应付金额 |
|---|---|---|---|---|---|---|---|---|---|
| 2023-12-10 | 股票购入 | 明锐股份 | 5.00 | 10 000 | 50 000.00 | 50 000.00 | 2 950.00 | 50.00 | 53 000.00 |

（印章：兴业证券交易所庆春营业部 业务公章）

附件7-2-4

## 付款申请书

年　月　日

<table>
<tr><td>用途</td><td colspan="11">金额</td><td colspan="3">收款单位（个人）：</td></tr>
<tr><td rowspan="2"></td><td>亿</td><td>千</td><td>百</td><td>十</td><td>万</td><td>千</td><td>百</td><td>十</td><td>元</td><td>角</td><td>分</td><td colspan="3">账号：</td></tr>
<tr><td></td><td></td><td></td><td></td><td></td><td></td><td></td><td></td><td></td><td></td><td></td><td colspan="3">开户行：</td></tr>
<tr><td colspan="6">金额（大写）合计</td><td colspan="9">电汇□　信汇□　汇票□　转账□　其他□</td></tr>
<tr><td rowspan="2">总经理</td><td rowspan="2"></td><td rowspan="2">财务部门</td><td>经理</td><td></td><td rowspan="2">业务部门</td><td>经理</td><td></td></tr>
<tr><td>出纳</td><td></td><td>经办人</td><td></td></tr>
</table>

附件7-2-5

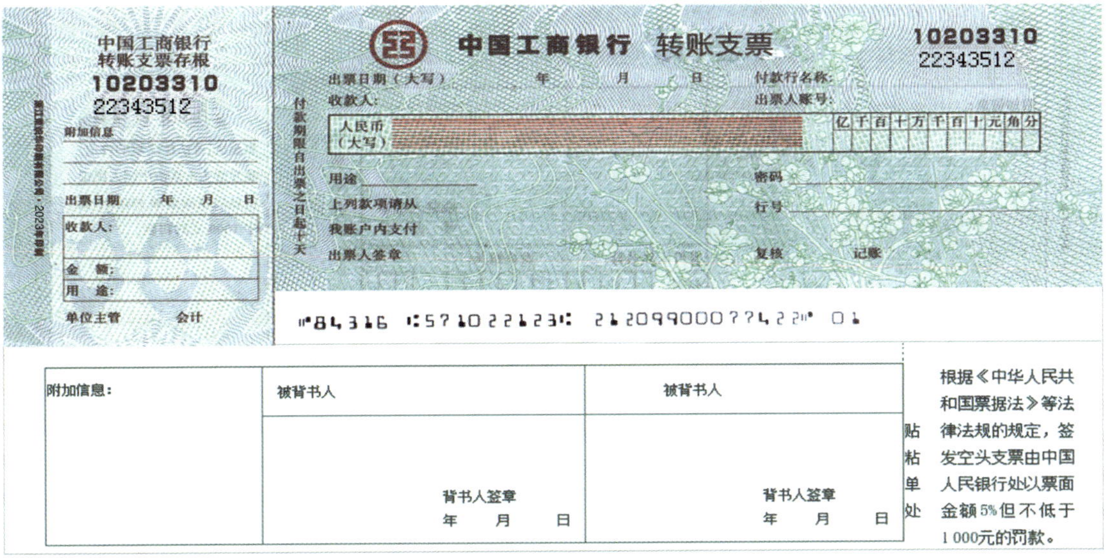

中国工商银行
转账支票存根
10203310
22343512

附加信息

出票日期　年　月　日

收款人：

金　额：

用　途：

单位主管　会计

中国工商银行　转账支票　10203310　22343512

出票日期（大写）　年　月　日　付款行名称：

收款人：　出票人账号：

人民币（大写）　亿 千 百 十 万 千 百 十 元 角 分

付款期限自出票之日起十天

用途　密码

上列款项请从　行号

我账户内支付

出票人签章　复核　记账

⑈84316 ⑆5710221231⑆ 2120990007742⑈ 01

| 附加信息： | 被背书人 | 被背书人 | 贴粘单处 |
|---|---|---|---|
| | 背书人签章<br>年　月　日 | 背书人签章<br>年　月　日 | 根据《中华人民共和国票据法》等法律法规的规定，签发空头支票由中国人民银行处以票面金额5%但不低于1 000元的罚款。 |

附件 7-2-6

中国工商银行 进账单

年 月 日

| | | |
|---|---|---|
| 出票人 | 全称 | |
| | 账号 | |
| | 开户银行 | |
| 金额 | 人民币（小写） | 亿 千 百 十 万 千 百 十 元 角 分 |
| 收款人 | 全称 | |
| | 账号 | |
| | 开户银行 | |
| 票据种类 | | 票据张数 |
| 票据号码 | | |

深圳光华印刷有限公司印制 中国人民银行杭州中心支行监制

# 中国工商银行 进账单（回 单） 1

年 月 日

| | | | | | |
|---|---|---|---|---|---|
| 出票人 | 全称 | | 收款人 | 全称 | |
| | 账号 | | | 账号 | |
| | 开户银行 | | | 开户银行 | |
| 金额 | 人民币（大写） | | | | 亿 千 百 十 万 千 百 十 元 角 分 |
| 票据种类 | | 票据张数 | | | |
| 票据号码 | | | | | |
| 复核： 记账： | | | 受理银行签章 | | |

此联是受理银行交给持（出）票人的回单

注意：本回单不作进账提货的证明，不作账务处理的依据，仅供查询用。

附件 7-2-7

# 付款申请书

年 月 日

| | | | | | | | | | | | | |
|---|---|---|---|---|---|---|---|---|---|---|---|---|
| 用途 | 金额 | | | | | | | | | | | 收款单位（个人）： |
| | 亿 | 千 | 百 | 十 | 万 | 千 | 百 | 十 | 元 | 角 | 分 | 账号： |
| | | | | | | | | | | | | 开户行： |
| 金额（大写）合计 | | | | | | | | 电汇☐ 信汇☐ 汇票☐ 转账☐ 其他☐ | | | | |

| | | | | | | | |
|---|---|---|---|---|---|---|---|
| 总经理 | | 财务部门 | 经理 | | 业务部门 | 经理 | |
| | | | 出纳 | | | 经办人 | |

附件 7-2-8

# 中国工商银行 网上银行电子回单

回单号码：12661127811627

| | | | | | |
|---|---|---|---|---|---|
| 付款人 | 户名 | 浙江阳光服饰有限责任公司 | 收款人 | 户名 | 金华远东股份有限公司 |
| | 账号 | 1202021518090325917 | | 账号 | 1202740215823518383 |
| | 开户银行 | 中国工商银行杭州钱江支行 | | 开户银行 | 浦发银行杭州秋涛支行 |
| 金额 | | 人民币叁佰壹拾万元整 ¥3 100 000.00 | | | |
| 摘要 | | 支付投资款 | 业务（产品）种类 | | 跨行发报 |
| 用途 | | 投资款结算 | | | |
| 交易流水号 | | 1125386753 | 时间戳 | | 2023-12-15 14:45 |
| 电子回单专用章 | | 备注：略 | | | |
| | | 验证码：53173WR2123H106 | | | |
| 记账网点 | 中国工商银行杭州钱江支行 | 记账柜员 | 4 | 记账日期 | 2023年12月15日 |

中国工商银行 电子回单专用章

打印日期：2023年12月15日

重要提示：

1. 如果您是收款方，请到工行网站www.icbc.com.cn电子回单验证处进行回单验证。
2. 本回单不作为收款方发货依据，并请勿重复记账。
3. 您可以选择发送邮件，将此电子回单发送给指定的接收人。

附件7-2-9

# 交割单

营业部名：兴业证券交易所庆春营业部

股东姓名：浙江阳光服饰有限责任公司

资金账户：1202015169171512275

当前币种：人民币

| 成交日期 | 交易类别 | 证券名称 | 成交价格 | 成交数量 | 成交金额 | 结算价 | 实收佣金 | 印花税 | 应收金额 |
|---|---|---|---|---|---|---|---|---|---|
| 2023-12-31 | 股票出售 | 渤海股份 | 3.00 | 3 500 | 10 500.00 | 10 500.00 | 489.50 | 10.50 | 10 000.00 |

兴业证券交易所庆春营业部 业务公章

附件7-2-10

# 公允价值变动计算表

2023年12月31日　　单位：元

| 证券名称 | 账面价值 | 公允价值 | 公允价值变动 |
|---|---|---|---|
| 万达股份 | 10 000.00 | 9 000.00 | 1 000.00 |

审核：黄莹莹　　制表：曹珊珊

附件7-2-11

# 债权投资利息费用计算表

2023年12月31日　　单位：元

| 日期 | 期初摊余成本 | 实际利息收入 | 现金流入 | 利息调整金额 | 期末摊余成本 |
|---|---|---|---|---|---|
| 2023.12.01 | 100 000.00 | 500.00 | 500.00 | 0 | 100 000.00 |
| 2023.12.31 | 100 000.00 | 500.00 | 500.00 | 0 | 100 000.00 |

审核：黄莹莹　　制表：曹珊珊

附件7-2-12

# 国债交易记录（记账式国债）

| | |
|---|---|
| 买卖类别：卖出 | 成交日期：2023.12.31 |
| 账户代码：12263546725 | 户名：浙江阳光服饰有限责任公司 |
| 资金账号：1201617826354672126 | 合同号码：57191091 |
| 债券名称：国债（012015） | 委托日期：2023.12.31 |
| 成交号码：0659813 | 成交时间：2023.12.31 |
| 成交数量：30 000 | 本次余额：60 000.00 |
| 成交价格：5.00 | 成交金额：150 000.00 |
| 手续费：0.00 | 印花税：0.00 |
| 过户费：0.00 | 其他收费：0.00 |
| 收付金额：150 000.00 | 上次余额：650 000.00 |
| 本次余额：800 000.00 | |

备注：报价单位：人民币元/每5元面额

中信证券交易所下沙营业部 业务公章

附件 7-2-13

## 公允价值变动计算表

2023年12月31日　　　　单位：元

| 证券名称 | 账面价值 | 公允价值 | 公允价值变动 |
| --- | --- | --- | --- |
| 明锐股份 | 53 000.00 | 56 000.00 | 3 000.00 |

审核：黄莹莹　　　　制表：曹珊珊

附件 7-2-14

## 交割单

营业部名：兴业证券交易所庆春营业部
股东姓名：浙江阳光服饰有限责任公司
资金账户：1202015169171512275
当前币种：人民币

| 成交日期 | 交易类别 | 证券名称 | 成交价格 | 成交数量 | 成交金额 | 结算价 | 实收佣金 | 印花税 | 应收金额 |
| --- | --- | --- | --- | --- | --- | --- | --- | --- | --- |
| 2023-12-31 | 股票出售 | 光明股份 | 2.05 | 30 000 | 61 500.00 | 61 500.00 | 1 43[illegible] | [illegible]1.50 | 60 000.00 |

兴业证券交易所庆春营业部 业务公章

附件 7-2-15

## 交割单

营业部名：兴业证券交易所庆春营业部
股东姓名：浙江阳光服饰有限责任公司
资金账户：1202015169171512275
当前币种：人民币

| 成交日期 | 交易类别 | 证券名称 | 成交价格 | 成交数量 | 成交金额 | 结算价 | 实收佣金 | 印花税 | 应收金额 |
| --- | --- | --- | --- | --- | --- | --- | --- | --- | --- |
| 2023-12-31 | 股票出售 | 海华股份 | 10.00 | 50 000 | 500 000.00 | 500 000.00 | 1 [illegible]00.00 | 50[illegible].00 | 498 000.00 |

兴业证券交易所庆春营业部 业务公章

附件 7-2-16

## 长期股权投资（成本法）投资收益计算表

2023年12月31日　　　　金额单位：元

| 被投资公司 | 被投资单位分配现金股利 | 投资比率 | 确认投资收益金额 |
| --- | --- | --- | --- |
| 金华远东股份有限公司 | 24 000.00 | 75% | 18 000.00 |
| | | | |
| 合计 | — | — | 18 000.00 |

审核：黄莹莹　　　　制表：曹珊珊

附件 7-2-17

## 长期股权投资（权益法）投资收益计算表

2023年12月31日　　　　金额单位：元

| 被投资公司 | 被投资单位实现净利润 | 投资比率 | 确认投资收益金额 |
| --- | --- | --- | --- |
| 宁波华伟股份有限公司 | 2 800 000.00 | 25% | 700 000.00 |
| | | | |
| 合计 | — | — | 700 000.00 |

审核：黄莹莹　　　　制表：曹珊珊

附件7-2-18

# 长期股权投资减值准备计提表

编制单位：浙江阳光服饰有限责任公司

被投资单位：温州京华股份有限公司　　2023年12月31日　　单位：元

| 减值原因 | “长期股权投资”账面价值 | “长期股权投资”可收回金额 |
|---|---|---|
| 经营不善导致股价大幅度下跌，且短期内亏损无法弥补 | 3 540 000.00 | 2 890 000.00 |
| 应确认减值损失 | “长期股权投资减值准备”累计余额 | 本期应计提减值准备 |
| 650 000.00 | 150 000.00 | 500 000.00 |

审核：黄莹莹　　制表：曹珊珊

附件7-3-1

# 电子银行转账凭证（收款）

2023年12月15日

| | | | |
|---|---|---|---|
| 付款人名称 | 李振华 | 收款人名称 | 浙江阳光服饰有限责任公司 |
| 付款人账号 | 6282330082726518 | 收款人账号 | 1202021518090325917 |
| 付款行名 | 中国工商银行杭州凤起支行 | 收款行名 | 中国工商银行杭州钱江支行 |
| 人民币 | 叁拾万元整 | | ¥300 000.00 |
| 用途 | 投资款 | 业务类型 | 汇划收报 |
| 备注 | | | |

已打印001次　　银行签章：中国工商银行 电子回单专用章

附件7-3-2

# 电子银行转账凭证（收款）

2023年12月15日

| | | | |
|---|---|---|---|
| 付款人名称 | 张宏光 | 收款人名称 | 浙江阳光服饰有限责任公司 |
| 付款人账号 | 6282511223300825 | 收款人账号 | 1202021518090325917 |
| 付款行名 | 中国工商银行杭州清泰支行 | 收款行名 | 中国工商银行杭州钱江支行 |
| 人民币 | 肆拾伍万元整 | | ¥450 000.00 |
| 用途 | 投资款 | 业务类型 | 汇划收报 |
| 备注 | | | |

已打印001次　　银行签章：中国工商银行 电子回单专用章

附件7-3-3

# 电子银行转账凭证（收款）

2023年12月15日

| | | | |
|---|---|---|---|
| 付款人名称 | 黄晓敏 | 收款人名称 | 浙江阳光服饰有限责任公司 |
| 付款人账号 | 6282516754008256 | 收款人账号 | 1202021518090325917 |
| 付款行名 | 中国工商银行杭州新塘支行 | 收款行名 | 中国工商银行杭州钱江支行 |
| 人民币 | 贰拾伍万元整 | | ¥250 000.00 |
| 用途 | 投资款 | 业务类型 | 汇划收报 |
| 备注 | | | |

已打印001次　　银行签章：中国工商银行 电子回单专用章

附件7-3-4

## 资本公积转增资本明细表

2023年12月31日

单位：元

| 投资者 | 金额 |
| --- | --- |
| 李振华 | 60 000.00 |
| 张宏光 | 90 000.00 |
| 黄晓敏 | 50 000.00 |
| 合　计 | 200 000.00 |

审核：黄莹莹　　　　制表：曹珊珊

附件7-3-5

## 盈余公积转增资本明细表

2023年12月31日

单位：元

| 投资者 | 金额 |
| --- | --- |
| 李振华 | 150 000.00 |
| 张宏光 | 225 000.00 |
| 黄晓敏 | 125 000.00 |
| 合　计 | 500 000.00 |

审核：黄莹莹　　　　制表：曹珊珊

附件7-3-6

## 法定盈余公积计提表

2023年12月31日

单位：元

| 项目 | 金额 |
| --- | --- |
| 计提基数 | 542 151.00 |
| 法定盈余公积提取比率 | 10% |
| 提取法定盈余公积金额 | 54 215.10 |

审核：黄莹莹　　　　制表：曹珊珊

附件7-3-7

## 任意盈余公积计提表

2023年12月31日

单位：元

| 项目 | 金额 |
| --- | --- |
| 计提基数 | 542 151.00 |
| 任意盈余公积提取比率 | 5% |
| 提取任意盈余公积金额 | 27 107.55 |

审核：黄莹莹　　　　制表：曹珊珊

附件 8-1-1

# 销售单

购货单位：上海三元服饰集团　　单据编号：111120

地址和电话：上海市浦东区文一路25号021-86424168

纳税人识别号：231100196512811910

开户行及账号：中国工商银行上海浦东支行1202021518090321906

制单日期：2023年12月1日

| 编码 | 产品名称 | 规格 | 单位 | 单价 | 数量 | 售价 | 税金 | 合计 |
|---|---|---|---|---|---|---|---|---|
| FZ001 | 男式高级西服 | | 件 | 1 200.00 | 200 | 240 000.00 | 31 200.00 | 271 200.00 |
| | | | | | | | | |
| | | | | | | | | |
| 合计 | 人民币（大写）贰拾柒万壹仟贰佰元整 | | | | | （小写）¥271 200.00 | | |

总经理：冯勇　　销售经理：任星星　　会计：陈瑞刚　　经手人：张云

附件 8-1-2

## 中国工商银行　进账单（收账通知）3

2023年12月1日

| | | | | | |
|---|---|---|---|---|---|
| 出票人 | 全称 | 上海三元服饰集团 | 收款人 | 全称 | 浙江阳光服饰有限责任公司 |
| | 账号 | 1202021518090321906 | | 账号 | 1202021518090325917 |
| | 开户银行 | 中国工商银行上海浦东支行 | | 开户银行 | 中国工商银行杭州钱江支行 |

| 金额 | 人民币（大写） | 千 | 百 | 十 | 万 | 千 | 百 | 十 | 元 | 角 | 分 |
|---|---|---|---|---|---|---|---|---|---|---|---|
| | 贰拾柒万壹仟贰佰元整 | | ¥ | 2 | 7 | 1 | 2 | 0 | 0 | 0 | 0 |

| 票据种类 | 转账支票 | 票据张数 | 1 |
|---|---|---|---|
| 票据号码 | 10358778 | | |
| 复核　章明 | 记账　杨一展 | | |

中国工商银行 杭州钱江支行 2023.12.01 业务清讫(1)

收款人开户银行盖章

此联是收款人开户银行交给收款人的收账通知

附件 8-1-3

## 电子发票（增值税专用发票）

全国统一发票监制章 国家税务总局 浙江省税务局

发票号码：23311003003441252226

开票日期：

| 购买方信息 | 名称：<br>统一社会信用代码/纳税人识别号： | 销售方信息 | 名称：<br>统一社会信用代码/纳税人识别号： |
|---|---|---|---|

| 项目名称 | 规格型号 | 单位 | 数量 | 单价 | 金额 | 税率/征收率 | 税额 |
|---|---|---|---|---|---|---|---|
| | | | | | | | |
| 合　计 | | | | | | | |
| 价税合计（大写） | ⊗ | | | | （小写） | | |
| 备注 | | | | | | | |

开票人：

附件 8-1-4

## 销售单

购货单位：浙江英泰服饰有限公司　　单据编号：111123

地址和电话：杭州市滨江区春晖路66号0571-86659112

纳税人识别号：621128110096533217

开户行及账号：中国工商银行杭州春晖支行1202032591715180603

制单日期：2023年12月3日

| 编码 | 产品名称 | 规格 | 单位 | 单价 | 数量 | 售价 | 税金 | 合计 |
|---|---|---|---|---|---|---|---|---|
| FZ002 | 女式高级西服 | | 件 | 1 100.00 | 80 | 88 000.00 | 11 440.00 | 99 440.00 |
| | | | | | | | | |
| | | | | | | | | |
| 合计 | 人民币（大写）玖万玖仟肆佰肆拾元整 | | | | | （小写）￥99 440.00 | | |

总经理：冯勇　　销售经理：任星星　　会计：陈瑞刚　　经手人：张云

附件 8-1-5

## 电子发票（增值税专用发票）

（印章：全国统一发票监制章 国家税务总局 浙江省税务局）

发票号码：23311003003441252227

开票日期：

| 购买方信息 | 名称：<br>统一社会信用代码/纳税人识别号： | 销售方信息 | 名称：<br>统一社会信用代码/纳税人识别号： |
|---|---|---|---|

| 项目名称 | 规格型号 | 单位 | 数量 | 单价 | 金额 | 税率/征收率 | 税额 |
|---|---|---|---|---|---|---|---|
| 合计 | | | | | | | |
| 价税合计（大写） | ⊗ | | | | （小写） | | |
| 备注 | | | | | | | |

开票人：

附件 8-1-6

## 出库单

No 10217

仓库部门：成品仓库　　2023年12月5日

| 编号 | 名称 | 规格 | 单位 | 出库数量 | 单价 | 金额 | 备注 |
|---|---|---|---|---|---|---|---|
| 1 | 男式高级西服 | | 件 | 80 | 520.00 | 41 600.00 | |
| | | | | | | | |
| | | | | | | | |
| | | | | | | | |
| 合计 | | | | | | 41 600.00 | |

第二联 交财务部

生产车间或部门：陈丽　　仓库管理员：左明明

附件8-1-7

# 销售单

购 货 单 位 ：苏州红袖服饰有限公司　　　　单据编号：111127

地址和电话：苏州市吴中区人民路102号0521-89936523

纳税人识别号：312844512526833355

开户行及账号：中国工商银行苏州吴中支行1258514618026784625

制 单 日 期 ：2023年12月7日

| 编码 | 产品名称 | 规格 | 单位 | 单价 | 数量 | 售价 | 税金 | 合计 |
|---|---|---|---|---|---|---|---|---|
| FZ002 | 女式高级西服 | | 件 | 1 045.00 | 90 | 94 050.00 | 12 226.50 | 106 276.50 |
| | | | | | | | | |
| | | | | | | | | |
| 合计 | 人民币（大写）壹拾万零陆仟贰佰柒拾陆元伍角整 | | | | | （小写）¥106 276.50 | | |

总经理：冯勇　　销售经理：任星星　　会计：陈瑞刚　　经手人：张云

附件8-1-8

## 电子发票（增值税专用发票）

发票号码：23311003003441252228

开票日期：

| 购买方信息 | 名称：<br>统一社会信用代码/纳税人识别号： | 销售方信息 | 名称：<br>统一社会信用代码/纳税人识别号： |
|---|---|---|---|

| 项目名称 | 规格型号 | 单位 | 数量 | 单价 | 金额 | 税率/征收率 | 税额 |
|---|---|---|---|---|---|---|---|
| 合　计 | | | | | | | |
| 价税合计（大写） | ⊗ | | | | （小写） | | |
| 备注 | | | | | | | |

开票人：

附件8-1-9

# 销售折让单

购 货 单 位 ：上海三元服饰集团　　　　单据编号：11278

地址和电话：上海市浦东区文一路25号021-86424168

纳税人识别号：231100196512811910

开户行及账号：中国工商银行上海浦东支行1202021518090321906

制 单 日 期 ：2023年12月9日

| 编码 | 产品名称 | 规格 | 单位 | 折让单价 | 折让数量 | 折让售价 | 折让税金 | 合计 |
|---|---|---|---|---|---|---|---|---|
| FZ001 | 男式高级西服 | | 件 | 60.00 | 200 | 12 000.00 | 1 560.00 | 13 560.00 |
| | | | | | | | | |
| | | | | | | | | |
| 合计 | 人民币（大写）壹万叁仟伍佰陆拾元整 | | | | | （小写）¥13 560.00 | | |

总经理：冯勇　　销售经理：任星星　　会计：陈瑞刚　　经手人：张云

附件 8-1-10

# 电子发票（增值税专用发票）

发票号码：23311003003441252229

开票日期：

| | |
|---|---|
| 购买方信息 名称：<br>统一社会信用代码/纳税人识别号： | 销售方信息 名称：<br>统一社会信用代码/纳税人识别号： |

| 项目名称 | 规格型号 | 单位 | 数量 | 单价 | 金额 | 税率/征收率 | 税额 |
|---|---|---|---|---|---|---|---|
| | | | | | | | |
| 合　计 | | | | | | | |
| 价税合计（大写） | ⊗ | | | | （小写） | | |
| 备注 | | | | | | | |

开票人：

附件 8-1-11

# 付款申请书

年　月　日

| 用途 | 金额 | | | | | | | | | | | 收款单位（个人）： |
|---|---|---|---|---|---|---|---|---|---|---|---|---|
| | 亿 | 千 | 百 | 十 | 万 | 千 | 百 | 十 | 元 | 角 | 分 | 账号： |
| | | | | | | | | | | | | 开户行： |
| 金额（大写）合计 | | | | | | | | 电汇□　信汇□　汇票□　转账□　其他□ | | | | |

| 总经理 | | 财务部门 | 经理 | | 业务部门 | 经理 | |
|---|---|---|---|---|---|---|---|
| | | | 出纳 | | | 经办人 | |

附件 8-1-12

# 中国工商银行　网上银行电子回单

回单号码：301641615129163

| | | | | | |
|---|---|---|---|---|---|
| 付款人 | 户名 | 浙江阳光服饰有限责任公司 | 收款人 | 户名 | 上海三元服饰集团 |
| | 账号 | 1202021518090325917 | | 账号 | 1202021518090321906 |
| | 开户银行 | 中国工商银行杭州钱江支行 | | 开户银行 | 中国工商银行上海浦东支行 |
| 金额 | | 人民币壹万叁仟伍佰陆拾元整　　¥ 13 560.00 | | | |
| 摘要 | | 销售折让退款 | 业务（产品）种类 | | 汇划发报 |
| 用途 | | 货款结算 | | | |
| 交易流水号 | | 9303171465 | 时间戳 | | 2023-12-09　11:25 |
| 电子回单专用章 | | 备注：略 | | | |
| | | 验证码：87190AMB4823778 | | | |
| 记账网点 | | 中国工商银行杭州钱江支行 | 记账柜员 | 6 | 记账日期 2023年12月9日 |

打印日期：2023年12月9日

重要提示：

1. 如果您是收款方，请到工行网站 www.icbc.com.cn 电子回单验证处进行回单验证。
2. 本回单不作为收款方发货依据，并请勿重复记账。
3. 您可以选择发送邮件，将此电子回单发送给指定的接收人。

附件8-1-13

## 退货单

NO：120015

2023年12月11日

购货单位：浙江英泰服饰有限公司

地址和电话：杭州市滨江区春晖路66号0571-86659112

纳税人识别号：621128110096533217

开户行及账号：中国工商银行杭州春晖支行1202032591715180603

| 编码 | 产品名称 | 规格 | 单位 | 单价 | 退货数量 | 退货金额 | 退货税金 | 合计 |
|---|---|---|---|---|---|---|---|---|
| FZ002 | 女式高级西服 | | 件 | 1 100.00 | 10 | 11 000.00 | 1 430.00 | 12 430.00 |
| | | | | | | | | |
| | | | | | | | | |
| 合计 | 人民币（大写）壹万贰仟肆佰叁拾元整 | | | | | （小写）¥12 430.00 | | |

总经理：冯勇　　销售经理：任星星　　会计：陈瑞刚　　经手人：张云

附件8-1-14

## 电子发票（增值税专用发票）

国家税务总局浙江省税务局

发票号码：23311003003441252230

开票日期：

| 购买方信息 | 名称：<br>统一社会信用代码/纳税人识别号： | 销售方信息 | 名称：<br>统一社会信用代码/纳税人识别号： |
|---|---|---|---|

| 项目名称 | 规格型号 | 单位 | 数量 | 单价 | 金额 | 税率/征收率 | 税额 |
|---|---|---|---|---|---|---|---|
| 合　计 | | | | | | | |
| 价税合计（大写） | ⊗ | | | | （小写） | | |
| 备注 | | | | | | | |

开票人：

附件8-1-15

## 销售合同

供方（以下简称甲方）：浙江阳光服饰有限责任公司

需方（以下简称乙方）：上海星辰公司

甲乙双方经过友好协商，就甲方向乙方销售商品等相关事项，达成如下协议，以资信守：

1.本合同依据《中华人民共和国民法通则》《中华人民共和国民法典》及其他相关法律、法规的规定，由买卖双方在平等、自愿协商一致的基础上共同订立。

2.合同标的物基本情况：乙方向甲方购买男式高级西服20件。

3.计价方式和收款方式。

双方协定采用预收款方式，销售单价为1 200元，销售额24 000元，增值税税额3 120元，共计27 120元。款项采取分期支付的方式，第一次付款时间为协议签订日（2023年12月15日），按照预付销售额60%（即人民币14 400元）予以支付；第二次付款时间为货物发出日（2024年1月7日），按照剩余款项（即人民币12 720元）予以支付。

……

8.本合同一式两份，甲乙双方各执一份。

甲方（盖章）浙江阳光服饰有限责任公司　　乙方（盖章）上海星辰公司

法定代表人 冯勇印　　法定代表人 何星印

签订日期2023年12月15日

复印件与原件核对无误

附件8-1-16

## 中国工商银行 进账单（收账通知） 3

2023年12月15日

| | | | | | |
|---|---|---|---|---|---|
| 出票人 | 全称 | 上海星辰公司 | 收款人 | 全称 | 浙江阳光服饰有限责任公司 |
| | 账号 | 6202021518090111425 | | 账号 | 1202021518090325917 |
| | 开户银行 | 中国工商银行上海浦东支行 | | 开户银行 | 中国工商银行杭州钱江支行 |
| 金额 | 人民币（大写）壹万肆仟肆佰元整 | | | 千百十万千百十元角分 | ¥ 1 4 4 0 0 0 0 |
| 票据种类 | 转账支票 | 票据张数 | 1 | | |
| 票据号码 | 28892114 | | | | |
| | 复核 董晓曼 记账 韩斌 | | | 中国工商银行杭州钱江支行 2023.12.15 业务清讫（1）<br>收款人开户银行盖章 | |

此联是收款人开户银行交给收款人的收账通知

附件8-1-17

## 商品代销清单

2023年12月18日

委托方：浙江阳光服饰有限责任公司　　受托方：江苏汉王服饰销售公司

受托方地址、电话：江苏省南通市解放路205号0512-84695273

受托方开户银行、账户：中国工商银行江苏南通支行3812021518090321 28

受托方纳税人识别号：654134014874872 1929

| 序号 | 产品名称 | 规格 | 单位 | 单价 | 数量 | 售价 | 税金 | 合计 |
|---|---|---|---|---|---|---|---|---|
| 1 | 女式高级西服 | | 件 | 1 100.00 | 60 | 66 000.00 | 8 580.00 | 74 580.00 |
| | | | | | | | | |
| | | | | | | | | |
| 合计 | 人民币（大写）柒万肆仟伍佰捌拾元整 | | | | | （小写）¥ 74 580.00 | | |

审核人：姜维　　制单人：姚航明

附件8-1-18

## 电子发票（增值税专用发票）

（印章：全国统一发票监制章 国家税务总局 浙江省税务局）

发票号码：23311003003441252231

开票日期：

| | | | | | | | |
|---|---|---|---|---|---|---|---|
| 购买方信息 | 名称：<br>统一社会信用代码/纳税人识别号： | | | 销售方信息 | 名称：<br>统一社会信用代码/纳税人识别号： | | |
| 项目名称 | 规格型号 | 单位 | 数量 | 单价 | 金额 | 税率/征收率 | 税额 |
| 合计 | | | | | | | |
| 价税合计（大写） | ⊗ | | | | （小写） | | |
| 备注 | | | | | | | |

开票人：

附件 8-1-19

## 委托代销商品手续费清单

2023 年 12 月 18 日

委托方：浙江阳光服饰有限公司　　联系电话：0571-86736598

受托方：江苏汉王服饰销售公司　　联系电话：0512-84695273

| 序号 | 品名 | 单位 | 数量 | 销售金额 | 比率 | 手续费金额（元） |
|---|---|---|---|---|---|---|
| 1 | 女式高级西服 | 件 | 60 | 66 000.00 | 12% | 7 920.00 |
| | | | | | | |
| 金额合计 | 人民币（大写）柒仟玖佰贰拾元整 | | | | （小写）　¥7 920.00 | |

审核人：任星星　　制单人：张云

附件 8-1-20

## 销售单

购货单位：上海民生服饰公司　　单据编号：113136

地址和电话：上海市松江区向南路315号021-85273659

纳税人识别号：662340148748721875

开户行及账号：中国工商银行上海松江支行2534021518090321246

制单日期：2023年12月20日

| 编码 | 产品名称 | 规格 | 单位 | 单价 | 数量 | 售价 | 税金 | 合计 |
|---|---|---|---|---|---|---|---|---|
| FZ001 | 男式高级西服 | | 件 | 1 200.00 | 150 | 180 000.00 | 23 400.00 | 203 400.00 |
| | | | | | | | | |
| | | | | | | | | |
| 合计 | 人民币（大写）贰拾万零叁仟肆佰元整 | | | | | （小写）¥203 400.00 | | |

总经理：冯勇　　销售经理：任星星　　会计：陈瑞刚　　经手人：张云

附件 8-1-21

## 电子发票（增值税专用发票）

全国统一发票监制章　国家税务总局　浙江省税务局

发票号码：23311003003441252232

开票日期：

| 购买方信息 | 名称：<br>统一社会信用代码/纳税人识别号： | 销售方信息 | 名称：<br>统一社会信用代码/纳税人识别号： |
|---|---|---|---|

| 项目名称 | 规格型号 | 单位 | 数量 | 单价 | 金额 | 税率/征收率 | 税额 |
|---|---|---|---|---|---|---|---|
| | | | | | | | |
| 合　计 | | | | | | | |
| 价税合计（大写） | ⊗ | | | | （小写） | | |
| 备注 | | | | | | | |

开票人：

附件8-1-22

## 销售单

购 货 单 位：上海三元服饰集团　　单据编号：141139

地址和电话：上海市浦东区文一路25号021-86424168

纳税人识别号：231100196512811910

开户行及账号：中国工商银行上海浦东支行1202021518090321906

制 单 日 期：2023年12月21日

| 编码 | 产品名称 | 规格 | 单位 | 单价 | 数量 | 售价 | 税金 | 合计 |
|---|---|---|---|---|---|---|---|---|
| FZ003 | 男式西服面料 | | 米 | 45.00 | 50 | 2 250.00 | 292.50 | 2 542.50 |
| | | | | | | | | |
| | | | | | | | | |
| 合计 | 人民币（大写）贰仟伍佰肆拾贰元伍角整 | | | | | （小写）¥2 542.50 | | |

总经理：冯勇　　销售经理：任星星　　经手人：张云　　会计：陈瑞刚　　签收人：左明明

附件8-1-23

## 电子发票（增值税专用发票）

发票号码：23311003003441252233

开票日期：

| 购买方信息 | 名称：<br>统一社会信用代码/纳税人识别号： | 销售方信息 | 名称：<br>统一社会信用代码/纳税人识别号： |
|---|---|---|---|

| 项目名称 | 规格型号 | 单位 | 数量 | 单价 | 金额 | 税率/征收率 | 税额 |
|---|---|---|---|---|---|---|---|
| 合　计 | | | | | | | |
| 价税合计（大写） | ⊗ | | | | （小写） | | |
| 备注 | | | | | | | |

开票人：

附件8-1-24

## 电子银行转账凭证（收款）

2023年12月21日

| 付款人名称 | 上海三元服饰集团 | 收款人名称 | 浙江阳光服饰有限责任公司 |
|---|---|---|---|
| 付款人账号 | 1202021518090321906 | 收款人账号 | 1202021518090325917 |
| 付款行名 | 中国工商银行上海浦东支行 | 收款行名 | 中国工商银行杭州钱江支行 |
| 人民币 | 贰仟伍佰肆拾贰元伍角整 | | ¥2 542.50 |
| 用途 | 支付购货款 | 业务类型 | 汇划收报 |
| 备注 | | | |

已打印001次　　打印时间：2023-12-21

附件8-1-25

# 劳务单

购货单位：浙江英春服饰有限公司　　　　单据编号：112365

地址和电话：杭州市滨江区春晖路66号0571-86659112

纳税人识别号：621128110096533217

开户行及账号：中国工商银行杭州春晖支行1202032591715180603

制单日期：2023年12月23日

| 编码 | 产品名称 | 规格 | 单位 | 单价 | 数量 | 售价 | 税金 | 合计 |
|---|---|---|---|---|---|---|---|---|
| JG201 | 面料缩水处理 | | 项 | | | 30 000.00 | 3 900.00 | 33 900.00 |
| | | | | | | | | |
| | | | | | | | | |
| 合计 | 人民币（大写）叁万叁仟玖佰元整 | | | | | （小写）¥33 900.00 | | |

总经理：冯勇　　销售经理：任星星　　会计：陈瑞刚　　经手人：张云

附件8-1-26

## 电子发票（增值税专用发票）

发票号码：23311003003441252234

开票日期：

| 购买方信息 | 名称：<br>统一社会信用代码/纳税人识别号： | 销售方信息 | 名称：<br>统一社会信用代码/纳税人识别号： |
|---|---|---|---|

| 项目名称 | 规格型号 | 单位 | 数量 | 单价 | 金额 | 税率/征收率 | 税额 |
|---|---|---|---|---|---|---|---|
| 合计 | | | | | | | |
| 价税合计（大写） | ⊗ | | | | （小写） | | |
| 备注 | | | | | | | |

开票人：

附件8-1-27

## 电子发票（增值税专用发票）

发票号码：23311003003441252235

开票日期：

| 购买方信息 | 名称：<br>统一社会信用代码/纳税人识别号： | 销售方信息 | 名称：<br>统一社会信用代码/纳税人识别号： |
|---|---|---|---|

| 项目名称 | 规格型号 | 单位 | 数量 | 单价 | 金额 | 税率/征收率 | 税额 |
|---|---|---|---|---|---|---|---|
| 合计 | | | | | | | |
| 价税合计（大写） | ⊗ | | | | （小写） | | |
| 备注 | | | | | | | |

开票人：

附件8-1-28

## 中国工商银行 进账单（收账通知） 3

2023年12月25日

| | | | | | |
|---|---|---|---|---|---|
| 出票人 | 全称 | 上海民生服饰公司 | 收款人 | 全称 | 浙江阳光服饰有限责任公司 |
| | 账号 | 25340215109O321246 | | 账号 | 1202021518090325917 |
| | 开户银行 | 中国工商银行上海松江支行 | | 开户银行 | 中国工商银行杭州钱江支行 |
| 金额 | 人民币（大写） | 贰仟壹佰贰拾元整 | | 千百十万千百十元角分 | ¥ 2 1 2 0 0 0 |
| 票据种类 | 转账支票 | 票据张数 | 1 | | |
| 票据号码 | 53256139 | | | | |
| | 复核 刘明 | 记账 杨文 | | 收款人开户银行盖章 | |

中国工商银行
杭州钱江支行
2023.12.25
业务清讫（3）

此联是收款人开户银行交给收款人的收账通知

附件8-2-1

## 费用报销单

报销日期：2023年12月6日

| 费用项目 | 类别 | 金额 | 负责人（签章） | 冯勇 |
|---|---|---|---|---|
| 公司经费 | 办公费 | 452.00 | | |
| | | | 审查意见 | 同意报销 任星星 |
| | | | 报销人 | 张云 |
| 报销金额合计 | | ¥452.00 | 支付方式 | 现金 |
| 核实金额（大写）：肆佰伍拾贰元整 | | | | |
| 借款数： / | 应退数： / | 应补金额： / | | |

现金付讫

审核人：徐敏　　复核人：陈瑞刚　　出纳：张晓霞

附件8-2-2

## 电子发票（增值税专用发票）

国家税务总局 浙江省税务局

发票号码：23311003003429063517

开票日期：2023年12月06日

| 购买方信息 | 名称：浙江阳光服饰有限责任公司<br>统一社会信用代码/纳税人识别号：<br>92110019651283321H | 销售方信息 | 名称：杭州红星文具公司<br>统一社会信用代码/纳税人识别号：<br>91330192481126321A |
|---|---|---|---|

| 项目名称 | 规格型号 | 单位 | 数量 | 单价 | 金额 | 税率/征收率 | 税额 |
|---|---|---|---|---|---|---|---|
| *计算器货币专用设备*计算器 | | 个 | 5 | 60.00 | 300.00 | 13% | 39.00 |
| *文具*文件夹 | | 个 | 6 | 10.00 | 60.00 | 13% | 7.80 |
| *印刷品*笔记本 | | 本 | 8 | 5.00 | 40.00 | 13% | 5.20 |
| 合计 | | | | | ¥400.00 | | ¥52.00 |
| 价税合计（大写） | ⊗肆佰伍拾贰元整 | | | | （小写）¥452.00 | | |
| 备注 | | | | | | | |

开票人：谢彩霞

## 附件8-2-3

# 付款申请书

年　月　日

<table>
<tr><td>用途</td><td colspan="11">金额</td><td colspan="5">收款单位（个人）：</td></tr>
<tr><td rowspan="2"></td><td>亿</td><td>千</td><td>百</td><td>十</td><td>万</td><td>千</td><td>百</td><td>十</td><td>元</td><td>角</td><td>分</td><td colspan="5">账号：</td></tr>
<tr><td></td><td></td><td></td><td></td><td></td><td></td><td></td><td></td><td></td><td></td><td></td><td colspan="5">开户行：</td></tr>
<tr><td colspan="2">金额（大写）合计</td><td colspan="10"></td><td colspan="5">电汇☐　信汇☐　汇票☐　转账☐　其他☐</td></tr>
<tr><td rowspan="2">总经理</td><td rowspan="2" colspan="3"></td><td rowspan="2" colspan="3">财务部门</td><td colspan="2">经理</td><td colspan="3"></td><td rowspan="2">业务部门</td><td colspan="2">经理</td><td colspan="2"></td></tr>
<tr><td colspan="2">出纳</td><td colspan="3"></td><td colspan="2">经办人</td><td colspan="2"></td></tr>
</table>

## 附件8-2-4

中国工商银行
转账支票存根
10203310
22343513

附加信息

出票日期　年　月　日

收款人：

金　额：

用　途：

单位主管　会计

中国工商银行　转账支票　10203310
22343513

付款期限自出票之日起十天

出票日期（大写）　年　月　日　付款行名称：

收款人：　出票人账号：

| 人民币（大写） | 亿 | 千 | 百 | 十 | 万 | 千 | 百 | 十 | 元 | 角 | 分 |
|---|---|---|---|---|---|---|---|---|---|---|---|
| | | | | | | | | | | | |

用途　密码

上列款项请从　行号

我账户内支付

出票人签章　复核　记账

84316 571022123 2120990007742 2 01

| 附加信息： | 被背书人 | 被背书人 |
|---|---|---|
| | 背书人签章<br>年　月　日 | 背书人签章<br>年　月　日 |

贴粘单处

根据《中华人民共和国票据法》等法律法规的规定，签发空头支票由中国人民银行处以票面金额5%但不低于1 000元的罚款。

## 附件8-2-5

# 电子发票（增值税专用发票）

发票号码：23311003003421083217
开票日期：2023年12月12日

| 购买方信息 | 名称：浙江阳光服饰有限责任公司<br>统一社会信用代码/纳税人识别号：<br>92110019651283321H | 销售方信息 | 名称：杭州闪讯广告公司<br>统一社会信用代码/纳税人识别号：<br>91330176724811231A |
|---|---|---|---|

| 项目名称 | 规格型号 | 单位 | 数量 | 单价 | 金额 | 税率/征收率 | 税额 |
|---|---|---|---|---|---|---|---|
| *广告创意服务*广告费 | | 项 | 1 | 48 000.00 | 48 000.00 | 6% | 2 880.00 |
| 合　计 | | | | | ¥48 000.00 | | ¥2 880.00 |
| 价税合计（大写） | ⊗伍万零捌佰捌拾元整 | | | | （小写）¥50 880.00 | | |
| 备注 | | | | | | | |

开票人：江燕

附件 8-2-6

## 费用报销单

报销日期：2023 年 12 月 16 日

| 费用项目 | 类别 | 金额 | 负责人（签章） | 冯勇 |
| --- | --- | --- | --- | --- |
| 公司经费 | 业务招待费 | 1 759.60 | | |
| | | | 审查意见 | 同意报销。张一山 |
| | | | | |
| | | | 报销人 | 张丹 |
| | | | | |
| 报销金额合计 | | ¥1 759.60 | 支付方式 | 现金 |
| 核实金额（大写）：壹仟柒佰伍拾玖元陆角整 | | | | |
| 借款数：/ | 应退数：/ | 应补金额：/ | | |

现金付讫

审核人：徐敏　　复核人：陈瑞刚　　出纳：张晓霞

附件 8-2-7

## 电子发票（普通发票）

全国统一发票监制章 国家税务总局 浙江省税务局

发票号码：23311003003438113827

开票日期：2023 年 12 月 16 日

| 购买方信息 | 名称：浙江阳光服饰有限责任公司<br>统一社会信用代码/纳税人识别号：<br>92110019651283321H | 销售方信息 | 名称：杭州大红鹰餐饮集团<br>统一社会信用代码/纳税人识别号：<br>913301982865322106 |
| --- | --- | --- | --- |

| 项目名称 | 规格型号 | 单位 | 数量 | 单价 | 金额 | 税率/征收率 | 税额 |
| --- | --- | --- | --- | --- | --- | --- | --- |
| *餐饮服务*餐费 | | | | | 1 660.00 | 6% | 99.60 |
| 合　计 | | | | | ¥1 660.00 | | ¥99.60 |
| 价税合计（大写） | ⊗ 壹仟柒佰伍拾玖元陆角整 | | | | （小写）¥1 759.60 | | |
| 备注 | | | | | | | |

开票人：杨红娟

附件 8-2-8

## 付款申请书

年　月　日

| 用途 | 金额 | | | | | | | | | | | 收款单位（个人）： |
| --- | --- | --- | --- | --- | --- | --- | --- | --- | --- | --- | --- | --- |
| | 亿 | 千 | 百 | 十 | 万 | 千 | 百 | 十 | 元 | 角 | 分 | 账号： |
| | | | | | | | | | | | | 开户行： |
| 金额（大写）合计 | | | | | | | | | | | | 电汇□　信汇□　汇票□　转账□　其他□ |

| 总经理 | | 财务部门 | 经理 | | 业务部门 | 经理 | |
| --- | --- | --- | --- | --- | --- | --- | --- |
| | | | 出纳 | | | 经办人 | |

附件 8-2-9

## 电子银行转账凭证（付款）

2023 年 12 月 22 日

| | | | |
|---|---|---|---|
| 付款人名称 | 浙江阳光服饰有限责任公司 | 收款人名称 | 王一博 |
| 付款人账号 | 1202021518090325917 | 收款人账号 | 1230605180902611918 |
| 付款行名 | 中国工商银行杭州钱江支行 | 收款行名 | 中国工商银行杭州秋涛支行 |
| 人民币 | 贰仟伍佰陆拾元整 | | ¥ 2 560.00 |
| 用途 | 支付咨询费 | 业务类型 | 汇划发报 |
| 备注 | | | |

中国工商银行 电子回单专用章

已打印 001 次　　打印时间：2023-12-22

附件 8-2-10

## 劳务费清单

2023 年 12 月 22 日

| 纳税人姓名 | 纳税人单位 | 身份证号码 | 应领金额 | 个人所得税 | 实领金额 | 领款人签字 |
|---|---|---|---|---|---|---|
| 王一博 | 杭州正信律师事务所 | 330107197802237865 | 3 000.00 | 440.00 | 2 560.00 | 王一博 |
| | | | | | | |
| | | | | | | |

审核人：徐敏　　复核人：陈瑞刚　　出纳：张晓霞

附件 8-2-11

## 付款申请书

年　月　日

<table>
<tr><td>用途</td><td colspan="11">金额</td><td colspan="4">收款单位（个人）：</td></tr>
<tr><td rowspan="2"></td><td>亿</td><td>千</td><td>百</td><td>十</td><td>万</td><td>千</td><td>百</td><td>十</td><td>元</td><td>角</td><td>分</td><td colspan="4">账号：</td></tr>
<tr><td></td><td></td><td></td><td></td><td></td><td></td><td></td><td></td><td></td><td></td><td></td><td colspan="4">开户行：</td></tr>
<tr><td colspan="3">金额（大写）合计</td><td colspan="9"></td><td colspan="4">电汇☐　信汇☐　汇票☐　转账☐　其他☐</td></tr>
<tr><td rowspan="2">总经理</td><td rowspan="2" colspan="2"></td><td rowspan="2" colspan="3">财务部门</td><td colspan="3">经理</td><td colspan="3"></td><td rowspan="2">业务部门</td><td>经理</td><td colspan="2"></td></tr>
<tr><td colspan="3">出纳</td><td colspan="3"></td><td>经办人</td><td colspan="2"></td></tr>
</table>

附件 8-2-12

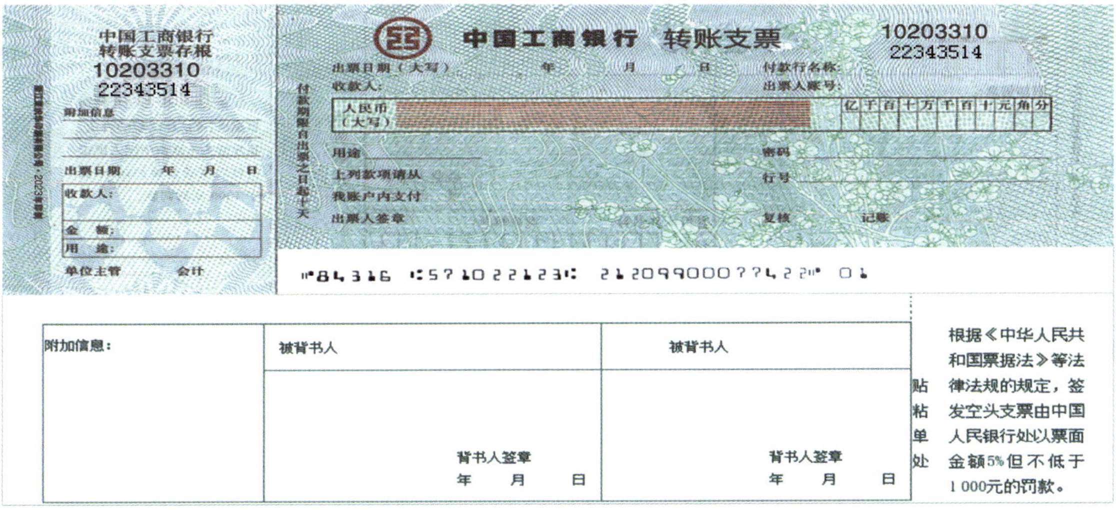
中国工商银行
转账支票存根
10203310
22343514
附加信息
出票日期　年　月　日
收款人：
金　额：
用　途：
单位主管　会计

中国工商银行　转账支票　10203310 22343514
出票日期（大写）　年　月　日　付款行名称：
收款人：　出票人账号：
付款期限自出票之日起十天
人民币（大写）　亿 千 百 十 万 千 百 十 元 角 分
用途　密码
上列款项请从　行号
我账户内支付
出票人签章　复核　记账

⑈84316 ⑆571022123⑆ 2120990007742 2⑈ 01

| 附加信息： | 被背书人 | 被背书人 |
|---|---|---|
| | 背书人签章<br>年　月　日 | 背书人签章<br>年　月　日 |

贴粘单处

根据《中华人民共和国票据法》等法律法规的规定，签发空头支票由中国人民银行处以票面金额5%但不低于1 000元的罚款。

附件 8-2-13

## 发出材料汇总表

编制单位： 2023 年 12 月 31 日 金额单位：元

| 材料品名 | 计量单位 | 计划单价 | 生产耗用 | | | | 产品共同耗用 | | 车间一般耗用 | | 合计 |
|---|---|---|---|---|---|---|---|---|---|---|---|
| | | | 男式高级西服 | | 女士高级西服 | | | | | | |
| | | | 数量 | 金额 | 数量 | 金额 | 数量 | 金额 | 数量 | 金额 | 金额 |
| 男式西服面料 | 米 | 30 | | | | | | | | | |
| 女式西服面料 | 米 | 25 | | | | | | | | | |
| 拉链 | 米 | 4.5 | | | | | | | | | |
| 纽扣 | 个 | 5 | | | | | | | | | |
| 里料缝纫线 | 千克 | 30 | | | | | | | | | |
| 面料缝纫线 | 千克 | 110 | | | | | | | | | |
| 辅料 | 捆 | 20 | | | | | | | | | |
| 合计 | | | | | | | | | | | |

审核： 制单：

附件 8-2-14

## 领料单

仓库：材料仓库 2023 年 12 月 5 日

| 编号 | 类别 | 材料名称 | 规格 | 单位 | 数量 | | 实际价格 | |
|---|---|---|---|---|---|---|---|---|
| | | | | | 请领 | 实发 | 单价 | 金额 |
| 01 | 原材料 | 男式西服面料 | | 米 | 1 350 | 1 350 | | |
| | | | | | | | | |
| 合计 | | | | | | | | |
| 用途 | 生产男式高级西服 | | 领料部门 | | 发料部门 | | 财务部门 | |
| | | | 负责人 | 领料人 | 核准人 | 发料人 | 审核 | 会计 |
| | | | 黄梦达 | 陈丽 | 姜红 | 左明明 | 黄莹莹 | 曹珊珊 |

会计记账联

附件 8-2-15

## 领料单

仓库：材料仓库 2023 年 12 月 15 日

| 编号 | 类别 | 材料名称 | 规格 | 单位 | 数量 | | 实际价格 | |
|---|---|---|---|---|---|---|---|---|
| | | | | | 请领 | 实发 | 单价 | 金额 |
| 02 | 原材料 | 女式西服面料 | | 米 | 900 | 900 | | |
| | | | | | | | | |
| 合计 | | | | | | | | |
| 用途 | 生产女式高级西服 | | 领料部门 | | 发料部门 | | 财务部门 | |
| | | | 负责人 | 领料人 | 核准人 | 发料人 | 审核 | 会计 |
| | | | 黄梦达 | 陈丽 | 姜红 | 左明明 | 黄莹莹 | 曹珊珊 |

会计记账联

附件 8-2-16

## 领料单

仓库：材料仓库 2023 年 12 月 15 日

| 编号 | 类别 | 材料名称 | 规格 | 单位 | 数量 | | 实际价格 | |
|---|---|---|---|---|---|---|---|---|
| | | | | | 请领 | 实发 | 单价 | 金额 |
| 03 | 原材料 | 拉链 | | 米 | 5 500 | 5 500 | | |
| 04 | 原材料 | 纽扣 | | 个 | 5 500 | 5 500 | | |
| 合计 | | | | | | | | |
| 用途 | 生产车间共同耗用 | | 领料部门 | | 发料部门 | | 财务部门 | |
| | | | 负责人 | 领料人 | 核准人 | 发料人 | 审核 | 会计 |
| | | | 黄梦达 | 陈丽 | 姜红 | 左明明 | 黄莹莹 | 曹珊珊 |

会计记账联

附件 8-2-17

## 领料单

仓库：材料仓库　　　　2023年12月15日

| 编号 | 类别 | 材料名称 | 规格 | 单位 | 数量 | | 实际价格 | |
|---|---|---|---|---|---|---|---|---|
| | | | | | 请领 | 实发 | 单价 | 金额 |
| 05 | 原材料 | 里料缝纫线 | | 千克 | 100 | 100 | | |
| 06 | 原材料 | 面料缝纫线 | | 千克 | 100 | 100 | | |
| 合计 | | | | | | | | |
| 用途 | 生产车间共同耗用 | | 领料部门 | | 发料部门 | | 财务部门 | |
| | | | 负责人 | 领料人 | 核准人 | 发料人 | 审核 | 会计 |
| | | | 黄梦达 | 陈丽 | 姜红 | 左明明 | 黄莹莹 | 曹珊珊 |

会计记账联

附件 8-2-18

## 领料单

仓库：材料仓库　　　　2023年12月15日

| 编号 | 类别 | 材料名称 | 规格 | 单位 | 数量 | | 实际价格 | |
|---|---|---|---|---|---|---|---|---|
| | | | | | 请领 | 实发 | 单价 | 金额 |
| 07 | 原材料 | 辅料 | | 捆 | 50 | 50 | | |
| | | | | | | | | |
| 合计 | | | | | | | | |
| 用途 | 生产车间一般耗用 | | 领料部门 | | 发料部门 | | 财务部门 | |
| | | | 负责人 | 领料人 | 核准人 | 发料人 | 审核 | 会计 |
| | | | 黄梦达 | 陈丽 | 姜红 | 左明明 | 黄莹莹 | 曹珊珊 |

会计记账联

附件 8-2-19

## 产品材料费用分配表

| 产品名称 | 本期投产量 | 拉链 | | | 纽扣 | | | 里料缝纫线 | | | 面料缝纫线 | | | 直接计入 | 材料费用合计 |
|---|---|---|---|---|---|---|---|---|---|---|---|---|---|---|---|
| | | 单位消耗定额 | 分配率 | 分配额 | 单位消耗定额 | 分配率 | 分配额 | 单位消耗定额 | 分配率 | 分配额 | 单位消耗定额 | 分配率 | 分配额 | | |
| 男式高级西服 | 330 | 10 | | | 10 | | | 3 | | | 0.2 | | | | |
| 女式高级西服 | 220 | 10 | | | 10 | | | 3 | | | 0.2 | | | | |
| 车间一般耗用 | | | | | | | | | | | | | | | |
| 合计 | 550 | | | | | | | | | | | | | | |

审核：　　　　制单：

附件 8-2-20

## 材料成本差异率计算表

2023年12月31日

| 材料成本差异 | | 原材料计划成本 | | 材料成本差异率（%） |
|---|---|---|---|---|
| 期初结存 | 本期增加 | 期初结存 | 本期增加 | |
| -3 600.00 | 10 625.00 | 18 650.00 | 150 750.00 | |

审核：　　　　制单：

附件 8-2-21

## 发出材料成本差异分配表

2023 年 12 月 31 日　　金额单位：元

| 车间名称 | 产品名称 | 计划成本 | 材料成本差异率 | 材料成本差异额 |
|---|---|---|---|---|
| 生产车间 | 男式高级西服 | | | |
| | 女式高级西服 | | | |
| 小计 | | | | |
| 车间一般耗用 | | | | |
| 合计 | | | | |

审核：　　制单：

附件 8-2-22

## 发出周转材料汇总表

领用部门：生产车间　　计量单位：个

用　途：包装产品　　2023 年 12 月 31 日　　金额单位：元

| 品名 | 包装盒 | | | |
|---|---|---|---|---|
| | 数量 | | 单位成本 | 金额 |
| | 请领 | 实发 | | |
| 男式高级西服 | 330 | | 10.00 | |
| 女式高级西服 | 220 | | 10.00 | |
| 合计 | | | | |

审核：　　制单：

附件 8-2-23

## 领料单

仓库：材料仓库　　2023 年 12 月 25 日

| 编号 | 类别 | 材料名称 | 规格 | 单位 | 数量 | | 实际价格 | |
|---|---|---|---|---|---|---|---|---|
| | | | | | 请领 | 实发 | 单价 | 金额 |
| 08 | 周转材料 | 包装盒 | | 个 | 330 | 330 | 10.00 | 3 300.00 |
| | | | | | | | | |
| 合计 | | | | | | | | |
| 用途 | 生产男式高级西服 | | 领料部门 | | 发料部门 | | 财务部门 | |
| | | | 负责人 | 领料人 | 核准人 | 发料人 | 审核 | 会计 |
| | | | 黄梦达 | 陈丽 | 姜红 | 左明明 | 黄莹莹 | 曹珊珊 |

会计记账联

附件 8-2-24

## 领料单

仓库：材料仓库　　2023 年 12 月 25 日

| 编号 | 类别 | 材料名称 | 规格 | 单位 | 数量 | | 实际价格 | |
|---|---|---|---|---|---|---|---|---|
| | | | | | 请领 | 实发 | 单价 | 金额 |
| 08 | 周转材料 | 包装盒 | | 个 | 220 | 220 | 10.00 | 2 200.00 |
| | | | | | | | | |
| 合计 | | | | | | | | |
| 用途 | 生产女式高级西服 | | 领料部门 | | 发料部门 | | 财务部门 | |
| | | | 负责人 | 领料人 | 核准人 | 发料人 | 审核 | 会计 |
| | | | 黄梦达 | 陈丽 | 姜红 | 左明明 | 黄莹莹 | 曹珊珊 |

会计记账联

附件8-2-25

## 外购水费分配表

供应单位：杭州市自来水公司　　2023年12月31日　　金额单位：元

| 受益对象 | 耗用量（吨） | 分配率 | 分配金额 |
| --- | --- | --- | --- |
| 生产车间 | 300 | | |
| 公司管理部门 | 75 | | |
| 合计 | 375 | | |

审核：　　制单：

附件8-2-26

## 水费使用清单

供应单位：杭州水务控股集团有限公司　　2023年12月31日　　金额单位：元

| 月份 | 耗用量（吨） | 总额 | 备注 |
| --- | --- | --- | --- |
| 12 | 375 | 2 100.00 | 不含税 |
| 合计 | 375 | 2 100.00 | |

审核：黄莹莹　　制单：曹珊珊

附件8-2-27

## 外购电费分配表

供应单位：浙江电网公司杭州供电局　　2023年12月31日　　金额单位：元

| 受益对象 | 耗用量（千瓦时） | 分配率 | 分配金额 |
| --- | --- | --- | --- |
| 生产车间 | 3 200 | | |
| 公司管理部门 | 1 200 | | |
| 合计 | 4 400 | | |

审核：　　制单：

附件8-2-28

## 电费使用清单

供应单位：浙江电网公司杭州供电局　　2023年12月31日　　金额单位：元

| 月份 | 耗用量（千瓦时） | 总额 | 备注 |
| --- | --- | --- | --- |
| 12 | 4 400 | 4 400.00 | 不含税 |
| 合计 | 4 400 | 4 400.00 | |

审核：黄莹莹　　制单：曹珊珊

附件8-2-29

## 职工薪酬分配表

2023年12月31日　　金额单位：元

| 受益对象 | 产品名称 | 分配标准（工时） | 分配率 | 分配金额 |
| --- | --- | --- | --- | --- |
| 生产车间 | 男式高级西服 | 3 000 | | |
| | 女式高级西服 | 2 000 | | |
| | 小计 | 5 000 | | |
| 车间管理人员 | | | | |
| 公司管理人员 | | | | |
| 公司销售人员 | | | | |
| 合计 | | | | |

审核：　　制单：

附件8-2-30

## 职工薪酬汇总表

2023年12月31日　　　　单位：元

| 部门 | | 应发工资 | 社会保险费 | 住房公积金 | 工会经费 | 职工教育经费 | 金额合计 |
|---|---|---|---|---|---|---|---|
| 生产车间 | 生产工人 | 70 563.08 | 18 205.27 | 7 056.31 | 1 411.26 | 1 764.08 | 99 000.00 |
| | 管理人员 | 8 856.80 | 2 285.05 | 885.68 | 177.14 | 221.42 | 12 426.09 |
| 管理部门 | | 25 600.00 | 6 604.80 | 2 560.00 | 512.00 | 640.00 | 35 916.80 |
| 销售部门 | | 9 200.00 | 2 373.60 | 920.00 | 184.00 | 230.00 | 12 907.60 |
| 金额合计 | | 114 219.88 | 29 468.72 | 11 421.99 | 2 284.40 | 2 855.50 | 160 250.49 |

审核：石明明　　　　制单：梁悦

附件8-2-31

## 职工福利费分配表

2023年12月31日　　　　金额单位：元

| 受益对象 | 分配标准（生产工人数量） | | 分配率 | 分配金额 |
|---|---|---|---|---|
| 生产车间 | 男式高级西服 | 18 | | |
| | 女式高级西服 | 12 | | |
| | 小计 | 30 | | |
| 车间管理人员 | | | | |
| 公司管理人员 | | | | |
| 公司销售人员 | | | | |
| 金额合计 | | | | |

审核：　　　　制单：

附件8-2-32

## 职工福利费汇总表

2023年12月31日　　　　单位：元

| 部门 | | 本月发生福利费支出 |
|---|---|---|
| 生产车间 | 生产工人 | 5 400.00 |
| | 管理人员 | 360.00 |
| 管理部门 | | 1 620.00 |
| 销售部门 | | 360.00 |
| 金额合计 | | 7 740.00 |

审核：黄莹莹　　　　制单：曹珊珊

附件8-2-33

## 固定资产折旧计算表

2023年12月31日　　　　金额单位：元

| 使用单位和固定资产类别 | | 月初原值 | 固定资产月折旧率 | 本月应提折旧额 |
|---|---|---|---|---|
| 生产车间 | 厂房 | 860 000.00 | 0.40% | |
| | 生产设备 | 353 280.00 | 0.80% | |
| | 小计 | 1 213 280.00 | | |
| 管理部门 | 办公楼 | 968 000.00 | 0.40% | |
| | 管理设备 | 187 200.00 | 1.60% | |
| | 运输设备 | 223 000.00 | 2.00% | |
| | 本月出售设备 | 155 000.00 | 1.60% | |
| | 小计 | 1 533 200.00 | | |
| 已出租生产设备 | | 800 000.00 | 0.80% | |
| 补提生产车间上月折旧额 | | 113 350.00 | 0.80% | |
| 合计 | | 3 546 480.00 | | |

审核：　　　　制单：

附件8-2-34

## 制造费用分配表

编制单位：　　　　年　月　日　　　　金额单位：元

| 名称 | 分配标准（工时） | 分配率 | 分配金额 |
|---|---|---|---|
| 男式高级西服 | 3 000 | | |
| 女式高级西服 | 2 000 | | |
| 合计 | 5 000 | | |

审核：　　　　制单：

附件8-2-35

## 产品成本计算单

产品：男式高级西服　　　　2023年12月31日　　　　单位：元

| 成本项目 | 月初在产品成本 | 本月发生费用 | 生产费用合计 | 期末在产品约当产量 | 完工产品产量 | 完工产品总成本 | 单位成本 | 期末在产品成本 |
|---|---|---|---|---|---|---|---|---|
| 直接材料 | 19 359.60 | | | 50 | | | | |
| 直接人工 | 6 585.00 | | | | | | | |
| 制造费用 | 1 609.20 | | | | | | | |
| 金额合计 | 27 553.80 | | | | | | | |

审核：　　　　制单：

附件8-2-36

## 产品成本计算单

产品：女式高级西服　　　　2023年12月31日　　　　单位：元

| 成本项目 | 月初在产品成本 | 本月发生费用 | 生产费用合计 | 期末在产品约当产量 | 完工产品产量 | 完工产品总成本 | 单位成本 | 期末在产品成本 |
|---|---|---|---|---|---|---|---|---|
| 直接材料 | 7 641.52 | | | 20 | | | | |
| 直接人工 | 2 688.00 | | | | | | | |
| 制造费用 | 663.67 | | | | | | | |
| 金额合计 | 10 993.19 | | | | | | | |

审核：　　　　制单：

附件 8-2-37

## 产品入库单

2023年12月10日

| 产品编号 | 产品名称 | 计量单位 | 实收数量 | 单位成本 | 总成本 | 备注 |
|---|---|---|---|---|---|---|
| 1 | 男式高级西服 | 件 | 70 | | | |
| 2 | 女式高级西服 | 件 | 30 | | | |
| | | | | | | |

主管：姜红　　保管：左明明　　交库：陈丽　　会计：曹珊珊

附件 8-2-38

## 产品入库单

2023年12月16日

| 产品编号 | 产品名称 | 计量单位 | 实收数量 | 单位成本 | 总成本 | 备注 |
|---|---|---|---|---|---|---|
| 1 | 男式高级西服 | 件 | 150 | | | |
| | | | | | | |
| | | | | | | |

主管：姜红　　保管：左明明　　交库：陈丽　　会计：曹珊珊

附件 8-2-39

## 产品入库单

2023年12月18日

| 产品编号 | 产品名称 | 计量单位 | 实收数量 | 单位成本 | 总成本 | 备注 |
|---|---|---|---|---|---|---|
| 2 | 女式高级西服 | 件 | 150 | | | |
| | | | | | | |
| | | | | | | |

主管：姜红　　保管：左明明　　交库：陈丽　　会计：曹珊珊

附件 8-2-40

## 产品入库单

2023年12月26日

| 产品编号 | 产品名称 | 计量单位 | 实收数量 | 单位成本 | 总成本 | 备注 |
|---|---|---|---|---|---|---|
| 1 | 男式高级西服 | 件 | 130 | | | |
| 2 | 女式高级西服 | 件 | 50 | | | |
| | | | | | | |

主管：姜红　　保管：左明明　　交库：陈丽　　会计：曹珊珊

附件 8-2-41

## 产品成本汇总表

编制单位：　　2023年12月31日　　单位：元

| 项目 | 男式高级西服 | 女式高级西服 | 合计 |
|---|---|---|---|
| 期初在产品成本 | 27 533.80 | 10 993.19 | 38 546.99 |
| 本期生产费用 | | | |
| 生产费用合计 | | | |
| 期末完工产品成本 | | | |
| 期末在产品成本 | | | |

审核：　　制单：

附件8-2-42

## 销售成本计算表

2023年12月31日　　　　金额单位：元

| 产品 | 期初结存数量 | 本期完工产量 | 本期销售数量 | 期末结存数量 | 期初结存成本 | 完工产品成本 | 单位成本（加权） | 期末存货成本 | 销售产品成本 |
|---|---|---|---|---|---|---|---|---|---|
| 男式高级西服 | 80 | | | | 41 650 | | | | |
| 女式高级西服 | 50 | | | | 24 906 | | | | |
| 合计 | | | | | 66 556 | | | | |

审核：黄莹莹　　　　制单：曹珊珊

附件8-2-43

## 出库单

No　10218

仓库部门：成品仓库　　2023年12月16日

| 编号 | 名称 | 规格 | 单位 | 出库数量 | 单价 | 金额 | 备注 |
|---|---|---|---|---|---|---|---|
| 1 | 男式高级西服 | | 件 | 100 | | | |
| | | | | | | | |
| | | | | | | | |
| | | | | | | | |
| 合　计 | | | | | | | |

第二联 交财务部

生产车间或部门：徐丽　　　　仓库管理员：左明明

附件8-2-44

## 出库单

No　10219

仓库部门：成品仓库　　2023年12月18日

| 编号 | 名称 | 规格 | 单位 | 出库数量 | 单价 | 金额 | 备注 |
|---|---|---|---|---|---|---|---|
| 1 | 男式高级西服 | | 件 | 200 | | | |
| 2 | 女式高级西服 | | 件 | 200 | | | |
| | | | | | | | |
| | | | | | | | |
| 合　计 | | | | | | | |

第二联 交财务部

生产车间或部门：徐丽　　　　仓库管理员：左明明

附件8-2-45

## 出库单

No　10220

仓库部门：成品仓库　　2023年12月20日

| 编号 | 名称 | 规格 | 单位 | 出库数量 | 单价 | 金额 | 备注 |
|---|---|---|---|---|---|---|---|
| 1 | 男式高级西服 | | 件 | 50 | | | |
| 2 | 女式高级西服 | | 件 | 20 | | | |
| | | | | | | | |
| | | | | | | | |
| 合　计 | | | | | | | |

第二联 交财务部

生产车间或部门：徐丽　　　　仓库管理员：左明明

附件8-2-46

## 出库单

No　10235

仓库部门：材料仓库　　2023年12月21日

| 编号 | 名称 | 规格 | 单位 | 出库数量 | 单价 | 金额 | 备注 |
|---|---|---|---|---|---|---|---|
| 1 | 男式西服面料 | | 米 | 50 | 30.00 | 1 500.00 | |
| | | | | | | | |
| | | | | | | | |
| | | | | | | | |
| 合　计 | | | | | | 1 500.00 | |

第二联　交财务部

生产车间或部门：陈丽　　仓库管理员：左明明

附件8-2-47

## 劳务清单

2023年12月31日

| 劳务名称 | | 面料缩水处理 | 委托单位 | 浙江英泰服饰有限公司 |
|---|---|---|---|---|
| 序号 | 姓名 | 工资标准（元/小时） | 工作量（小时） | 工资总额（元） |
| 1 | 宋刚 | 200.00 | 6 | 1 200.00 |
| 2 | 王亚芳 | 400.00 | 2 | 800.00 |
| 合　计 | | | | 2 000.00 |

审核：石明明　　制单：梁悦

附件8-2-48

## 专利权摊销明细表

2023年12月31日　　单位：元

| 项目 | 原值 | 残值 | 使用年限 | 年摊销额 | 月摊销额 |
|---|---|---|---|---|---|
| 专利权 | 72 000 | 0 | 5 | 14 400 | 1 200 |
| | | | | | |
| 合计 | — | — | — | 14 400 | 1 200 |

审核：黄莹莹　　制单：曹珊珊

附件8-2-49

## 付款申请书

年　月　日

| 用途 | 金额 | | | | | | | | | | | 收款单位（个人）： |
|---|---|---|---|---|---|---|---|---|---|---|---|---|
| | 亿 | 千 | 百 | 十 | 万 | 千 | 百 | 十 | 元 | 角 | 分 | 账号： |
| | | | | | | | | | | | | 开户行： |
| 金额（大写）合计 | | | | | | | | | | | | 电汇□　信汇□　汇票□　转账□　其他□ |

| 总经理 | | 财务部门 | 经理 | | 业务部门 | 经理 | |
|---|---|---|---|---|---|---|---|
| | | | 出纳 | | | 经办人 | |

附件8-2-50

# 中华人民共和国
# 企业所得税月（季）度预缴纳税申报表（A类）（简）

税款所属时间：2023年12月1日至2023年12月31日

纳税人识别号：92110019651283321H

纳税人名称：浙江阳光服饰有限责任公司　　　　金额单位：人民币元（列至角分）

| 行次 | 项目 | | 本期金额 | 累计金额 |
|---|---|---|---|---|
| 1 | 一、据实预缴 | | | |
| 2 | 营业收入 | | 8 154 000.00 | |
| 3 | 营业成本 | | 7 431 132.00 | |
| 4 | 利润总额 | | 722 868.00 | |
| 5 | 税率(25%) | | 25% | |
| 6 | 应纳所得税额(4行×5行) | | 180 717.00 | |
| 7 | 减免所得税额 | | | |
| 8 | 实际已缴所得税额 | | | |
| 9 | 应补(退)的所得税额(6行−7行−8行) | | | |
| 10 | 二、按照上一纳税年度应纳税所得额的平均额预缴 | | | |
| 11 | 上一纳税年度应纳税所得额 | | | |
| 12 | 本月(季)应纳税所得额(11行÷12行或11行÷4) | | | |
| 13 | 税率(25%) | | | |
| 14 | 本月(季)应纳所得税额(12行×13行) | | | |
| 15 | 三、按照税务机关确定的其他方法预缴 | | | |
| 16 | 本月(季)确定预缴的所得税额 | | | |
| 17 | 总分机构纳税人 | | | |
| 18 | 总机构 | 总机构应分摊的所得税额(9行或14行或16行×25%) | | |
| 19 | | 中央财政集中分配的所得税额(9行或14行或16行×25%) | | |
| 20 | | 分支机构分摊的所得税额(9行或14行或16行×50%) | | |
| 21 | 分支机构 | 分配比例 | | |
| 22 | | 分配的所得税额(20行×21行) | | |

谨声明：此纳税申报表是根据《中华人民共和国企业所得税法》《中华人民共和国企业所得税法实施条例》和国家有关税收规定填报的，是真实的、可靠的、完整的。

法定代表人(签字)：冯勇　　　　2023年12月31日

| | | |
|---|---|---|
| 纳税人公章： | 代理申报中介机构公章： | 主管税务机关受理专用章： |
| 会计主管：黄莹莹 | 经办人：<br>经办人执业证件号码： | 受理人：林斌 |
| 填表日期：2023年12月31日 | 代理申报日期：　　年　　月　　日 | 受理日期：2023年12月31日 |

## 附件8-2-51 电子银行转账凭证（付款）

2023年12月31日

| 付款人名称 | 浙江阳光服饰有限责任公司 | 收款人名称 | 杭州市税务局江干分局 |
|---|---|---|---|
| 付款人账号 | 1202021518090325917 | 收款人账号 | 1215120201780926116 |
| 付款行名 | 中国工商银行杭州钱江支行 | 收款行名 | 中国工商银行杭州秋涛支行 |
| 人民币 | 壹拾捌万零柒佰壹拾柒元整 | | ¥180 717.00 |
| 用途 | 预交企业所得税 | 业务类型 | 代理业务 |
| 备注 | | | |

中国工商银行 电子回单 专用章

已打印001次　　打印时间：2023-12-31

## 附件8-3-1 损益类科目汇总表

| 会计科目 | 金　额 | 余额方向 |
|---|---|---|
| 主营业务收入 | 4 944 000.00 | 贷 |
| 其他业务收入 | 2 150 000.00 | 贷 |
| 公允价值变动损益 | 30 000.00 | 贷 |
| 投资收益 | 1 020 000.00 | 贷 |
| 营业外收入 | 10 000.00 | 贷 |
| 主营业务成本 | 3 266 132.00 | 借 |
| 其他业务成本 | 1 589 000.00 | 借 |
| 税金及附加 | 11 000.00 | 借 |
| 销售费用 | 700 000.00 | 借 |
| 管理费用 | 600 000.00 | 借 |
| 财务费用 | 500 000.00 | 借 |
| 资产减值损失 | 750 000.00 | 借 |
| 营业外支出 | 15 000.00 | 借 |
| 所得税费用 | 180 717.00 | 借 |

## 附件8-3-2 会计期末处理工作明细表

| 序　号 | 工作项目 | 完成情况 |
|---|---|---|
| 1 | 损益结转 | □已完成　□未完成 |
| 2 | 期末对账 | □已完成　□未完成 |
| 3 | 期末结账 | □已完成　□未完成 |

附件9-1-1

# 资产负债表

会企01表

编制单位：浙江阳光服饰有限责任公司　　2023年12月31日　　单位：元

| 资产 | 行次 | 期末余额 | 上年年末余额 | 负债和所有者权益（或股东权益） | 行次 | 期末余额 | 上年年末余额 |
|---|---|---|---|---|---|---|---|
| 流动资产： | | | | 流动负债： | | | |
| 货币资金 | 1 | 14 063 000.00 | （略） | 短期借款 | 33 | 3 000 000.00 | （略） |
| 交易性金融资产 | 2 | 150 000.00 | | 交易性金融负债 | 34 | | |
| 应收票据 | 3 | 2 460 000.00 | | 应付票据 | 35 | 2 000 000.00 | |
| 应收账款 | 4 | 3 991 000.00 | | 应付账款 | 36 | 9 548 000.00 | |
| 预付账款 | 5 | 1 000 000.00 | | 预收款项 | 37 | | |
| 其他应收款 | 6 | 3 050 000.00 | | 合同负债 | 38 | | |
| 存货 | 7 | 25 800 000.00 | | 应付职工薪酬 | 39 | 1 100 000.00 | |
| 合同资产 | 8 | | | 应交税费 | 40 | 366 000.00 | |
| 持有待售资产 | 9 | | | 其他应付款 | 41 | 500 000.00 | |
| 一年内到期的非流动资产 | 10 | | | 持有待售负债 | 42 | | |
| 其他流动资产 | 11 | | | 一年内到期的非流动负债 | 43 | | |
| 流动资产合计 | 12 | 50 514 000.00 | | 其他流动负债 | 44 | | |
| 非流动资产： | | | | 流动负债合计 | 45 | 16 514 000.00 | |
| 债权投资 | 13 | | | 非流动负债： | | | |
| 其他债权投资 | 14 | | | 长期借款 | 46 | 6 000 000.00 | |
| 长期应收款 | 15 | | | 应付债券 | 47 | | |
| 长期股权投资 | 16 | 2 500 000.00 | | 长期应付款 | 48 | 10 000 000.00 | |
| 其他权益工具投资 | 17 | | | 租赁负债 | 49 | | |
| 其他非流动金融资产 | 18 | | | 预计负债 | 50 | | |
| 投资性房地产 | 19 | | | 递延收益 | 51 | | |
| 固定资产 | 20 | 8 000 000.00 | | 递延所得税负债 | 52 | | |
| 在建工程 | 21 | 15 000 000.00 | | 其他非流动负债 | 53 | | |
| 生产性生物资产 | 22 | | | 非流动负债合计 | 54 | 16 000 000.00 | |
| 油气资产 | 23 | | | 负债合计 | 55 | 32 514 000.00 | |
| 无形资产 | 24 | 6 000 000.00 | | 所有者权益（或股东权益）： | | | |
| 使用权资产 | 25 | | | 实收资本（或股本） | 56 | 50 000 000.00 | |
| 开发支出 | 26 | | | 其他权益工具 | 57 | | |
| 商誉 | 27 | | | 资本公积 | 58 | | |
| 长期待摊费用 | 28 | 2 000 000.00 | | 减：库存股 | 59 | | |
| 递延所得税资产 | 29 | | | 其他综合收益 | 60 | | |
| 其他非流动资产 | 30 | | | 盈余公积 | 61 | 1 000 000.00 | |
| 非流动资产合计 | 31 | 33 500 000.00 | | 未分配利润 | 62 | 500 000.00 | |
| | | | | 所有者权益（或股东权益）合计 | 63 | 51 500 000.00 | |
| 资产总计 | 32 | 84 014 000.00 | | 负债和所有者权益（或股东权益）总计 | 64 | 84 014 000.00 | |

注：2023年12月31日“应收账款”科目的期末余额为4 000 000元，“坏账准备”科目的期末余额为9 000元。上年年末余额略。

附件9-1-2

# 本期会计科目发生额汇总表

| 会计科目 | 本期发生额 | |
|---|---|---|
| | 借　方 | 贷　方 |
| | | |
| | | |
| | | |
| | | |
| | | |
| | | |
| | | |
| | | |
| | | |
| | | |
| | | |
| | | |
| | | |
| | | |
| | | |
| | | |
| | | |
| | | |
| | | |
| | | |
| | | |
| | | |
| | | |
| | | |
| | | |
| | | |
| | | |
| | | |
| | | |
| | | |
| | | |
| | | |
| | | |
| | | |
| 合　计 | | |

附件 9-1-3

# 资产负债表

会企 01 表

编制单位：浙江阳光服饰有限公司　　2024 年 1 月 31 日　　单位：元

| 资产 | 行次 | 期末余额 | 上年年末余额 | 负债和所有者权益（或股东权益） | 行次 | 期末余额 | 上年年末余额 |
|---|---|---|---|---|---|---|---|
| 流动资产： | | | | 流动负债： | | | |
| 货币资金 | 1 | | | 短期借款 | 33 | | |
| 交易性金融资产 | 2 | | | 交易性金融负债 | 34 | | |
| 应收票据 | 3 | | | 应付票据 | 35 | | |
| 应收账款 | 4 | | | 应付账款 | 36 | | |
| 预付账款 | 5 | | | 预收款项 | 37 | | |
| 其他应收款 | 6 | | | 合同负债 | 38 | | |
| 存货 | 7 | | | 应付职工薪酬 | 39 | | |
| 合同资产 | 8 | | | 应交税费 | 40 | | |
| 持有待售资产 | 9 | | | 其他应付款 | 41 | | |
| 一年内到期的非流动资产 | 10 | | | 持有待售负债 | 42 | | |
| 其他流动资产 | 11 | | | 一年内到期的非流动负债 | 43 | | |
| 流动资产合计 | 12 | | | 其他流动负债 | 44 | | |
| 非流动资产： | | | | 流动负债合计 | 45 | | |
| 债权投资 | 13 | | | 非流动负债： | | | |
| 其他债权投资 | 14 | | | 长期借款 | 46 | | |
| 长期应收款 | 15 | | | 应付债券 | 47 | | |
| 长期股权投资 | 16 | | | 长期应付款 | 48 | | |
| 其他权益工具投资 | 17 | | | 租赁负债 | 49 | | |
| 其他非流动金融资产 | 18 | | | 预计负债 | 50 | | |
| 投资性房地产 | 19 | | | 递延收益 | 51 | | |
| 固定资产 | 20 | | | 递延所得税负债 | 52 | | |
| 在建工程 | 21 | | | 其他非流动负债 | 53 | | |
| 生产性生物资产 | 22 | | | 非流动负债合计 | 54 | | |
| 油气资产 | 23 | | | 负债合计 | 55 | | |
| 无形资产 | 24 | | | 所有者权益(或股东权益)： | | | |
| 使用权资产 | 25 | | | 实收资本(或股本) | 56 | | |
| 开发支出 | 26 | | | 其他权益工具 | 57 | | |
| 商誉 | 27 | | | 资本公积 | 58 | | |
| 长期待摊费用 | 28 | | | 减：库存股 | 59 | | |
| 递延所得税资产 | 29 | | | 其他综合收益 | 60 | | |
| 其他非流动资产 | 30 | | | 盈余公积 | 61 | | |
| 非流动资产合计 | 31 | | | 未分配利润 | 62 | | |
| | | | | 所有者权益(或股东权益)合计 | 63 | | |
| 资产总计 | 32 | | | 负债和所有者权益(或股东权益)总计 | 64 | | |

附件 9-2-1

# 损益类科目累计发生额汇总表

2024 年 1 月

单位：元

| 会计科目 | 本期发生额 | |
|---|---|---|
| | 借方 | 贷方 |
| | | |
| | | |
| | | |
| | | |
| | | |
| | | |
| | | |
| | | |
| | | |
| | | |
| | | |
| | | |
| | | |
| | | |
| | | |
| | | |
| | | |
| | | |
| | | |
| | | |
| | | |
| | | |
| | | |
| | | |
| | | |
| | | |
| | | |
| | | |
| | | |
| | | |
| | | |
| | | |
| | | |
| | | |
| | | |
| | | |

附件9-2-2

# 利润表

会企02表

编制单位：　　　　2024年1月　　　　单位：元

| 项　目 | 本期金额 | 上期金额 |
|---|---|---|
| 一、营业收入 | | |
| 减：营业成本 | | |
| 税金及附加 | | |
| 销售费用 | | |
| 管理费用 | | |
| 研发费用 | | |
| 财务费用 | | |
| 其中：利息费用 | | |
| 利息收入 | | |
| 信用减值损失(损失以“-”号填列) | | |
| 资产减值损失(损失以“-”号填列) | | |
| 加：其他收益 | | |
| 投资收益(损失以“-”号填列) | | |
| 其中：对联营企业与合营企业的投资收益 | | |
| 净敞口套期收益(损失以“-”号填列) | | |
| 公允价值变动收益(损失以“-”号填列) | | |
| 资产处置收益(损失以“-”号填列) | | |
| 二、营业利润(亏损以“-”号填列) | | |
| 加：营业外收入 | | |
| 减：营业外支出 | | |
| 三、利润总额(亏损总额以“-”号填列) | | |
| 减：所得税费用 | | |
| 四、净利润(净亏损以“-”号填列) | | |
| (一)持续经营净利润(净亏损以“-”号填列) | | |
| (二)终止经营净利润(净亏损以“-”号填列) | | |
| 五、其他综合收益的税后净额 | | |
| (一)不能重分类进损益的其他综合收益 | | |
| 1.重新计量设定受益计划变动额 | | |
| 2.权益法下不能转损益的其他综合收益 | | |
| 3.其他权益工具投资公允价值变动 | | |
| 4.企业自身信用风险公允价值变动 | | |
| ⋮ | | |
| (二)将重分类进损益的其他综合收益 | | |
| 1.权益法下可转损益的其他综合收益 | | |
| 2.其他债权投资公允价值变动 | | |
| 3.金融资产重分类计入其他综合收益的金额 | | |
| 4.其他债权投资信用减值准备 | | |
| 5.现金流量套期储备 | | |
| 6.外币财务报表折算差额 | | |
| ⋮ | | |
| 六、综合收益总额 | | |
| 七、每股收益 | | |
| (一)基本每股收益 | | |
| (二)稀释每股收益 | | |

附件9-3-1

## 所有者权益项目明细表

2023年12月31日

| 序 号 | 项 目 | 金额（元） |
|---|---|---|
| 1 | 实收资本 | 50 000 000 |
| 2 | 盈余公积 | 1 000 000 |
| 3 | 未分配利润 | 500 000 |
| 合 计 | | 51 500 000 |

注：未存在任何会计政策变更、前期差错更正的会计事项。

附件9-3-2

## 所有者权益变动项目明细表

2024年1月

| 序 号 | 项 目 | 金额（元） |
|---|---|---|
| 1 | 增加综合收益总额 | 2 621 550.00 |
| 2 | 提取盈余公积 | 262 155.00 |

附件9-3-3

## 所有者权益变动表

编制单位： 2024年1月 单位：元

| 项目 | 本年金额 | | | | | | | | | | 上年金额（略） |
|---|---|---|---|---|---|---|---|---|---|---|---|
| | 实收资本（或股本） | 其他权益工具 | | | 资本公积 | 减：库存股 | 其他综合收益 | 盈余公积 | 未分配利润 | 所有者权益合计 | |
| | | 优先股 | 永续债 | 其他 | | | | | | | |
| 一、上年年末余额 | | | | | | | | | | | |
| 加：会计政策变更 | | | | | | | | | | | |
| 前期差错更正 | | | | | | | | | | | |
| 其他 | | | | | | | | | | | |
| 二、本年年初余额 | | | | | | | | | | | |
| 三、本年增减变动金额（减少以“-”号填列） | | | | | | | | | | | |
| （一）综合收益总额 | | | | | | | | | | | |
| （二）所有者投入和减少资本 | | | | | | | | | | | |
| 1.所有者投入的普通股 | | | | | | | | | | | |
| 2.其他权益工具持有者投入资本 | | | | | | | | | | | |
| 3.股份支付计入所有者权益的金额 | | | | | | | | | | | |
| 4.其他 | | | | | | | | | | | |
| （三）利润分配 | | | | | | | | | | | |
| 1.提取盈余公积 | | | | | | | | | | | |
| 2.对所有者（或股东）的分配 | | | | | | | | | | | |
| 3.其他 | | | | | | | | | | | |
| （四）所有者权益内部结转 | | | | | | | | | | | |
| 1.资本公积转增资本（或股本） | | | | | | | | | | | |
| 2.盈余公积转增资本（或股本） | | | | | | | | | | | |
| 3.盈余公积弥补亏损 | | | | | | | | | | | |
| 4.设定受益计划变动额结转留存收益 | | | | | | | | | | | |
| 5.其他 | | | | | | | | | | | |
| 四、本年年末余额 | | | | | | | | | | | |

附件9-4-1

# 本期现金流量分析明细表

| 业务序号 | 经营活动现金流量 | | 投资活动现金流量 | | 筹资活动现金流量 | | 未涉及现金流量 |
|---|---|---|---|---|---|---|---|
| | 流　入 | 流　出 | 流　入 | 流　出 | 流　入 | 流　出 | |
| 1 | | | | | | | |
| 2 | | | | | | | |
| 3 | | | | | | | |
| 4 | | | | | | | |
| 5 | | | | | | | |
| 6 | | | | | | | |
| 7 | | | | | | | |
| 8 | | | | | | | |
| 9 | | | | | | | |
| 10 | | | | | | | |
| 11 | | | | | | | |
| 12 | | | | | | | |
| 13 | | | | | | | |
| 14 | | | | | | | |
| 15 | | | | | | | |
| 16 | | | | | | | |
| 17 | | | | | | | |
| 18 | | | | | | | |
| 19 | | | | | | | |
| 20 | | | | | | | |
| 21 | | | | | | | |
| 22 | | | | | | | |
| 23 | | | | | | | |
| 24 | | | | | | | |
| 25 | | | | | | | |
| 26 | | | | | | | |
| 27 | | | | | | | |
| 28 | | | | | | | |
| 29 | | | | | | | |
| 30 | | | | | | | |
| 31 | | | | | | | |
| 32 | | | | | | | |
| 33 | | | | | | | |
| 34 | | | | | | | |
| 35 | | | | | | | |
| 36 | | | | | | | |
| 37 | | | | | | | |
| 38 | | | | | | | |
| 39 | | | | | | | |
| 40 | | | | | | | |
| 41 | | | | | | | |
| 42 | | | | | | | |
| 43 | | | | | | | |
| 44 | | | | | | | |
| 45 | | | | | | | |
| 46 | | | | | | | |
| 47 | | | | | | | |
| 48 | | | | | | | |
| 49 | | | | | | | |
| 50 | | | | | | | |

附件 9-4-2

# 现金流量表

编制单位：　　　　　　　　2024 年 1 月　　　　　　　　单位：元

| 项　目 | 本期金额 | 上期金额 |
| --- | --- | --- |
| 一、经营活动产生的现金流量 | | |
| 销售商品、提供劳务收到的现金 | | |
| 收到的税费返还 | | |
| 收到其他与经营活动有关的现金 | | |
| 经营活动现金流入小计 | | |
| 购买商品、接受劳务支付的现金 | | |
| 支付给职工以及为职工支付的现金 | | |
| 支付的各项税费 | | |
| 支付其他与经营活动有关的现金 | | |
| 经营活动现金流出小计 | | |
| 经营活动产生的现金流量净额 | | |
| 二、投资活动产生的现金流量 | | |
| 收回投资收到的现金 | | |
| 取得投资收益收到的现金 | | |
| 处置固定资产、无形资产和其他长期资产收回的现金净额 | | |
| 处置子公司及其他营业单位收到的现金净额 | | |
| 收到其他与投资活动有关的现金 | | |
| 投资活动现金流入小计 | | |
| 购建固定资产、无形资产和其他长期资产支付的现金 | | |
| 投资支付的现金 | | |
| 取得子公司及其他营业单位支付的现金净额 | | |
| 支付其他与投资活动有关的现金 | | |
| 投资活动现金流出小计 | | |
| 投资活动产生的现金流量净额 | | |
| 三、筹资活动产生的现金流量 | | |
| 吸收投资收到的现金 | | |
| 取得借款收到的现金 | | |
| 收到其他与筹资活动有关的现金 | | |
| 筹资活动现金流入小计 | | |
| 偿还债务支付的现金 | | |
| 分配股利、利润或偿付利息支付的现金 | | |
| 支付其他与筹资活动有关的现金 | | |
| 筹资活动现金流出小计 | | |
| 筹资活动产生的现金流量净额 | | |
| 四、汇率变动对现金及现金等价物的影响 | | |
| 五、现金及现金等价物净增加额 | | |
| 加：期初现金及现金等价物净增加额 | | |
| 六、期末现金及现金等价物余额 | | |

附件 10-1-1 **短期偿债能力分析表**

| 评价指标 | 计算过程 |
| --- | --- |
| 营运资金 | |
| 流动比率 | |
| 速动比率 | |
| 现金比率 | |
| 评价结论： | |

附件 10-1-2 **长期偿债能力分析表**

| 评价指标 | 计算过程 |
| --- | --- |
| 资产负债率 | |
| 产权比率 | |
| 权益乘数 | |
| 利息保障倍数 | |
| 评价结论： | |

附件 10-2-1 **流动资产营运能力分析表**

| 评价指标 | 计算过程 |
| --- | --- |
| 应收账款周转率 | |
| 存货周转率 | |
| 流动资产周转率 | |
| 评价结论： | |

附件 10-2-2

## 固定资产营运能力分析表

| 评价指标 | 计算过程 |
| --- | --- |
| 固定资产周转率 | |
| 评价结论： | |

附件 10-2-3

## 总资产营运能力分析表

| 评价指标 | 计算过程 |
| --- | --- |
| 总资产周转率 | |
| 评价结论： | |

附件 10-3-1

## 盈利能力分析表

| 评价指标 | 计算过程 |
| --- | --- |
| 销售毛利率 | |
| 销售净利率 | |
| 总资产净利率 | |
| 净资产收益率 | |
| 评价结论： | |

附件 10-4-1

## 发展能力分析表

| 评价指标 | 计算过程 |
| --- | --- |
| 销售收入增长率 | |
| 总资产增长率 | |
| 营业利润增长率 | |
| 资本保值增值率 | |
| 资本积累率 | |
| 评价结论： | |

附件 10-5-1

## 现金流量结构分析表

| 评价指标 | 计算过程 |
| --- | --- |
| 经营活动的<br>流入流出量比率 | |
| 投资活动的<br>流入流出量比率 | |
| 筹资活动的<br>流入流出量比率 | |
| 评价结论： | |

附件 10-5-2

## 获取现金能力分析表

| 评价指标 | 计算过程 |
| --- | --- |
| 销售现金比率 | |
| 每股营业现金净流量 | |
| 全部资产现金回收率 | |
| 评价结论： | |